PLC

迈向人与自然和谐共生

自然资源政策研究

王宇飞　林家彬 ◎ 著

中国发展出版社
CHINA DEVELOPMENT PRESS

图书在版编目（CIP）数据

迈向人与自然和谐共生：自然资源政策研究 / 王宇
飞，林家彬著 . — 北京：中国发展出版社，2024.7
ISBN 978-7-5177-1405-7

Ⅰ.①迈… Ⅱ.①王… ②林… Ⅲ.①自然资源—资
源管理—经济政策—研究—中国 Ⅳ.① F124.5

中国国家版本馆 CIP 数据核字（2024）第 015328 号

书　　　名：迈向人与自然和谐共生：自然资源政策研究
著作责任者：王宇飞　林家彬
责 任 编 辑：吴　佳　耿瑞蝶
出 版 发 行：中国发展出版社
联 系 地 址：北京经济技术开发区荣华中路 22 号亦城财富中心 1 号楼 8 层（100176）
标 准 书 号：ISBN 978-7-5177-1405-7
经 销 者：各地新华书店
印 刷 者：北京博海升彩色印刷有限公司
开　　　本：710mm×1000mm　1/16
印　　　张：16.25
字　　　数：280 千字
版　　　次：2024 年 7 月第 1 版
印　　　次：2024 年 7 月第 1 次印刷
定　　　价：88.00 元

联 系 电 话：（010）68990625　68360970
购 书 热 线：（010）68990682　68990686
网 络 订 购：http://zgfzcbs.tmall.com
网 购 电 话：（010）88333349　68990639
本 社 网 址：http://www.develpress.com
电 子 邮 件：15210957065@163.com

丛书序

　　北京大学—林肯研究院城市发展与土地政策研究中心（简称北大—林肯中心）成立于2007年，是由北京大学与美国林肯土地政策研究院共同创建的一个非营利性质的教育与学术研究机构，致力于推动中国城市和土地领域的政策研究和人才培养。当前，北大—林肯中心聚焦如下领域的研究、培训和交流：①城市财税可持续性与房地产税；②城市发展与城市更新；③土地政策与土地利用；④住房政策；⑤生态保护与环境政策。此外，中心将支持改革政策实施过程效果评估研究。

　　作为一个国际学术研究、培训和交流的平台，北大—林肯中心自成立以来一直与国内外相关领域的专家学者、政府部门开展卓有成效的合作，系列研究成果以"北大—林肯丛书"的形式出版，包括专著、译著、编著、论文集等多种类型，跨越经济、地理、政治、法律、社会规划等学科。丛书以严谨的实证研究成果为核心，推介相关领域的最新理论、实践和国际经验。我们衷心希望借助丛书的出版，加强与各领域专家学者的交流学习，加强国际学术与经验交流，为中国城镇化进程与生态文明建设的体制改革和实践提供学术支撑与相关国际经验。我们将努力让中心发挥跨国家、跨机构、跨学科的桥梁纽带作用，为广大读者提供有独立见解的、高品质的政策研究成果。

北京大学—林肯研究院城市发展与土地政策研究中心主任

前　言

一、基本背景与总体思路

随着大众的环境意识和对亲近自然需求的不断提高，中国政府在生态环境保护领域的政策力度也在持续加强。党的十八大提出大力推进生态文明建设。2015年，《中共中央 国务院关于加快推进生态文明建设的意见》发布。在2018年的政府机构改革中，组建了自然资源部和生态环境部，目的是强化自然资源监管，实现山水林田湖草整体保护、系统修复、综合治理。2020年10月，党的十九届五中全会通过的《中共中央关于制定国民经济和社会发展第十四个五年规划和二〇三五年远景目标的建议》，把生态文明建设取得新进步作为"十四五"时期经济社会发展六大主要目标之一，并就推动绿色发展，促进人与自然和谐共生作出具体部署。与此同时，中国政府向国际社会表明了力争2030年前实现碳达峰、2060年前实现碳中和的努力目标。这些都充分说明，中国在迈向高收入国家的同时，也在不懈追求生态环境质量的持续改善，践行人与自然和谐共生的生态文明理念。要做好这些方面的工作，必然要求自然资源管理与生态环境保护领域的政策研究能够提供更多可资决策参考的研究成果。

环境与可持续发展是北京大学—林肯研究院城市发展与土地政策研究中心开展学术研究与建言献策工作的重要方向之一。近年来，我们主要从配合国家生态文明体制建设的重点任务以及在昆明召开的《生物多样性公约》缔约方大会第十五次会议（COP15）的角度出发，重点围绕自然资源管理（侧重于自然保护地管理和自然资源政策两个方面）和生物多样性保护两个领域开展了一系列研究工作。其中既有国家部委委托的研究课题，也有自主进行的综述性研究，更多的则是问题导向性的政策咨询研究。

本书在汇总这些已有成果的基础上进行适当的整理和扩充而成，旨在与学术界同行分享，同时也为政府决策提供参考。

二、内容要点

本书共包括 4 篇，分别是理论篇、政策篇、案例篇以及国际经验篇。理论篇从生态文明体制改革讲起，介绍我国在党的十八届三中全会以后中央政府在人与自然和谐共生方面的基本思路和治理原则。政策篇列举了近些年来在自然资源管理和生物多样性保护方面一些比较有创新性的或者重要的政策措施。案例篇选取了一些有特色的地方案例，指出在实践过程中，各地在改革精神指导下的一些创新性做法。国际经验一直是我国政策制定过程中的重要参考，国际经验篇专门为读者朋友介绍了一些国际经典案例和典型措施。

（一）理论篇

生态文明建设强调尊重自然、顺应自然和保护自然，是我国在经济社会建设过程中对人与自然关系再认知的重要成果。自从生态文明建设被写入党的十七大报告以后，生态文明逐渐融入我国经济社会的各个领域。其中，制度建设是生态文明建设的重要保障。党的十八届三中全会后我国开始了全面的生态文明制度改革，并以 2015 年《生态文明体制改革总体方案》为标志，确定了生态文明领域改革的顶层设计。以此为背景，"生态文明改革背景下的自然资源政策概述"研究了我国生态文明制度改革的基本学理，重点分析自然资源管理在生态文明建设中的基础性地位，进一步解释现行的若干制度改革之间的逻辑关系。其中，自然资源产权制度是自然资源管理的基础，而自然资源资产化是未来的发展趋势。这是未来缓解保护和发展之间矛盾的主要途径，也是发展生态经济的必然要求。本篇从自然资源角度，对"绿水青山就是金山银山"理念（简称"两山"理念）

进行解读，并分析未来生态文明制度背景下自然资源保护和利用的趋势。

国土空间规划是自然资源管理的一个重要手段。2010年底，我国首个公开发布的、具备国土空间规划部分要素的《全国主体功能区规划》印发，并配套了财政、投资、产业、土地、人口、环境保护等方面的政策。2018年自然资源部成立后，国土空间规划进入新时代，我国建立新的空间规划体系，将主体功能区规划、土地利用规划、城乡规划等空间规划融合，实行"多规合一"。从部门管理角度来说，在调整规划的同时有必要增加和自然资源相关的政策类别，以便自然资源部门更好地行使国土空间用途管制和生态保护的职能。作为服务于此项工作的基础性研究，我们对我国现有的自然资源政策进行了较为全面的梳理，并根据从单要素式的自然资源管理模式向山水林田湖草系统化、综合化治理过渡的形势发展需要，提出了对自然资源政策的改革建议和完善建议。

自然保护地是我国对自然生态资源实施保护的重要措施。随着国际社会对生态环境问题的关注以及我国生态文明体制改革的推进，自然保护地工作无论是在理论研究还是在具体实践的层面都将获得新的发展动力。本篇以综述研究的形式，对中国自然保护地工作的发展历程与相关研究进展进行梳理，分析目前面临的主要问题和难点，在此基础上提出了对未来政策研究方向的展望。

理论篇从理论角度分析我国自然资源管理以及制度改革的背景和基本逻辑，使读者能清楚地了解生态文明体制改革要求下我国自然资源管理的基本思路。

（二）政策篇

国家公园是国际公认的自然保护地类型之一，可以有效缓解保护和发展之间的矛盾。云南等地自2007年起对国家公园体制就有所探索，2013年，党的十八届三中全会正式提出建立国家公园体制，严格按照主体功能区定位推动发展。2014年后，三江源、钱江源、武夷山等地先后以试点形式进行推进，并在生态移民、生态补偿、国家公园管理办法、特许经营、社区共管等多个方面进行了制度创新，突出了"保护为主、全民公益性优先"的建设目标。在总结试点经验的基础上，2017 年，《建立国家公园体制总体方案》出台，推动了国家公园最严格的保护理念的落实。2018 年，国家林业和草原局成立并加挂国家公园管理局牌子，一定程度上缓解了自然保护地多头交叉空缺管理的现状。2019 年，《关于建立以国家公园为主体的自然保护地体系的指导意见》出台，推动自然保护地改革在全国层面展开。可以说，国家公园成为生态文明体制改革的先行先试区，也为今后其他类型的自然保护地，如自然公园、自然保护区等的改革树立了标杆。"国家公园引领自然保护地生态文明建设"将重点回顾国家公园体制改革的历程。

人类已经认识到自身活动对大自然造成的严重损害，如物种加速灭绝、遗传多样性减少、热带雨林大规模消失等。20 世纪中期以来，生物资源的保护成为国际社会重要的政策议题，大量拯救濒危物种、保护物种栖息地、防止自然资源过度利用的工作得以开展。特别是 1992 年在巴西里约热内卢举行的联合国环境与发展大会上签署的《生物多样性公约》，要求缔约国共同推进生物多样性保护，最大限度地保护地球上多种多样的生物资源。我国于 2021 年主办《生物多样性公约》缔约方大会第十五次会议。我国需要做的不只是筹备会议、推动各缔约国达成共识，更重要的是为履约而推进国内的系统性政策变革。大会成为生态环境保护领域的政策拐点，我国应抓住机遇，积极作为，促使更广泛的社会参与，推动生物多样性保护的主流化进程。

自然资源管理对于生物多样性保护具有重要意义，将生物多样性纳入自然资源管理可以从更高层面系统地促进保护，符合当前我国生态文明建设的基本思路。自然资源管理是一项比较系统的措施，为此我们重点关注了最基础的环节——调查监测。"以调查监测工作为突破口，推进生物多样性纳入自然资源管理"回顾了我国近些年在生物多样性监测方面取得的成绩，并结合当前自然资源调查监测的进展，提出将生物多样性纳入自然资源调查监测工作的建议，这将有助于从整个国土空间范围上对生物多样性有一个全面的了解，服务于今后自然资源和生物多样性的保护、利用和修复。

从利用角度，我们介绍了"生物多样性中和原则"，它的要义在于通过修复等措施来减缓难以规避或削减的由工程项目带来的对生态系统或生物多样性的负面影响。美国的湿地缓解银行以及澳大利亚的生物多样性银行都是对该原则应用较为成功的案例。在"生物多样性银行的制度设计和运营平台构建"中，我们建议在自然资源保护利用中引入该原则，探索更多样的生态补偿机制以及生态产品价值实现的方式。结合近几年我国绿色金融相关的政策研究，我们设计了生物多样性银行的组织形式、运行机制、资金机制等，希望解决当前生态修复中对生物多样性保护考虑不足、耕地占补平衡等行政手段效率不高、社会化的修复资金严重缺乏等问题。

另外，无论是从企业社会责任角度还是可持续发展角度，参与生物多样性保护、利用生物多样性获得惠益对企业来说都是难以回避的话题。但是，我国企业在这方面的参与意识、参与程度和参与方式都有待改进和提高。"推动企业参与生物多样性促进保护与开发的两立"，可根据与生物多样性开发利用的关系密切程度，将企业划分为两种类型，分别是一般性企业和生物多样性企业。该部分梳理了两类企业在参与生物多样性保护方面的现状和问题，最后结合各自特征，提出了相应的政策建议。

"乡村振兴和生态保护"重点分析了自然保护地周边社区层面的生物多样性资源的保护和利用。这类区域往往既是少数民族地区，也曾是深度贫困地区，只有解决好这类区域保护与发展的问题，才有可能真正实现"后脱贫时代"的乡村振兴。实施乡村振兴战略，是党的十九大作出的重大决策部署，是新时代"三农"工作的总抓手，也是未来一个时期国家的一项重大战略。乡村的生态振兴不仅是乡村振兴的重要环节，乡村生态文明建设的重要目标，也是将生态文明融入乡村建设的过程。该部分指出了未来乡村生态振兴的重点方向，分别是持续改善农村人居环境并解决农业污染问题，开展山水林田湖草综合治理、保护自然资源和农业资源，发展生态经济、实现乡村生态产品价值，运用现代科技手段助力生态建设和绿色产业发展以及完善生态文明相关的法律制度体系。

（三）案例篇

本篇主要介绍近些年来国内知名度较高的一些典型案例，观察和分析各地如何在实践层面落实生态文明制度。

划定自然保护地是我国自然资源管理和生物多样性保护的一项重要措施。围绕自然保护地，各地在生态文明建设方面有较多的创新。我们重点对三江源国家公园生态补偿制度、钱江源保护地役权制度创新进行了研究。自然资源全民所有的三江源国家公园是我国第一个中央批复的国家公园体制试点，生态价值极高，被誉为"中华水塔"。但是三江源的生态环境非常脆弱，人口、资源、环境与发展之间的矛盾突出。因此，生态补偿制度对三江源来说至关重要。在中央财政转移的基础上，三江源在继续推进青海省生态保护和建设工程的同时，开展了一系列制度创新，如增加生态管护公益岗位、设立人兽冲突保险基金等，缓解了人地矛盾。而钱江源国家公园是典型的集体林占比较高的自然保护地，存在科学管控难、统一管理难和资金供给难的问题。本篇介绍了钱江源国家公园在借鉴美国保护地役权制度的基础上设计的基于细化保护需求的保护地役权制度。其技术路线为：根据保护对象特征，细化保护需求，确定适用地役权的空间范围；结合土地利用类型，制定当地居民正负行为清单，形成地役权合同并配套市场化、多元化的生态补偿方案；对该制度的设计和实施效果进行客观评述。

从生物多样性保护的角度出发，我们也选取了若干卓有成效的实践探索进行介绍和分析。

生物多样性保护的监测主体主要包括国家行政机关、科研机构以及社区。我们重点关注了以社区为主体的生物多样性保护与监测模式，"国家公园中的政策创新"介绍了云南丽江老君山公益保护地的实践案例，通过搭建政府管理机构、社会组织、科研机构、社区居民、公众等广泛参与的联合保护平台，推动了对滇金丝猴种群及其栖息地的保护。该模式作为以政府和科研机构为主体监测的重要补充，有望更广泛地应用于我国的自然保护地。另外，推动生物多样性主流化的关键在于全社会对其的认可、参与以及分担保护成本。立足于本土的阿拉善 SEE 和蚂蚁金服联合推行的"蚂蚁森林"项目，获得了联合国最高环保荣誉——地球卫士奖。该项目是社会参与植树造林的代表，近些年来，其业务范围扩展到自然保护地。"互联网背景下全民参与生态保护的典型案例——对'蚂蚁森林'项目的思考"分析了互联网时代通过社会公益活动推进生物多样性保护的关键在于组织模式和激励机制的转变。

另外，自然资源资产核算是近些年来自然资源领域研究的热点和难点，它直接影响了自然资源资产的价值化、交易以及领导干部自然资源离任审计等工作。"关于生态资产核算方法的一个探索——基于卫星遥感和重置成本法"研究了基于卫星遥感数据和重置成本法的核算方法，用于对生态资源资产的价值量进行估值，并成功应用于 4 个生态系统具有代表性的城市。我们认为在自然资源管理领域，既应该注意先进技术的应用，也应该注意方法论的创新。

（四）国际经验篇

他山之石，可以攻玉。我国生态文明体制改革非常重视对国际成熟经验的借鉴和国际交流合作。本篇筛选了若干国际上较为成熟的政策工具和案例。这些工具有其特有的历史背景和政策环境，我们要注意挖掘其政策核心，而不应该盲目照搬照抄。

首先，我们关注了美国的政策工具。"美国保护地役权制度以及对我国的启示"介绍了起源于美国的保护地役权制度。它主要是基于土地资源生态系统上的连续性和权属不一之间的矛盾，以及私人土地上公共利益的保护需求制定的。自实施后，对自然资源和生态环境保护起到了显著效果。本部分重点分析了美国保护地役权制度的背景、适用范围，以及对我国的适用性。我们认为，保护地役权是一种典型的生态补偿制度，尤其适合我国集体所有土地的统一管理。只是美国的地役权，建立在其较为成熟的税收体系、慈善法律以及市场经济之上，其补偿方式等难以直接应用于我国。我们认为，在地役权法律制度有待完善的前提下，需要对传统的地役权制度进行创新，构建我国特色的保护地役权制度，探索更多本土化的应用场景，并积极吸纳更多的社会力量参与自然保护地建设。

其次，尽管我国当前生态建设取得了显著成绩，但是森林质量不高的问题非常突出，对生物多样性造成了严重的威胁。基于此，"德国近自然林发展的经验以及对我国生态建设的借鉴意义"重点介绍了德国在森林经营方面的主要做法和成效。德国的森林经营在尊重森林生态系统自身规律的前提下，强调"适树、混交、异龄、择伐"等，将林业生产和森林生态保护结合，既保护了森林的生物多样性，也促进了其生态和经济效益。以此为基础，我们提出了应积极借鉴德国经验，推动多功能森林经营等建议。

基于自然的解决方案（Nature-based Solution，NbS）是近些年来国际社会普遍提倡和认可的一种理念。随着生态文明体制改革的深入，应对气候变化和生物多样性保护将有更多的解决方案，基于自然的解决方案发展潜力巨大，有可能成为应对气候变化和生物多样性协同保护的工具。"基于自然的解决方案的典型案例及推动其主流化的建议"重点介绍了基于自然的解决方案的概念、应用，指出实践层面推进生物多样性保护的措施。

资金支持对于生物多样性保护而言至关重要、不可或缺。"推动绿色金融服务于生态保护的国际经验"重点介绍了国际上针对生物多样性融资的主要做法。本部分选取了和绿色金融有关的一些案例和工具，分析其对我国的适用性，并提出对我国未来构建市场化的生态补偿机制和绿色金融体系的几点思考。

本书调研和写作过程中得到多位业内同行的指导与帮助，部分内容有赖于大自然保护协会、北京市企业家环保基金会、北京市朝阳区永续全球环境研究所等机构提供的素材。刘婧一、刘怡可、姬雨希、刘鸿宇、王语宽、李星毅、王夕默等同仁参与了部分内容的撰写、校对、编辑等工作，在此一并感谢。成稿仓促，如有不妥之处，还请广大读者批评指正。

目　录

国际经验篇

理论篇

生态文明体制改革背景下的
自然资源政策概述

一、生态文明体制改革背景下自然资源管理的新思路

2015 年颁布的《生态文明体制改革总体方案》（以下简称《总体方案》）是我国生态文明领域的纲领性文件，其重点之一是自然资源的保护和利用，这也恰恰是主体功能区规划最核心的议题。其中，完善自然资源资产管理体制是建立系统完备的生态文明制度体系的内在要求。过去，我国对自然资源的管理侧重使用价值，突出自然资源作为基本生产资料的作用，更多用行政手段对其进行配置，因此会导致自然资源利用的不足或者过度开发。随着市场经济的发展，我国政府已经逐渐意识到自然资源的资产属性以及对市场配置的作用，探索通过体制改革赋予自然资源经济价值（赋能）；通过运用经济杠杆和价格机制，发挥市场的调节作用，提高自然资源的利用效率，进而促进可持续发展。《中共中央关于全面深化改革若干重大问题的决定》提出，健全自然资源资产产权制度和用途管制制度，健全国家自然资源资产管理体制，统一行使全民所有自然资源资产所有者职责；完善自然资源监管体制，统一行使所有国土空间用途管制职责。《总体方案》提出，要构建归属清晰、权责明确、监管有效的自然资源资产产权制度。结合党的十九大报告 [①]、《关于健全国家自然资源资产管理体

[①] 党的十九大报告提出，加强对生态文明建设的总体设计和组织领导，设立国有自然资源资产管理和自然生态监管机构，完善生态环境管理制度，统一行使全民所有自然资源资产所有者职责，统一行使所有国土空间用途管制和生态保护修复职责，统一行使监管城乡各类污染排放和行政执法职责。

制试点方案》①以及自然资源部"三定"方案②，从这些文件中可以看出自然资源资产管理的趋势：在合理保护的基础上，以制度引导自然资源的资产化、资本化（价值化），进一步体现自然资源的资产属性，特别是国有自然资源的资产属性。2019年，自然资源资产产权制度改革全面铺开，中共中央办公厅、国务院办公厅印发《关于统筹推进自然资源资产产权制度改革的指导意见》，提出到2020年基本建立归属清晰、权责明确、保护严格、流转顺畅、监管有效的自然资源资产产权制度，明显提升自然资源开发利用效率和保护力度的目标。

从学理的角度看，生态学更多是关注自然资源相关的生态产品和生态服务（具有水源涵养、气候调节、保持水土、调蓄洪水等生态功能）。传统的经济发展模式忽视了自然资源的外部性（比如在投入产出分析中常常没有考虑其对生态环境的影响），并且采取了不科学的度量方式（比如自然资源资产并没有被纳入国内生产总值核算），而可持续的经济发展模式是要在充分遵循经济学的基本规律以及生态伦理学的基本理念前提下对自然资源进行有效的开发和利用。传统的经济增长模式难以解释自然资本对经济增长的贡献，而可持续的经济发展要探索新的模式，对自然资源资产的价值重新定位和评估。《总体方案》是我国政府借助制度改革引领经济发展模式转变的重要政策措施。其中，健全自然资源资产产权制度是《总体方案》的重要内容之一，旨在促进稀缺性的自然资源被更加科学有效地利用和配置。新的改革背景下，有必要从经济学角度理解生态文明体制改革中自然资源资产管理和利用的逻辑：以自然资源资产产权制度为核心，借助环境治理体系以及资源总量管理和全面节约制度，保障自然资源的可持续利用，通过健全环境治理和市场保护体系，使得自然资源市场化并且参与交易，对其定价并且实现有偿使用，促使自然资源价值的实现，即生

---

① 文件指出，健全国家自然资源资产管理体制，要按照所有者和管理者分开和一件事由一个部门管理的原则，将所有者职责从自然资源管理部门分离出来，集中统一行使，负责各类全民所有自然资源资产的管理和保护。重点在整合全民所有自然资源资产所有者职责，探索中央、地方分级代理行使资产所有权。
② 指《自然资源部职能配置、内设机构和人员编制规定》。

态产品价值实现①，最终促进经济发展模式的转变。在保障生产效率的前提下，将生态补偿作为社会分配和再分配的重要手段以保障社会公平和正义（见图1）。2018年全国生态环境保护大会明确指出，我国要建立生态经济体系，其核心在于将自然资源资本嵌入新的经济体系，在资源环境的约束下，通过发展模式的转变获得可持续的、高质量的经济增长。

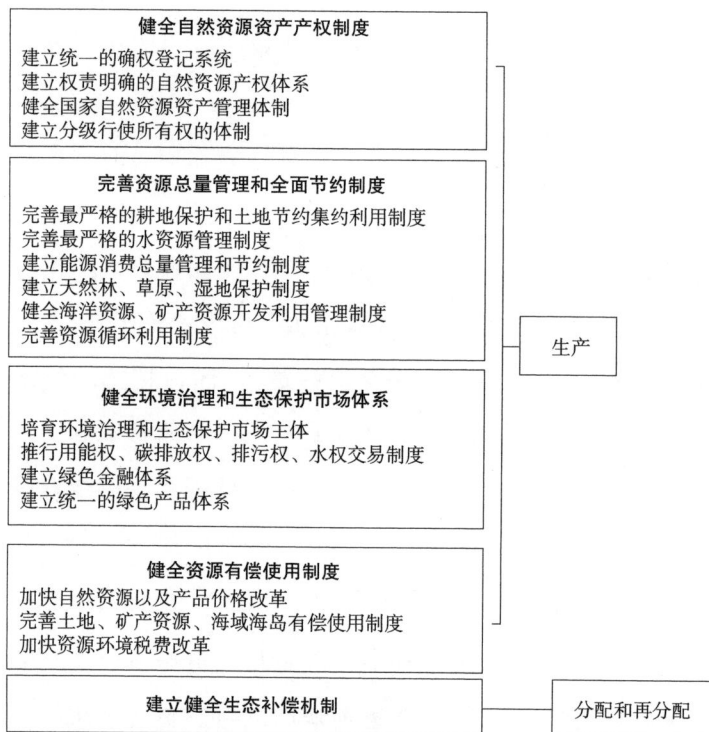

健全自然资源资产产权制度
建立统一的确权登记系统
建立权责明确的自然资源产权体系
健全国家自然资源资产管理体制
建立分级行使所有权的体制

完善资源总量管理和全面节约制度
完善最严格的耕地保护和土地节约集约利用制度
完善最严格的水资源管理制度
建立能源消费总量管理和节约制度
建立天然林、草原、湿地保护制度
健全海洋资源、矿产资源开发利用管理制度
完善资源循环利用制度

生产

健全环境治理和生态保护市场体系
培育环境治理和生态保护市场主体
推行用能权、碳排放权、排污权、水权交易制度
建立绿色金融体系
建立统一的绿色产品体系

健全资源有偿使用制度
加快自然资源以及产品价格改革
完善土地、矿产资源、海域海岛有偿使用制度
加快资源环境税费改革

建立健全生态补偿机制

分配和再分配

图1　生态文明体制中和自然资源管理相关的制度
资料来源：作者自绘。

（一）产权制度是自然资源管理的核心

生态文明体制改革的一个重要目标是促进市场在自然资源产权配置中发挥决定性作用。生态文明改革的目标之一就是推动自然资源所有权和使

---

① 防止资本生资本，绿水青山向金山银山转化要有较为严格的约束和转化限制（范围、条件、行业等）。

用权的分离，明确所有权、使用权、收益权之间的关系并且丰富其使用方式。

从权属角度看，自然资源产权主要包括国家所有和集体所有两种形式。当前生态文明体制改革主要针对的是国家所有的自然资源，从具体落地上看有以下几种情况：①国家行使自然资源所有权和管理权[①]，但是中央政府不直接管理自然资源；②行业管理部门行使自然资源的管理权，行使其监督管理、保护利用的权力；③经营者取得自然资源使用权后行使自然资源的经营权。在《总体方案》中体现在以下几个方面：①通过确权登记系统明确不同类型自然资源的边界和所有者；②健全自然资源资产产权体系，明确全民所有自然资源资产所有权主体代表以及集体所有自然资源产权的地位；③健全自然资源资产产权保护制度；④按照不同资源种类及其在生态、经济等方面的重要程度，建立分级行使所有权的体制。

（二）总量控制是保障资源可持续利用的重要手段

自然资源的稀缺性可以使自然资源价值化，并且有可能通过价格形成机制让市场在资源配置中发挥作用。考虑到自然资源的公共性、污染的负外部性以及生态保护的正外部性等因素，市场在自然资源保护方面有一定的局限性，有必要通过政府干预或者社会参与等机制对自然资源开发的总量和强度进行控制，进而缓解市场失灵的情况。

《总体方案》提出了要完善资源总量管理和全面节约制度。从保护角度看主要包括：①完善最严格的耕地保护制度和土地节约集约利用制度；②完善最严格的水资源管理制度，实行总量控制制度；③建立能源消费总量管理和节约制度，比如目标责任制、自愿减排机制、改善能源结构机制、提高能源效率机制等；④建立天然林、草原、湿地、沙化土地和海洋保护制度。从利用角度看主要包括：①健全矿产资源开发利用管理制度；

① 《中华人民共和国宪法》明确规定，除去由法律规定属于集体所有的自然资源外，矿藏、水、森林、山岭、草原、荒地、滩涂等自然资源，都属于国家所有，即全民所有。

②完善资源循环利用制度。自然资源的利用应该遵循总量控制的原则，才可能形成集约的经济发展模式。从制度保障方面，《总体方案》提出了要建立健全环境治理体系，包括：①污染物排放许可制；②污染防治区域联动机制；③农村环境治理体制机制；④生态环境损害赔偿制度；⑤环境保护管理制度。随后，党的十九大报告提出了构建政府为主导、企业为主体、社会组织和公众共同参与的环境治理体系，而 2018 年中共中央、国务院《关于全面加强生态环境保护坚决打好污染防治攻坚战的意见》再次明确了要建立生态环境监管体系、生态环境保护经济政策体系、生态环境保护法治体系、生态环境保护能力保障体系和生态环境保护社会行动体系，成为打好污染防治攻坚战的制度保障。政府是自然资源开发和保护战略、规划、政策、标准的制定者，担负着确定管理相关的战略规划、制度等工作，并且通过体制机制促进不同的利益相关方参与，比如企业、大众等。从实践角度看，总量控制多用于生态环境污染物排放的管理是对自然资源的间接利用。直接对于自然资源总量的控制，主要体现在土地利用等方面。以基本农田为例，要按照面积不减少、质量不下降、用途不改变的要求，对其实行严格保护。实行耕地占补平衡制度，对新增建设用地占用耕地的行为实行总量控制以及对建设用地进行总量控制和减量化管理。

（三）通过市场交易实现自然资源的价值

资源环境相关的问题产生的根源之一就在于部分自然资源没有被当作生产要素进入生产和消费过程，没有体现稀缺性，市场对自然资源的配置失灵。因此，要把对自然生态环境的保护、建设和管理的成本纳入市场体系，通过对自然资源进行合理定价以及有偿使用，资源的稀缺程度通过价格得到反映。市场主体规范化后（以产权制度为基础），建立产权多元的交易市场，使市场（资源所有权市场和资源使用权或开发权市场）成为交易的决定性力量。

一般来说，自然资源成为一种市场化的产品才能进入流通领域，遵循市场规律，进行市场交易。自然资源市场化的终极目标是实现生态产品的价值。这对应"绿水青山就是金山银山"理念下的绿水青山向金山银山的转化①，即完成从存在价值到使用价值、生产要素价值以及交换价值的转化。

推动自然资源市场化的有效手段是构建不同类型的自然资源交易平台，促进其有序流动。《总体方案》明确了要健全环境治理和生态保护市场体系，为此要培育环境治理和生态保护市场主体；推行用能权、碳排放权和排污权交易制度，比如推广合同能源管理、建立全国碳排放权交易市场等；推行水权交易制度；建立绿色金融体系。从具体操作上看，不管是用能权、碳排放权交易，还是水权交易，都是采取了点上突破、拓展到面的方式。国内不少区域已经有相应的探索和案例，比如新安江的水权交易、碳市场交易、林权交易等。以碳排放权交易为例，国家层面在 2011年《关于开展碳排放权交易试点工作的通知》中首次提出碳交易，批准北京和深圳等七省市开展碳交易试点工作；2014 年，国家发展改革委颁布了《碳排放权交易管理暂行办法》；2017 年《全国碳排放权交易市场建设方案（发电行业）》颁布，全国碳排放权交易体系正式启动；2019 年生态环境部颁布《碳排放权交易管理暂行条例（征求意见稿）》，从法律法规层面推进碳排放权交易。但是从整体上看，资源交易体系构建仍较缓慢，今后有必要强化资源有偿使用机制，保障市场化机制的运行，加快自然资源及其产品价格改革，形成将资源所有者权益和生态环境损害等纳入产品价格的机制。2019 年国家发展改革委在《关于深化公共资源交易平台整合共享的指导意见》中提出，将公共资源交易平台覆盖范围逐步扩大到适合以市场化方式配置的自然资源、资产股权、环境权等各类公共资源，制定和发布全

---

① 从狭义角度理解，生态产品指拥有重点生态功能区提供的水源涵养、固碳释氧、气候调节、水质净化、保持水土等调节功能的产品。生态产品的特征之一是提供生态系统调节服务，以区别于服务产品、农产品、工业品。从广义角度理解，生态产品是对自然生态系统友好的生态有机产品、生态系统调节服务、生态系统文化服务。从不同角度分析，更反映出人们对生态产品认识的深化过程。

国统一的公共资源交易目录指引，进一步明确了改革的方向。

（四）借助生态补偿制度调节分配过程

生态补偿[①]是一项重要的公共政策手段，通过对自然资源使用者收费、对保护行为补贴等来缩小环境破坏的私人成本和社会成本之间的差距。补偿的方式可以是财政转移支付或者市场化交易。当前我国还是以中央或者省级财政转移支付作为主要的资金渠道。补偿的内容包括通过经济手段将经济效益的外部性内部化；对个人发展权放弃的机会成本给予补偿；对重大生态价值区域或者对象进行保护性投入，比如野生动物补偿等。《总体方案》指出要完善生态补偿机制；党的十九大提出要构建市场化、多元化的生态补偿机制；《国务院办公厅关于健全生态保护补偿机制的意见》要求积极推进政府主导、企业和社会参与、市场化运作、可持续的生态保护补偿机制；2018年国家发展改革委联合其他部门颁布了《建立市场化、多元化生态保护补偿机制行动计划》，从操作层面进一步推进生态补偿机制建立。2021年，中共中央办公厅、国务院办公厅印发了《关于深化生态保护补偿制度改革的意见》，提出构建以生态保护成本为主要依据的分类补偿制度，完善以提升公共服务保障能力为基本取向的综合补偿制度，形成以受益者付费原则为基础的市场化、多元化补偿格局。从相关文件可以看出，对生态补偿的要求逐渐从生态补偿机制的完善到建立生态补偿制度，中央层面逐步增加对重点生态功能区的转移支付。补偿的渠道更加多元化，鼓励拓宽来自市场或者社会的资金渠道（比如环保类非政府组织等）；补偿方式既可以是直接的资金补偿，也可以是通过技术或者产业项目形成

---

① 生态补偿是以保护和可持续利用生态系统服务为目的，以经济手段为主调节相关者利益关系，促进补偿活动、调动生态保护积极性的各种规则、激励和协调的制度安排。有狭义和广义之分。狭义的生态补偿指对因人类的社会经济活动给生态系统和自然资源造成的破坏及对环境造成污染的补偿、恢复、综合治理等一系列活动的总称；广义的生态补偿还应包括对因环境保护丧失发展机会的区域内的居民进行的资金、技术、实物上的补偿，政策上的优惠，以及为增强环境保护意识、提高环境保护水平而进行的科研、教育费用的支出。

造血机制和自我发展机制或者提高基本公共服务水平等。从实践情况看，目前仍以依靠传统方式为主，如以生态公益林补助等财政渠道的补偿手段为主。一些市场化的生态补偿手段也正在探索之中，如安徽省黄山市设立了新安江绿色发展基金，甘肃、内蒙古、宁夏、浙江、安徽等地陆续开展了水权交易等实践。

二、国土空间规划体系改革背景下的自然资源政策

自然资源政策是指国家针对自然资源的开发、利用和保育等出台的制度和政策措施。对自然资源政策的分类，既可以按照政策的着眼点分为资源开发监管类政策、资源利用导向类政策和资源保育鼓励类政策，也可以根据资源类型分为土地资源政策、矿产资源政策、水资源政策、海洋资源政策、森林资源政策、草地资源政策、湿地资源政策等。

省级主体功能区分为城市化发展区、农产品主产区和重点生态功能区三大类，分别以提供工业品及服务产品、农产品和生态产品为主体功能。但由于省级主体功能区原则上以县级行政区作为其基本单元，因此每个基本单元除了具有被定位的主体功能之外，都还具有其他的功能。如城市化发展区中也会有农田、河湖与林地；农产品主产区中也会有城镇、厂矿、河湖与林地；重点生态功能区中也会有城镇和农田。为了便于分析，本书根据资源类型将自然资源政策分为土地资源政策、矿产资源政策、淡水资源政策和海洋资源政策。其中，土地资源政策所包含的土地类型为耕地、林地、草地、湿地以及其他类型的自然保护地，城镇地区中的工商业及居住用途的土地不在自然资源政策的讨论范畴。

进一步地，本书对一些主要的政策按其成熟程度划分为3类，分别是处于探索期有待完善的、处于成熟期有待优化的、处于稳定期暂不需要调整的。

在此基础上，结合主体功能区的有关政策，特别是省级主体功能区的

城市化发展区、农产品主产区和重点生态功能区三大类型，对数量庞大、种类繁多的自然资源政策分类进行差异化政策研究。普适性政策指的是无论在任何区域都适用的政策，诸如旨在鼓励节约资源、提高资源利用率和利用效率、保护生态环境的政策。差异化政策指的是适宜在某一种或两种主体功能区内实施，在另外的主体功能区则缺乏应用场景的政策，或者专门为配合某一类主体功能区的政策需要而设计出台的政策。

本书将重点分析主体功能区制度在落地的时候存在的问题，尤其是自然资源政策执行的难点。在问题导向和目标导向的基础上对主体功能区实施的政策进行设计，并对现行的相关政策提出改进的建议。

（一）自然资源管理的现行政策措施及存在的问题

1. 按要素划分的自然资源政策

（1）土地政策

土地政策是最核心、最根本的自然资源政策。回顾我国土地制度的发展，主要可从 3 个维度观察，分别是产权制度（"三权"即所有权、承包权、经营权分置改革）、行政监管（土地利用总体规划、土地用途管制、基本农田保护、建设用地节约集约利用——总量和强度双控）以及资产管理（土地有偿出让、土地储备和征收制度）。

观察改革开放以来土地政策的发展历程可以发现，土地政策的导向与重点是与时俱进的，从重视土地的经济价值和财产属性，开发土地资本价值，保证足量的土地供给，鼓励土地开发利用，到重视土地资源属性和社会功能的回归，严格控制建设用地，重视严格耕地保护，转变土地利用方式，再到注重经济、社会和生态效益，注重政策激励机制。以下分建设用地和耕地两大类型对现行土地政策进行梳理。

建设用地政策主要包括以下几个方面：①合理分解新增建设用地计划指标，保障农村产业融合发展用地。新增建设用地"三挂钩"政策（实行城乡之间用地增减挂钩的政策，城市建设用地的增加要与本地区农村建设用地的减少挂钩；实行城乡之间人地挂钩的政策，城市建设用地的增加规模要与吸纳农村人口进入城市定居的规模挂钩；实行地区之间人地挂钩的政策，城市化地区建设用地的增加规模要与外来人口定居的规模挂钩）。②灵活土地供应方式。一是建立适应复合利用的土地供应机制；二是鼓励以租赁等多种方式向新产业新业态供应土地；三是利用矿山修复后的国有建设用地发展教育、科研、体育、公共文化、医疗卫生、社会福利等事业。③创新存量建设用地盘活机制。工业等领域继续按原用途和土地权利类型使用土地的过渡期政策；有效利用农村零星分散的存量建设用地；探索农村集体经济组织以出租、合作等方式盘活利用空闲农房及宅基地；开展闲置宅基地复垦，盘活建设用地重点用于支持乡村新产业新业态和返乡下乡创业。④开展全域土地综合整治，整体推进农用地整理、建设用地整理和乡村生态保护修复。

耕地保护是一项核心政策，具体见图2。

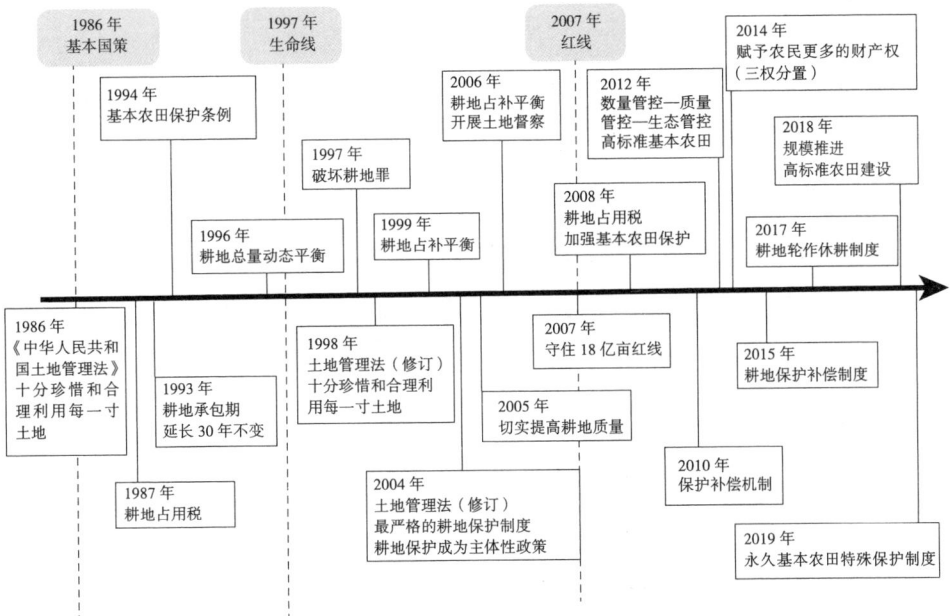

图2　土地政策的变迁（从1986年起）

资料来源：作者自绘。

（2）林草政策

1998 年以后，我国实施了天然林保护、退耕还林、国家储备林建设，加强特色、绿色林业发展重点工程，林业由木材生产为主转向了以生态建设为主。标志性的政策有退耕还林还草、退牧还草等。另外，实行基本草原保护制度，确保面积不少、质量不降、用途不变。实施草畜平衡制度和禁牧休牧、划区轮牧制度，科学划定禁牧区和休牧区，针对草原出现的沙漠化迹象，实施草原生态奖补政策。在西部等地区，逐渐开始实施禁牧、休牧、轮牧制度，让草原休养生息，保持草地生态平衡，推进草原永续利用。

随着国家林业和草原局的成立，林草融合是今后的趋势。但是如何融合，各方并没有统一的思路。各地的问题也不尽相同，林业资源和草原资源各地分布差异明显，林草结构性问题突出、林草制度不完善，特别是草地管理的水平不高，难以避免"公地悲剧"现象。草场承包制度并不成功，常年禁牧又会导致植被退化和生物多样性减少。在林业领域，存在执法力量与管理队伍偏弱，林草资源分类标准不统一等问题。

湿地保护和林草类似，也得到了国家层面的重视，要求湿地实行全面保护、科学修复、合理利用、持续发展，并且鼓励湿地自然保护区、湿地公园建设。强调通过生态补偿、退耕还湿、分级管理、湿地修复、用途监管、占补平衡等多种方式保护湿地；要求落实湿地面积总量管控，完善湿地分级管理体系，实行湿地保护目标责任制，健全湿地用途监管机制，健全湿地监测评价体系，城市湿地、滨海湿地都有专门的政策法规。

森林、草地和湿地都是生态补偿的重点领域。①森林：公益林补偿标准动态调整机制、以政府购买服务为主的公益林管护机制、天然林商业性采伐补助奖励机制、天然林管护与国家级公益林补偿机制；②草原：退牧还草工程、草原生态保护补助奖励政策；③湿地：湿地生态效益补偿制度。多个文件明确提出探索建立多元化生态保护补偿机制。

（3）海洋政策

海洋政策包括严格管控围填海[①]、海砂采矿权和海域使用权"两权合一"、无人海岛保护开发、鼓励和引导海洋牧场有序发展、海岸线保护与修复等方面的内容。另外，海砂采矿权和海域使用权可以在全国范围内以拍卖挂牌等方式出让，是近年出台的一项有关产权交易的政策。虽然围填海管控是海洋政策的核心内容之一，但就现状而言海岸带地区盲目、无序的围填海等开发利用现象尚未得到有效遏制。

（4）水资源政策

水资源政策近 10 年取得了较大的进展。2011 年，《中共中央 国务院关于加快水利改革发展的决定》发布；2012 年国务院印发了《国务院关于实行最严格水资源管理制度的意见》，其核心内容是"三条红线""四项制度"；2014 年，中央财经领导小组第五次会议，提出了节水优先、空间均衡、系统治理、两手发力的方针；2015 年，国务院发布《水污染防治行动计划》（简称"水十条"），主要针对水污染治理提出了一系列思路；《生态文明体制改革总体方案》将水资源管理工作纳入生态文明建设范畴；党的十九大报告提出将水资源管理纳入生态环境保护体制机制中。

2018 年习近平总书记针对长江大保护指出，推动长江经济带发展，前提是坚持生态优先，把修复长江生态环境摆在压倒性位置，逐步解决长江生态环境透支问题[②]；2019 年又针对黄河流域生态保护和高质量发展问题强调，要坚持绿水青山就是金山银山的理念，坚持生态优先、绿色发展，以水而定、量水而行，因地制宜、分类施策，上下游、干支流、左右岸统筹谋划，共同抓好大保护，协同推进大治理[③]。这标志着水资源管理已经成为和流域区域发展紧密结合的关键要素。

水资源政策内容非常丰富。整体看，可大概分为空间管控，资源合理

---

① 渔业相关的政策不在此讨论范围内。
② 习近平：《在深入推动长江经济带发展座谈会上的讲话》，《人民日报》2018 年 6 月 14 日。
③ 习近平：《在黄河流域生态保护和高质量发展座谈会上的讲话》，《求是》2019 年第 20 期。

利用，水生态水环境管控、监测、评价以及考核等几个方面。

涉水空间政策主要包括生态红线管控、水资源用途管控、水功能区以及流域综合规划、洪涝灾害管控、河长制。

水资源利用政策包括水资源资产管理体制、总量控制、水效率控制、水循环利用、水资源税费、阶梯水价、水流生态保护补偿制度（包括流域生态补偿）、湿地生态补偿、河湖休养生息、水权交易、节水产品体系。

水环境和水生态管控包括水功能限制纳污制度、水污染排放许可制度、水污染联防联控制度、农村水环境治理机制、水信息公开制度、水生态环境损害补偿制度、水污染权交易制度、水环境保护制度。

监测、评价和考核制度包括水资源监管体制、水资源承载能力监测预警机制、水资源资产负债表以及生态文明体制下的各种配套制度（如目标、考核、审计制度等）。

其中，比较有特色的政策包括最严格的水资源管理制度和河长制。最严格的水资源管理制度有"三条红线""四项制度"（"三条红线"包括水资源开发利用控制红线、用水效率控制红线、水功能区限制纳污红线，是最严格的水资源管理制度的核心内容、控制目标和具体抓手；"四项制度"包括用水总量控制制度、用水效率控制制度、水功能区限制纳污制度以及水资源管理责任和考核制度，是实施最严格的水资源管理的制度保障）。河长制即由中国各级党政主要负责人担任河长，负责组织领导相应河湖的管理和保护工作，具体来说指省、市、县、乡四级河长体系，构建责任明确、协调有序、监管严格、保护有力的河湖管理保护机制。其他的政策措施如阶梯水价和在新安江率先实施的水权交易制度等也取得了较好的反响，获得了多方认可。

（5）矿产资源政策

现行有效的矿业政策共 60 余条，主要分为 8 个方面。一是关于矿业权出让交易、评估估价、审批等管理与改革；二是地质资料管理；三是找矿突破管理；四是矿产资源开发利用管理；五是储量动态监管与评审备案；六是矿山生产规模调整管理；七是矿产资源权益金制度改革；八是矿产资源勘查开采登记。与矿业权管理相关的包括勘查许可证、矿产资源储量评审登记、矿产资源储量标准、矿业权申请登记许可、矿业权人信息公示等。与资源保护相关的包括矿产资源规划、矿山环境恢复治理、矿山环境治理专项资金制度、"三同时"（矿产开发利用方案、矿山地质环境保护与治理恢复方案、土地复垦方案同步编制、同步审查、同步实施）制度以及绿色矿山、矿产资源勘查开发监管的系列制度。

其中，矿业权出让交易与压覆矿产管理两项矿产资源管理政策对主体功能区的现实影响较大。矿业权出让交易参考《矿业权交易规则》，在《关于推进矿产资源管理改革若干事项的意见（试行）》中提出了"净矿出让"的政策措施以优化矿业权出让流程，提高服务效率，避让生态保护红线等禁止及限制勘查开采区。压覆矿产管理也需要重视与土地利用总体规划衔接。

（6）自然保护地政策

自然保护地是为了实现自然资源和相关生态系统服务、文化价值的长久保护，通过法律或其他有效途径得到明确界定、许可、投入和管理的特定地理区域。

我国自然保护地体系建设取得了积极成效。目前，已形成了包括自然保护区、风景名胜区、森林公园、地质公园等十几类保护地在内的多层级、多类型的自然保护地体系，并且在 2015 年开始了国家公园体制改革，希望破解自然保护地管理中的多头、碎片化管理等问题。在随后的改革方案中，如中共中央办公厅、国务院办公厅颁布的《关于建立以国家公园为主体的自然保护地体系的指导意见》要求各类自然保护地都要向国家公园体制看齐。

与自然保护地相关的政策工具包括分区管理、协同保护机制、利益共享机制、生态补偿机制、地役权制度、公共参与机制、特许经营、多元化的资金投入机制、生态产品价值实现机制（绿色发展机制）等。其中，保护区分区是典型的做法，并且在国内外有成功的应用，但是就如何分区国内还存在一些争议，核心的问题还是保护与发展的平衡。其中特别需要指出的是跨地区碎片化管理问题尚未因国家公园体制的设立显示出明显的改进。从各方评价看，自然保护地的相关政策执行效果欠佳，主要因素在于中央部门与保护地所在地方对保护和发展的态度不一。另外，保护地的矿业开发、资源开发和保护地边界之间关系的处理等问题也都缺少理想的解决方案或模式。但是，自然保护地政策中也强调对野生动物重要栖息地的保护，比如水产种质资源保护区、东北虎豹国家公园、大熊猫国家公园。

（7）小结

以上我们简要总结了自然资源相关的现行政策。这些政策的实施效果不尽相同，有的卓有成效，有的不尽如人意。在此，我们将自然资源政策按其成熟程度分为3类，即处于探索期有待完善、处于成熟期有待优化、处于稳定期暂不需要调整（见图3），以便于开展接下来的分析与政策设计工作。

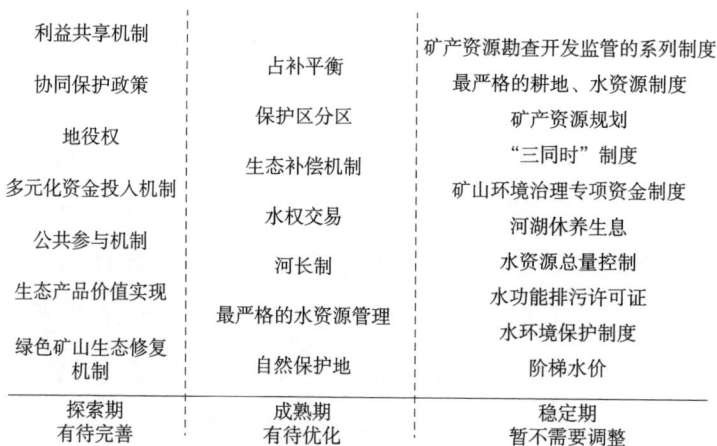

探索期 有待完善	成熟期 有待优化	稳定期 暂不需要调整
利益共享机制	占补平衡	矿产资源勘查开发监管的系列制度
协同保护政策	保护区分区	最严格的耕地、水资源制度
地役权	生态补偿机制	矿产资源规划
多元化资金投入机制	水权交易	"三同时"制度
公共参与机制	河长制	矿山环境治理专项资金制度
生态产品价值实现	最严格的水资源管理	河湖休养生息
绿色矿山生态修复机制	自然保护地	水资源总量控制
		水功能排污许可证
		水环境保护制度
		阶梯水价

图3　主要的自然资源政策分类

资料来源：作者自绘。

2.按行政层级划分的主体功能区自然资源政策

鉴于自然资源政策体系的庞杂和繁复，本项目按照城市化发展区、农产品主产区、重点生态功能区这3类区域的主体功能，对相关政策文献进行梳理，并对现有的差异化自然资源政策及其实施效果进行述评。主体功能区落实主要依托有差别的功能类型，因此对应的各项政策也需要体现差异性。

本文主要从 3 个层次对现行自然资源政策中具有地区差异性的内容进行梳理，分别是中央、各部委以及各省级地方政府。通过对现行政策进行梳理，为下一步各省份细化主体功能区文件配套中的资源环境政策提供依据。

（1）中共中央、国务院颁布的政策或者法律法规

近些年，中共中央和国务院的文件中，都一定程度地考虑了差异化的自然资源政策，给予各地政府一定的自由裁量权。不过这些政策是相对分散的，并且大部分属于指导原则。相对来说，《关于建立资源环境承载能力监测预警长效机制的若干意见》和《关于健全生态保护补偿机制的意见》两个文件分别针对是否超载以及不同的资源类型给出了有针对性的政策措施。

单纯从主体功能区角度看，只有《生态文明体制改革总体方案》《湿地保护修复制度方案》《全国海洋功能区划（2011—2020 年）》中提到了主体功能区分区差异的政策，具体到各省（区、市）需要如何落实，并没有进一步的指导意见。

（2）自然资源部或其他部委颁布的自然资源政策梳理

本部分主要是自然资源部在自然资源开发利用和保护领域出台的相关政策。经归纳可知，这些政策可以分为 4 个部分，分别是土地资源集约利用、空间用途管制、生态修复以及直接支持主体功能区战略的政策。

①土地资源集约利用的政策措施。

逐步减少新增建设用地规模，合理调整建设用地比例和结构。严格核定各类城市新增建设用地规模，适当增加城区人口 100 万～300 万人的大城市新增建设用地规模，合理确定城区人口 300 万～500 万人的大城市新增建设用地，从严控制城区人口 500 万人以上的特大城市新增建设用地。

引导城镇建设用地结构调整，控制生产用地，保障生活用地，增加生态用地；优化农村建设用地结构。

完善区域节约集约用地控制标准。探索开展土地开发利用强度和效益考核，依据区域人口密度、二三产业产值、产业结构、税收等指标和建设用地结构、总量的变化，提出控制标准，加快建立综合反映土地利用对经济社会发展承载能力和水平的评价标准。严格执行各行各业建设项目用地标准，鼓励各地在严格执行国家标准的基础上，结合实际制定地方土地使用标准，细化和提高相关要求。通过规划、计划、用地标准、市场引导等手段，有效控制特大城市新增建设用地规模，适度增加集约用地程度高、发展潜力大的地区和中小城市、县城建设用地供给，合理保障民生用地需求。

引导城乡提高土地利用强度。逐步确立由国家和省市调控城镇区域投入产出、平均建筑密度、平均容积率控制标准，各城镇自主确定具体地块土地利用强度的管理制度，实现城镇整体节约集约、功能结构完整、利用疏密有致、建筑形态各具特点的土地利用新格局。因地制宜盘活农村建设用地。土地整治和增减挂钩要按照新农村建设、现代农业发展和农村人居环境改造的要求，尊重农民意愿，坚持因地制宜、分类指导、规划先行、循序渐进。

将城镇建设用地增加规模同吸纳农业转移人口落户数量挂钩，实行差别化用地标准。按照超大城市、特大城市、大中小城市和小城镇协调发展的要求，实行差别化进城落户人口城镇新增建设用地标准。

做好国有未利用地开发审批权下放和后续监管有关工作，在综合研究资源环境承载能力的基础上，按照因地制宜的原则，编制土地开发规划和设计方案，宜耕则耕、宜林则林、宜牧则牧、宜渔则渔，科学合理利用国土资源，提高资源开发利用效率和综合效益。

创新土地利用政策。直接从事或服务于农业生产的生产设施、附属设施和配套设施用地，按农用地管理。旅游项目中的自然景观及为观景提供便利的观光台、栈道等非永久性附属设施占用除永久基本农田以外的农用地，在不破坏生态、景观环境和不影响地质安全的前提下，可不征收（收回）、不转用，按现用途管理。光伏项目使用未利用地或在不破坏农业生产条件前提下使用永久基本农田以外的农用地，可不改变原用地性质。3年内按规划新批准的工业项目，其建设用地控制指标可不受相应地区行业投资强度控制指标约束。

完善耕地保护措施。支持不同地区因地制宜保护耕地，允许在不破坏耕作层的前提下，对农业生产结构进行优化调整，仍按耕地管理。增减挂钩、工矿废弃地复垦利用、高标准农田建设、土地整治增加的耕地可按规定用于耕地占补平衡。补充耕地指标优先用于省域内交易，符合规定条件的，可优先纳入耕地占补平衡国家统筹。对于耕地资源匮乏的地区，在建设用地单位按省级政府规定标准下限缴纳耕地开垦费后，由省级负责统筹落实补充耕地。相关省（区、市）要加强补充耕地指标交易中耕地数量、质量和生态管理，细化操作办法。

改革完善国有建设用地供应方式。各地可根据实际情况，实行工业用地弹性年期出让政策。补足耕地数量与提升耕地质量相结合。坚持因地制宜，从自然条件和生态建设要求出发，科学合理安排提升耕地质量、将旱地改造为水田建设。全面划定永久基本农田实行特殊保护，加快分解下达各级永久基本农田保护目标任务。县乡级规划要根据当地实际确定基本农田整备区，推动零星耕地的整合归并、提质改造。因地制宜编制村土地利用规划。细化土地用途管制规则，加大土地利用综合整治力度，引导农田集中连片、建设用地集约紧凑，推进农业农村绿色发展。鼓励土地复合利用。围绕农业增效和农民增收，因地制宜保护耕地，允许在不破坏耕作层的前提下，对农业生产结构进行优化调整，仍按耕地管理。

改进管理方式，落实耕地占补平衡。建立补充耕地储备库，实行指标分类管理。根据项目验收确认的新增耕地数量、新增水田和新增粮食产能，以县（市、区）为单位建立3类指标储备库，实行分类管理、分别使用。省级自然资源主管部门应建立补充耕地指标调剂平台，因地制宜统筹指标调剂。可区分情况明确调剂政策，对于重点建设项目限定指标调剂价格、优先予以保障，其他建设项目采取竞价方式调剂补充耕地指标，也可采取统一限价交易或市场交易方式，进行补充耕地指标调剂。

因地制宜，支持矿山修复。各地要结合实际，按照绿色矿山建设要求（煤炭行业、石油和天然气开采行业、有色金属行业等），细化形成符合地区实际的绿色矿山地方标准。国家标准、行业标准、地方标准、团体标准相互配合，主要行业全覆盖，形成有特色的绿色矿山标准体系，分类指导，逐步达标。对于生产矿山，各地要结合实际，区别情况，作出全面部署和要求，积极推动矿山升级改造，逐步达到绿色矿山建设要求。

突出特色，支持森林康养等产业发展。根据资源禀赋、地理区位、人文历史、区域经济水平等条件及大众康养实际需要，确定森林康养发展目标、重点任务和规划布局，突出地域文化和地方特色，实现布局合理、供需相宜。要坚持因地制宜、分区施策、分类指导、科学造林种草，严格执行相关技术规程，合理确定造林种草技术模式、配置方式、栽植密度，实行乔灌草结合、"封飞造"并举，大力营造混交林。因地制宜，因势利导，瞄准乡村绿化突出短板，一村一策，缺什么补什么，避免发展模式趋同化、建设标准"一刀切"。

海洋资源保护，对围填海历史遗留问题的处理，坚持分类施策、分步实施。充分考虑不同历史阶段和地区差异，针对围填海工程的实际情况，因地制宜，分类处置，最大限度减少企业和政府已经形成的围填海工程总成本损耗。

②空间用途管制的政策措施。

针对自然空间制定转用规则。进一步优化现有用途转用制度，细化转用审批流程，尝试建立用途转用许可制度。比如生态空间向城镇空间和农业空间转变，建设用地、农业用地以及生态空间的转换。

创新管护模式。在自然资源统一确权登记的基础上，建立归属清晰、权责明确、监管有效的自然资源资产产权制度。创新发展土地征收、协议管护等管理模式。在分类管理基础上，构建部门协同管理机制。

生态空间用途管制。结合生态红线、自然资源管理等基本制度，坚持生态优先、分级分类、协同共治、区域统筹的基本原则。严格控制各种空间的相互转化，应按照资源环境承载能力和国土空间开发适宜性评价，由有批准权的人民政府调整。

禁止新增建设占用生态保护红线。符合准入条件的建设项目如涉及占用生态空间的，需按有关法律法规办理；鼓励各地结合土地综合整治、工矿废弃地复垦利用、矿山恢复治理等分类，促进生态系统自我恢复和生态空间休养生息。

③生态修复的政策措施。

推行生态修复工程。对受损生态空间进行修复。相关单位和个人应认真履行有关法定义务，及时恢复被破坏的生态空间。

针对工矿废弃地，科学评价复垦土地的适宜性，做到宜耕则耕、宜林则林、宜水则水、宜牧则牧；采取山水林田湖草综合整治措施。国土空间规划确定的国家重点生态功能区、生态保护红线、国家级自然保护地等应对京津冀协同发展、长江经济带发展、黄河流域生态保护和高质量发展等国家重大战略提供生态支撑。应统筹考虑生态系统的完整性、地理单元的连续性和经济社会发展的可持续性，重点布局保护修复重大工程。

④支持主体功能区战略的政策措施。

把握不同区域的资源禀赋与发展特点，明确不同的政策方向和政策重点。

严格控制开发强度。控制城市建成区蔓延扩张、工业遍地开花和开发区过度分散的布局，引导开发区向城市功能区转型，促进产城融合。

合理控制开发强度。避免盲目开发、无序开发。按照可持续发展要求改造开发区，发展低碳工业园区、社区，防止工业污染、生活污染向农产品主产区和重点生态功能区扩散。控制农产品主产区开发强度。调整农业结构和种植制度，加强气候适应技术研发推广，增强农业韧性。

增加重点生态功能区生态服务功能。增强提供生态产品的能力，积极参与保护和修复生态环境，增强生态服务功能。加大政府投资力度，重点用于国家重点生态功能区特别是中西部重点生态功能区的发展。开展好天然林资源保护等重大生态修复工程。对各类开发活动进行严格管制，开发矿产资源、发展适宜产业和建设的基础设施，要开展主体功能适应性评价，不得损害生态系统的稳定性和完整性。

对生态功能区进行监管。严格控制人为因素对自然生态和文化自然遗产原真性、完整性的干扰，加强对有代表性的自然生态系统、有特殊价值的自然遗迹和文化遗址等自然文化资源的保护。

针对主体功能区的环境政策，2015 年，环境保护部和国家发展改革委专门颁布了《关于贯彻实施国家主体功能区环境政策的若干意见》。

（3）各省份颁布的自然资源政策梳理

各省份针对主体功能区出台的相关政策不尽相同。就相关省份的政策进行梳理后发现，大部分省份将主体功能区分为城市化发展区、农产品主产区、重点生态功能区，并制定相关政策。

在城市化发展区，同样应该划定生态空间和农业空间并严格保护，建设绿色生态屏障，强化绿色景观和生态廊道功能。提高城镇空间利用效率，盘活用好存量土地，争取尽早实现城镇建设用地零增长。盘活用好低效闲置土地，将置换腾退出的工矿建设用地转化为生活、服务业或绿化用地，达到一定条件的转化为农业空间或生态空间。实施能源、水、土地资源消耗总量和强度双控，以水定地、以水定产，合理控制开发强度；强化资源节约集约利用，实施资源环境承载能力临界超载区域管控措施，提高城市空间利用效率。

适度先行布局建设交通、水利等方面的重大基础设施，科学引导城镇开发布局。建立边界外围预留开发空间的机制，推动土地集约高效利用。以资源环境承载能力为标准，实施开发强度管控。采用用地指标分配突出与集聚经济和人口贡献相一致的原则，对重点开发区在相关指标上适度倾斜。制定完善节约集约用地标准，强化对建设用地的开发强度、土地投资强度、人均用地指标的监管。

在严守永久基本农田和生态保护红线、严格落实人地挂钩政策的前提下，允许部分农业空间和生态空间转化为城镇空间。生态空间转用土地原则上应作为城市景观绿地使用。调整的城镇空间应加强资源节约集约利用，提高空间利用效率，从严控制并逐步降低开发强度。优化整合区位相近、产业关联同质的开发区，按照产城融合循环低碳的要求建设改造产业园区。

农产品主产区实施城乡建设用地总量零增长制度。对于腾退置换出的工矿建设用地，鼓励开展复垦整治，符合条件的转化为农业空间或生态空间。通过建设粮食生产功能区和重要农产品生产保护区，实施战略性保护。推进耕地休养生息。建立县统筹、乡监管、村落实的轮作休耕监督机制。开展耕地地力保护与质量提升行动，逐步建立用地养地相结合的耕地休养生息长效机制。

以修复生态、保护环境、提供生态产品为首要任务，重点生态功能区应提升生态产品供给能力。注重创新生态保护模式，实施产业准入负面清单制度，提高生态系统服务功能，强化陆海生态安全格局，加快构建生态屏障带、海洋生态保护带、生态廊道网络体系等。严格控制城镇空间规模。鼓励将符合条件的非永久基本农田和生态移民迁出区通过退耕还林还草还湿等方式转化为生态空间。支持重点生态功能区内有劳动能力的贫困人口转为生态保护人员。鼓励控制土地总量，调整土地结构。推行自然资源确权登记，完善耕地和水资源休养生息、生态环境损害赔偿等制度，推进国家公园试点。建立健全市场化、多元化的生态补偿机制，进一步开展生态补偿。

全面落实河长制、湖长制。重点生态功能区应实施最严格的水资源管理制度，强化水功能区管理，健全水域岸线管护机制，加强对水域空间的管控。严格落实草原禁牧休牧和草畜平衡制度，切实保护好草原生态系统。进一步完善草原承包经营制度，建立草原占用总量控制制度，实施国家新一轮草原生态补奖政策和退牧还草工程等重大草原生态建设项目。严格控制人为因素对自然生态和文化自然遗产原真性、完整性的干扰，严禁不符合主体功能定位的开发活动，加强对有代表性的自然生态系统、珍稀濒危野生动植物物种、有特殊价值的自然遗迹和文化遗址等自然文化资源的保护。

（4）国内自然资源政策梳理总结

从以上的梳理中可以看出，各省份在出台主体功能区相关政策的时候，大都结合自身情况对配套政策进行了调整细化，并且在实际操作中，绝大多数省份将国家层面的4类主体功能区，即优化开发主体功能区、重点开发主体功能区、限制开发主体功能区和禁止开发主体功能区，调整为城市化发展区、农产品主产区以及重点生态功能区，即提供工业产品及服务产品、农产品和生态产品等主体功能。另外，陆海统筹问题也得到了相应的关注，以妥善处理沿海地区开发与海洋环境保护之间的矛盾。

自然资源相关制度设计的主要目标是平衡保护和发展之间的关系，把资源环境承载力、国土空间开发适宜性以及均衡发展等理念通过差异化的政策反映在不同的区域内。自然资源政策多是以行政命令政策工具为主，以财政型的政策工具为辅，信息型和组织型的政策工具较少。这样的政策类型结构具有针对性强、有利于监管等优势，一定程度上可以促进主体功能区落地。但是在具体操作过程中，容易出现政策执行灵活性较差、缺少和本地实际结合、压抑各主体参与的积极性等问题。目前从国家和各部委出台的政策来看，差异化较少从主体功能区角度来进行分析，比如与城镇化相关的政策，多是以城市的人口规模等来匹配。

从已出台的相关文件判断，尚未见到各省份有充分体现差异化的政策目标和目标工具。不论是国家层面还是省级层面的主体功能区，其环境资源特征具有较大差异，有必要配套不同的政策工具组合（差异化的政策工具、手段以及有效性评估）。从操作层面上看，省级主体功能区需要结合地方立法以及自身的资源禀赋、政策环境等对国家主体功能区资源环境保护的全过程管理进行细化。

3. 主体功能区自然资源政策实施过程中的问题

（1）主体功能区规划成效尚不明显

主体功能区在 2015 年《生态文明体制改革总体方案》中是一项重要的基础性制度，可以说是用于平衡保护和发展的核心规划制度。决策者寄希望于通过主体功能区规划来统筹其他所有的空间规划，即"一张蓝图"。但在实践中，生态文明建设规划和主体功能区规划缺少衔接，并且规划制定过程中，主要是以生态红线来体现约束性作用，主体功能区的作用并不明显。可以说，现有的方案中，主体功能区并未起到"顶层规划"的作用。相对有约束性指标的空间规划，主体功能区对发展和保护的平衡起到的作用有限。主体功能区的制度设计相对于其他规划较晚，要通过它统筹其他已经有多年实践基础的规划，存在客观上的困难。

就现状而言，自然资源的管理政策更多的是要素型政策，只有增减挂钩和占补平衡等部分土地资源政策是与具体区域挂钩的，即带有空间用途管制的特点。大部分自然资源政策是从具体的生态系统中提炼出来某一类型的资源进行管理。自然资源政策在主体功能区要想更好地落实，需要逐渐探索从"要素式"向"样方式"转变。

主体功能区从国家到省级的传导不够顺畅。从结构上看，国家和省级的主体功能区差别较大，中央层面更倾向于保护，而省级层面希望加大开发力度。在不同的主体功能区中，国家级个数均高于省级。这一点从樊杰教授的研究中也可得到佐证[①]。另外，各省份的规划指标内涵外延各有差别，以至于难以汇总和比对。在具体方案上，省级和国家级的差别不大，只有较少省份结合自身情况，设计了更加细致的规划方案。除此之外，根

---

① 樊杰：《中国主体功能区划方案》，《地理学报》2015 年第 2 期。

据《省级主体功能区划分技术规程》，省级主体功能区划分的指标体系包括可利用土地资源、可利用水资源、环境容量、生态系统脆弱性、生态重要性、自然灾害危险性、人口集聚度、经济发展水平、交通优势度等指标。但是各省份和国家的指标定义等不尽相同，难以直接进行对比。

（2）自然资源政策自身也存在问题

现行自然资源政策体系自身存在的问题也是主体功能区在制度设计中所必须考虑的。例如，土地、河流、森林、草原等不同类型资源管理各自为政、政策之间缺乏有机衔接的状况尚未得到根本改善，自然资源的综合管理还比较缺乏。自然资源的开发利用与生态环境保护之间的关系往往也面临各自为政、顾此失彼的局面。以下是自然资源管理中比较常见的问题。

①自然保护地空间范围界定不合理。

自然资源的就地保护是最主要的政策措施。为了减缓经济发展对生态环境的影响，我国从 20 世纪 80 年代至 21 世纪初划建了一批自然保护区，但划建时很多都未经过科学的论证和实地考察，随后的一些自然保护区划建工作中，也依旧缺乏合理的空间规划分析。一些自然保护区内还存在大量人口密集的村镇和生态保护价值较低的耕地、经济林和建设用地，居民生产生活和保护区管理工作时常发生矛盾冲突。此外，还有一些保护价值较高的生态系统并未被合理划入自然保护区范围，导致生态景观的连续性和生态价值的完整性遭到破坏。

②治理能力薄弱，自然资源管理水平不高。

以水资源为例，一是法律规范尚不明确。《中华人民共和国水法》明确了实行用水总量和用水效率管理，但对于水资源综合规划、水功能区划的法律地位还不够明确；关于规划项目的水资源论证的强制作用及其法律依据，还需进一步明确。二是基础工作尚显薄弱。目前的管理理念、管理队伍、管理手段等还不能适应水资源科学管理的要求，特别是关于水资源承载力和用水定额的科学测算、用水量和污水排放量的动态、精确监测能力均有待提高。三是管理体制不顺。水资源管理制度，需要包括水利、环保、住建、产业、规划等多部门的共同努力，但在城市用水管理、水污染管理、产业用水定额管理等方面，部门间协调还不充分。随着水生态文明建设的提出，上述问题有待借助主体功能区制度进行改善。

（3）生态补偿有待完善

生态补偿是平衡不同区域之间、不同主体之间利益的重要制度设计。但是，存在以下几个方面的问题。

①补偿标准偏低。目前生态补偿涉及森林、草地、耕地、湿地、流域、海洋等各类生态系统和重点功能区，全部依赖中央和地方财政资金投入，但均属于静态补偿，补偿范围不全，补偿标准偏低（国家禁牧补助每年 1.5 元 / 亩①，国家级公益林补贴每年 15 元 / 亩），未能真正反映自然资源作为生产要素的价值，更没有体现生态系统的服务功能。此外，生态补偿侧重对单一要素基于成本的资金补偿，生产方式转换、收益性补偿、发展性补偿等方式运用少，因此补偿的目的难以实现，保护者责任大，接受补偿的人对补偿要求高，从而导致保护积极性和责任约束欠缺。

②补偿模式较为单一。以政府特别是中央政府主导模式为主，财政资金多为财政纵向的转移支付，地区间的横向转移支付只发挥补充作用，区域间和流域上下游对补偿的意愿存在较大差异。同时，生态补偿的市场化模式少，除了政府财政资金补偿外，水权交易、碳汇交易、资源税等市场化运作方式仍处在探索中。参与主体多为政府部门，缺乏企业和社会组织的参与。现有的补偿模式并不能很好地反映当地居民保护绩效的差异，亟待构建参与保护和补偿资金之间的关联。

③缺乏系统的政策法规与制度建设。目前涉及生态补偿的法律还比较少，相关规定还分散在不同法律之中（如《中华人民共和国森林法》《中华人民共和国草原法》等），生态保护补偿顶层制度设计还需要在宏观层

---

① 1 亩 ≈ 666.67 平方米。

面进一步统一并细化。我国未来一方面面临经济增长压力，财政资金短缺可能成为未来自然保护地建设和生态补偿的一大挑战，另一方面社会公益组织快速成长并有强烈的参与保护的意愿，但我国的大自然保护和生态补偿机制中还缺乏相关的法律制度来明确社会资本和社会组织的法律地位和范围，一定程度上阻碍了社会资本的参与和生态补偿的多元化、市场化运作。

（二）主体功能区与自然资源政策的关系研究

1. 主体功能区配套的自然资源政策的定位

笔者将主流的自然资源政策从保护与发展的维度进行分类，并且考虑了市场化和行政化的程度，绘制了图4。可以看到，目前我国的自然资源政策以行政命令为主，无论是保护还是发展相关的自然资源政策都表现出了这样的趋势。

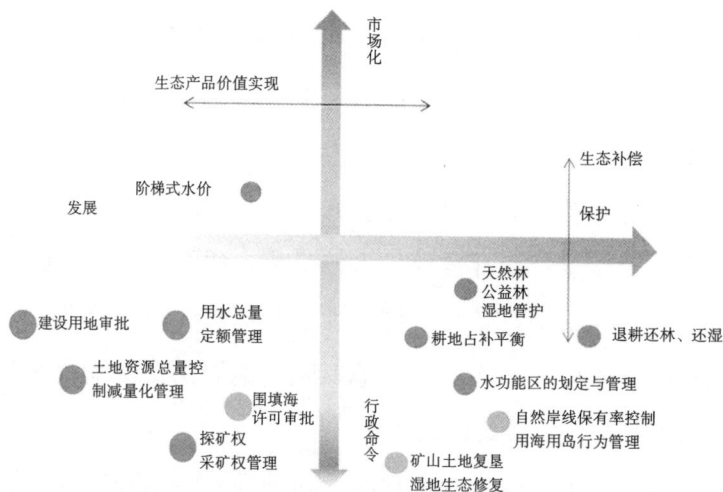

图4 主体功能区和自然资源相关的政策分类

资料来源：作者自绘。

从纵轴看，作为重要的公共物品，自然资源的管理以行政命令型为主，这类政策工具针对性较强、可操作性较高，并且具有容易监管等优势，有利于加快推进主体功能区的建设，但也同时存在缺乏灵活性和自主性、不利于发挥市场在资源配置中作用的缺点。今后，随着自然资源资产产权制度的推进，自然资源政策将更加多样化，并且表现出从以行政命令型为主向以市场型为主转变的趋势。

从横轴看，自然资源相关政策的主要目的是平衡保护和发展之间的关系。只是这种制度模式带有明显的部门色彩。现有的自然资源政策，多是大部制改革前，不同部门从资源类型角度设立的带有部门利益色彩的政策措施，比如原国家林业局设立的天然林保护、湿地保护工程等，原国土资源部针对矿业开发的规定，原国家海洋局关于海洋的保护措施等。而大部制改革的初衷之一在于对自然资源落实"两个行使"的权力，即统一行使全民所有自然资源资产所有者职责、统一行使所有国土空间管制和生态保护修复职责，并且对山水林田湖草实行融合管理。如果继续单纯从具体某一类资源的角度进行管控，实际上并不符合大部制改革的初衷。另外，人类随着对自然界认识水平的提高，已经日益认识到生态系统和生物多样性对人类社会可持续发展的深远意义。在山水林田湖草统一保护的背后是重视生态系统的完整性和原真性，突出生态系统服务功能和价值，这一点国内外已经有多项研究进行过论述[①]，并且在国家公园体制改革中也有强调。因此，在这样的背景下，我们认为如果继续仅从资源类型出发讨论自然资源政策，依然会面临区域和要素之间难以贯通的问题。自然资源政策的核心目标在于处理好保护和发展之间的关系。而差异化的自然资源政策是为了防止"自上而下""一竿子插到底、不同区域平均用力"的情况。

因此，我们认为需要重新从保护和发展之间的关系角度思考主体功能

---

① 《千年生态系统评估报告》更为系统地从帮助管理的角度将多样化的生态系统服务归类为供给服务（如提供食物和水）、调节服务（如疾病调节）、文化服务（如休闲娱乐）、支持服务（如为其他服务的生产提供必要的服务）。此外，还有学者提出更为详尽的分类，如划分为产品生产（如药材和木材）、过程再生产（如净化水和空气）、稳定化过程（如控制害虫和减轻洪水危害）、丰富生活的过程（如提供美感和存在价值）和生态保育（如维持生态系统的服务）。

区的自然资源政策，防止又回到大部制改革前"九龙治水"的状态。主体功能区差异化的自然资源政策需要有明确的定位：第一，主体功能区的自然资源政策是为了更好地解决保护和发展之间的不协调问题，从资源环境可承载、生态可持续的角度制定一系列关于国土空间的管控措施；第二，从自然资源部角度看，主体功能区自然资源政策要成为自然资源部在各类主体功能区开展相关业务的抓手，如生态补偿、土地整理、矿山修复等。以上对主体功能区自然资源政策的定位，构成了制度设计的基本逻辑。

2. 主体功能区分类和自然资源政策的关系研究

我们尝试绘制了涵盖 3 种类型省级主体功能区与 7 种类型自然资源（为简化合并为 4 类）在内的对应关系矩阵表（见表 1），用以示意性地表现不同类型的省级主体功能区所适宜应用或需要的、分不同资源类型的自然资源政策。

表 1 主体功能区分类与自然资源类型对应关系矩阵表

	城市化发展区	农产品主产区	重点生态功能区
土地资源	建设用地与耕地增减挂钩、占补平衡；建设用地总量控制及减量化管理；公益林管护；湿地保护；湿地生态修复	永久基本农田控制线；农村集体建设用地与宅基地管理；临时性构筑物建设管理；公益林管护；集体林权；退耕还林；湿地保护；湿地生态修复；退耕还湿	特殊用途建设用地审批；地役权补偿；天然林保护；公益林管护；集体林权退耕还林；国家用材林储备与管理；湿地保护；湿地生态修复；退耕还湿
水资源	用水总量与定额管理；阶梯式水价；水功能区的划定与管理	用水总量与定额管理；阶梯式水价；水功能区的划定与管理	水功能区的划定与管理
海洋资源	围填海许可审批；自然岸线保有率控制	——	围填海许可审批；自然岸线保有率控制；用海用岛行为管理
矿产资源	探矿权与采矿权管理；矿山地质环境保护及土地复垦	探矿权与采矿权管理；矿山地质环境保护及土地复垦	最严格的矿产资源管理制度、矿权退出

资料来源：作者根据相关文件整理而成。

下面重点分析主体功能区和自然资源政策（包括国土空间规划和管控）之间的关联。

主体功能区是实施我国国土空间开发保护制度的重要政策工具，它本质上可以看作一种区域性质的空间管控措施。对国土空间的认知，学术界本身就有两种倾向，一个强调区域，另一个强调要素。区域，主要指国土空间按照行政单元进行管理，突出地方政府在空间治理中的主体责任。要素，则是指山水林田湖草等资源的管理模式。其中，城乡规划、土地利用规划、生态保护红线、城市开发边界以及自然资源政策主要是针对要素的开发利用进行规范，管理模式一般以开发许可的形式开展。

因此，对应主体功能区的自然资源政策，成功的关键在于如何处理区域和要素之间的统筹和衔接。但是，一方面，主体功能区规划在落地中存在要素决定区域，而不是区域规范要素的趋势；另一方面，《生态文明体制改革总体方案》中明确指出了山水林田湖草是一个生命共同体，是我国生态文明建设中的一个重要原则，即要将用途管制扩大到所有的自然生态空间。在这样的背景下，要求强调区域为主的主体功能区在落实到具体的要素管制时，需要有明确的空间管制措施，以有效地平衡保护和发展之间的关系。因此，省级层面的主体功能区政策的落地，需要防止重现过去要素式管理模式中的多头和碎片化管理的问题，并有效协调属地管理与部门管理之间的关系。

国家实施主体功能区战略的初衷是要平衡、统筹保护和发展之间的关系。因此，在考虑其配套政策的时候，需要以此为核心进行考虑。

3. 主体功能区配套自然资源政策设计的核心基础

（1）主体功能区配套自然资源政策设计的目的与原则

主体功能区是国土空间开发和利用中各项政策和制度安排的基础平台，但是就全国主体功能区规划的内容看，制度安排中涉及了产业政策、财政政策等，并没有单独设计自然资源政策。当然在土地政策、环境政策和应对气候变化政策中多少有所提及。随着生态文明建设工作的进一步推进，特别是规划职能划转到了自然资源部，有必要科学设计新时期符合山水林田湖草统一保护以及可持续利用目标下的自然资源政策。

具体原则如下。

先易后难、循序渐进。主体功能区战略是我国新时期完善区域管理的一种探索。制度建设从无到有，伴随着复杂的利益博弈，会遇到多方阻力。应本着突出重点的原则，进行体制机制建设。制度的建立不是平地起高楼，职能优化调整的过程也不能一蹴而就。因此自然资源政策的建立离不开原来各部门相关的政策基础。根据这样的考虑，我们将保留原来各部门被实践证明行之有效的政策，然后对政策执行过程中需要调整的加以完善。

上下结合的原则。主体功能区政策的顺利推进有赖于中央和地方政府之间的协同与合作。中央作为主导者，需要对各省（区、市）提出制度落实的指导原则。各地也有必要结合自身实际，进行实践探索和创新，探索出具有可操作性的经验，在完善本地区相关制度建设的同时，为中央政府提供建议，并为全国其他地区提供经验。创新性的政策要以基础性制度和已有的政策为基础，以整合、优化、调整为主，选择适当的区域率先开展试点，比如在多规合一执行相对较好的厦门、在生态优先突出自然资源要素作用的青海率先推进创新，经验成熟后再继续推广。

系统性原则，山水林田湖草统一管理。自然资源，尤其是森林、草原、湿地这类可再生的自然资源，构成复杂的生态系统。山水林田湖草统一管理既是科学的管理理念，也体现在现有的生态文明改革政策方案中。自然资源部被赋予了两个统一行使的权力，从体制上保障了管理的统一性。治理主体需要统筹发挥合力，在方法上运用多种综合性治理手段。系统原则还包括维护生态系统的多样性、完整性和原真性。

分类施策原则。自然资源政策要充分体现国土空间管控的差异化，并反映国家意志。各地情况差异较大，自然资源政策从国家层面看需要统一，但是也需要给各地留有适当的自由裁量权，因地制宜，在一定的原则下进行差异化的调整。主体功能区的基本单元是县级行政区，也包括了连片的类型，这类需要特殊考虑，尤其是"两屏三带"区域，需要有针对性地设计政策或者明确政策原则。

综合协调原则。主体功能区规划的顺利实施，有赖于我国机构改革后各项制度的协调推进。自然资源政策执行的效果并不是孤立的，而是依赖于更加基础的制度环境，比如产权制度、市场环境。因此，在政策推进过程中有必要考虑和其他配套制度的协同。

可操控性原则。政策设计要有预见性，对各类功能区将会面临的问题有预判和把握；在突出各类功能区政策重点的同时，同类型政策在不同功能区间设计的差异程度要恰当，以保证政策的连贯性和政策执行力度切合实际。

除此之外，自然资源的一些特殊属性，也需要充分考虑。

主体功能区规划配套的自然资源政策的差异化选择，要充分考虑自然资源本身的属性和特征。

首先，生态系统的完整性是自然资源管理中需要予以关注的内容。生态系统完整性的评估缺少易于量化、便于管理的技术准则。生态系统的复杂性使得其评价困难。复杂的指标、大量的数据和概念，难以直接为管理所用，亟待探索快速评价的方法和技术。目前的资源类型划分方式并没有考虑对生态系统以及生态服务功能的影响，特别是生物多样性更容易被忽视。按照行政边界（大至省界、小至县界）划分管理边界的做法难以顾及保持生态系统的完整性，目前这一点在主体功能区规划中并未被提及，其对应的解决方案也并没有得到重视。

其次，即使同样是重点生态功能区，由于地理、气候、经济区位等多方面的原因，不同的重点生态功能区之间往往人地关系差别巨大，难以适用同样的自然资源政策，要充分考虑差异化。比如三江源地带的农牧民，他们的生产生活千百年来已经构成了草原生态系统中的一部分，生态移民政策难以适用。而东部地区的大部分林地属于集体林，如何在推动统一保护、维护生态功能的前提下，又能维持地方社区居民适当的生计，是东部和南部地区普遍面临的问题。而东北地区即使成立了虎豹国家公园，但是成边问题、林业工人生计问题如果没有得到很好的解决，单纯谈自然资源的保护是不现实的。

综上所述，主体功能区的政策在推进过程中，必须突破原有的要素思维模式，找到能和区域对应的管控政策，引导区域的整体发展。一是构建生态要素—生态系统—生态过程—生物多样性这样系统、综合的保护理念；二是和区域政策对应，找到科学的基于监测数据的快速评价方式，并且能具体落实，为引导保护和发展提供顶层设计。

另外，自然保护地的设立是我国对生态系统进行保护的重要工具，其面积占到国土面积的近18%，并且其体制改革向国家公园看齐。由于这部分区域大多处于重点生态功能区内，因此重点生态功能区的政策工具设计需要与国家公园体制改革方案很好地衔接和融合。

（2）主体功能区配套自然资源政策设计

主体功能区规划配套的自然资源政策，一方面要和规划的目标、原则相适应；另一方面要因地制宜、突出差异化，与各地经济社会发展水平、生态文明体制改革方向以及管理能力等相适应。结合主体功能区规划，我们认为需要设计一套综合性的政策工具包。该工具包的主要目的在于缓解保护和发展之间的矛盾，推动不同类型主体功能区充分发挥自身优势，促进同一区域内的科学发展、城乡融合。本部分将针对省级主体功能区的3种类型，即城市化发展区、重点生态功能区和农产品主产区，分别进行讨论。

①主体功能区若干分区政策工具。

第一，城市化发展区。城市化发展区的主要任务是发展不同类型的城镇群，促进城市高质量发展。探索新型工业化道路，提高资源、能源的利用效率，尽可能降低对生态环境的损害，提高建设用地效率的同时，减少对耕地或生态用地的侵占，逐渐改善城市景观格局，推动城市生态的逐渐改善。

主体功能区划的核心在于空间管制的加强，而空间管制加强的关键在于土地政策。实行最严格的耕地保护制度和集约节约用地制度，按照管住总量、严控增量、盘活存量的原则，创新土地管理制度，优化土地利用结构，提高土地利用效率，合理满足城镇化用地需求。

对城镇新增用地实行严格管控。合理控制工业用地，优先安排和增加住宅用地，适当安排生态用地，统筹安排基础设施和公共服务设施用地。完善工业用地价格形成机制，对工程建设项目用地实行生态影响评价。支持探索二三产业混合用地政策和管理机制。探索利用集体建设用地开发建设住宅的改革路径。依据"国土三调"，依规合理认定现状工业用地，实事求是、分类盘活利用存量工业用地，完善规划调整、土地供应、收益分配机制，形成存量工业用地盘活利用机制。

合理界定各个经济主体的用地范围和土地使用期限，限制工业用地向周边区域蔓延的势头。通过建立空间规划管治、亩均投资强度的项目准入标准，控制污染物排放总量等手段，促进产业用地的集约节约利用和空间结构的优化。建立健全低效用地再开发激励约束机制，盘活利用现有存量建设用地，建立其对应的退出激励机制。对老城区、旧厂房等进行改造和保护性开发，对低品质、低效率、利用不佳的存量建设用地，包括闲置的、不符合安全生产和环保要求的产业用地，进行整治、改善、重建等。城镇建设用地特别是在城市群地区，以盘活存量为主，严禁无节制扩大建设用地。树立"精明增长""紧凑城市"理念，科学划定城市开发边界，推动城市发展由外延扩张式向内涵提升式转变。

为促进农村转移人口在城镇定居和城镇化健康发展，实行城镇建设用地增加规模与吸纳农业转移人口落户数量挂钩政策。探索落户城镇的农村人口在原籍宅基地复垦腾退的建设用地指标按一定比例由接纳入户地使用的可行性。建立城乡统一的建设用地市场，在符合空间规划、用途管制和依法取得的前提下，允许农村集体经营性建设用地入市，允许就地入市或异地调整入市。严格保护耕地资源，完善耕地占补平衡制度，实现"数量—质量—生态—经济"平衡。探索建立全国性的建设用地、补充耕地指标跨区域交易机制。推动城乡融合发展，探索农村产权抵押担保权能、搭建城乡产业协同发展平台等。支持探索建设用地使用权地上、地表和地下分层设立、分层供应政策。调整土地出让收益城乡分配格局，提高土地出让收入用于农业农村比例。建立兼顾国家、集体、个人的土地增值收益分配机制，合理提高个人收益，完善对被征地农民的合理、规范、多元保障机制。

不断提高城市综合生态环境承载能力，划定城市发展区内的禁止开发区，加大生态保护和绿化力度，提高森林覆盖率。推动城市自然公园、郊野公园发展。通过墙体、顶层绿化和绿化带建设等提高城市绿化率。避免城市绿化中选用过于简单的植物群落结构，提高生物多样性的丰富程度。建立具备重要生态价值的连续性自然环境和生物栖居地，加大对城郊林草植被的保护力度并制定相应的划分和保护标准。严格管控生态保护红线，实现山水林田湖草系统监管和事前事中事后的全过程监管。

坚持以水定城、以水定地、以水定人、以水定产的原则，将水资源可利用量、水环境容量作为城市发展的刚性约束，通过用水总量、用水效率、入河排污总量3条红线进行控制。建设节水型城市，重视城市生活节水和农村灌溉节水，强调城市区域水资源规划和管理，加大工业节水力度，提高工业水循环利用水平，推动节水器具和设备的使用。

第二，重点生态功能区。生态功能区的定位是提供更高质量的生态产品，保障国家生态安全，构筑安全屏障。生态文明建设的重点任务是保障区域内的生态资源不受破坏，允许对一些重要的矿产资源、旅游资源进行可持续的开发和利用，但对于由于开发行为造成的生态破坏应采取自然恢复与人为修复相结合的方式予以修复。

重点生态功能区一方面要通过实施重大生态工程等改善区域内的生态环境；另一方面要借助政府安排基础设施项目投资、公共服务项目投资、一般性转移支付、生态保护专项资金、生态补偿等政策手段促进生态建设，保障本地人民享受大致均等化的基本公共服务。实行严格的建设用地管控政策，控制生态用地转用。加快农村宅基地复垦，尽力保持原有生态系统。建设生态走廊，确保生态用地和耕地生态功能得以最大限度地发挥。统筹开发低丘缓坡和滩涂等资源。推进耕地占补平衡。实施"山水工程"，开展山水林田湖草综合整治。

保护地建设是重要的管控措施，按照《关于建立以国家公园为主体的自然保护地体系的指导意见》的政策精神，建立国家公园、自然保护区和自然公园。这些区域的核心功能是保护自然文化资源、珍稀物种，主要是通过法律的完善，规范化的管理和保护，加大对珍稀动植物、生态系统、生物多样性的保护力度。在部分区域，如南方集体林较多的地区探索采取地役权的方式，对当地居民进行行为模式的引导并对其发展权进行补偿。支持开展运用全民所有自然资源资产所有权委托代理机制，加强对自然保护地管理效能的探索。

要构建保护地利益平衡和分配机制，探索生态产品价值实现路径。由于重点生态功能区和欠发达地区在空间上有较高的重合性，可以探索以当地居民、社区为主体的生态经济，如生态农业、生态旅游等。在自然资源产权明晰的基础上还可探索以生态银行、林业碳汇等形式将生态价值化、资产化，盘活自然资产。

开展保护区内矿业权退出，尽早研究"行政补偿"的落实，在确定中央和地方的补偿出资比例，以及制定符合各地需求的矿业权退出补偿方式时，坚持"共性问题统一尺度、个性问题一矿一策"的原则。统筹矿业权退出与国家矿产地储备体系建设。

对于重点生态功能区范围的水资源问题，征收水资源使用费或相关税收，加大市场化激励性政策的使用力度，充分考虑其受益范围，探索适合的保护方式，比如水权交易、开发水生态产品、水信托等。

其中，海洋是比较特殊的类型，其政策措施也有其特点。海洋主体功能区可以划分为产业与城镇建设、农渔业生产、生态环境服务3类。其中，产业与城镇建设功能主要是为产业发展和城镇建设提供空间和资源；

农渔业生产功能主要是提供海洋水产品；生态环境服务功能是提供娱乐休闲的环境以及生物多样性保护、气候调节、释氧固碳等服务。在优化海洋空间布局的基础上，优化海洋资源配置，加强海洋执法，规范近海开发活动，加强围填海总量控制和计划管理，使用论证制度和海域有偿使用制度对海域实施情况监督，严格控制近海活动，必要时实行禁止开发措施。必须根据资源环境承载力进行严格的生态环境评估，减少对海域生态环境的负面影响。海岸带沿线的城镇区、工业区、港口以及周边海域，包括海水养殖、传统渔场、海洋保护区等，都要有明确的对自然资源的具体管控措施。科学划定海水养殖区域，控制近海养殖密度。制定用海工程和围填海建设标准，明确海拔高度、污染排放、防灾减灾等要求，对用海项目建设实行全过程监管。

第三，农产品主产区。农产品主产区的核心任务是提供优质的农产品，最关键的政策是耕地保护政策。我国在 2004 年开始实行最严格的耕地保护制度，其核心包括采取法律、行政、经济、技术等手段和措施，预防和消除危害耕地及环境的因素，稳定和扩大耕地面积，维持和提高耕地的物质生产能力，优先保护无公害产品、有机农产品和地理标志型农产品产区，预防和治理耕地的环境污染，保证土地得以永续和合理使用。

坚持最严格的耕地保护制度，加大高标准基本农田建设力度，建立耕地保护补偿机制。确立耕地全要素保护制度，形成数量、质量、生态、空间、时间等五大要素并重的管理模式。对于水土光热条件好的优质耕地，要优先划入永久基本农田，建立永久基本农田储备区制度。鼓励中低产田改造和开垦耕地，对此类区域发放"新增耕地耕种和管护补助费"，建立补充耕地经济补偿机制。加大对重要粮食主产区和商品粮基地的耕地保护补偿力度。除法定情形外，禁止擅自改变基本农田布局。探索重大建设项目补充耕地统筹办法和耕地占补平衡市场化方式。加大退耕还林、退耕还湖力度，对不适宜农业生产或更具生态价值的土地，要使其用于生态用途。

完善土地供应管理模式。通过土地制度改革，优化完善征收、"招拍挂"等土地收储制度，盘活低效土地，促进土地集约节约利用。建立土地市场化配置机制和城乡统一的建设用地市场，建立建设用地集中供应、土地使用权公开交易及专项检查制度。

整合耕地保护基金，将土地使用权抵押的依据由耕地产出的农产品价格转变为耕地保护与经营的真实价值，让农民依法享有更多的土地财产权利。

开展全域土地综合整治。按照系统治理的理念，整体推进农用地整理、建设用地整理和乡村生态保护修复，借助耕地的粮食生产功能和生态系统服务功能以及农耕文化的承载功能，推动农业资源多元化增值，全面推进乡村振兴。腾退的建设用地，在保障基本民生的前提下，重点用于产业融合发展。推广黑土地保护有效治理模式，推进侵蚀沟治理，启动实施东北黑土地保护性耕作行动计划。改革现行干部政绩考核制度，在借鉴河长制的基础上，推行田长制，将耕地保护纳入考核体系。加大对农民保护耕地的经济激励。

深化农村土地产权制度改革，积极推动农村耕地财产权利制度创新，鼓励农民耕地经营权流转、抵押。鼓励农村土地流转，盘活使用废弃宅基地与空闲地。严格宅基地建设占用耕地审批，实行房屋建新与拆旧复垦挂钩，占用耕地建房者应缴纳相应的费用。

优化水资源配置格局。实施取水许可、排污许可等制度，规范取用水和排水行为。推广高效节水灌溉等技术措施，提高用水效率，减少污水排放，防止农业面源污染。

②从要素式管理转向融合管理，注重对特殊区域的保护。

融合管理主要有两个方面，一个是山水林田湖草统一管理，并且对于林草等资源更加倾向和生态系统融合。全球生态环境保护的历史说明，生态环境问题多是资源的不合理开发和利用造成的。因此，从生态系统耦合角度看，需要突出更多的生态系统、生物多样性相关的管理内容。另一个是通过信息化来推进自然资源的综合管理。我国"十三五"时期已经全面布局天地空生态环境监测系统，并且准备开展大规模的自然资源调查工作。"十四五"时期，通过构建自然资源管理信息综合平台，可以把不同类型的信息数据集中，实现一体化的管理，诸如 GIS 航测遥感等技术手段也将广泛应用于自然资源管理、调查和评价中。

但是，目前上述两个方面在实践中的进展不尽如人意，需要寻找新的突破口。结合国内外多学科相关经验，我们认为可以借助社会治理中的网格化管理的做法，以类似标准地的方式开展自然资源相关的管理工作。尽快确定针对不同类型生态系统的快速评价方法，突出对生态系统服务功能的维护和改善。

标准地原本是林业上根据人为判断选出期望代表预定总体的典型地块。传统上指按代表性选取的作为典型样地的小块林地，广义上还包括按数理统计原理随机选取的样地。主要用途是为编制林业数表或研究不同经营措施效果等而收集数据，提取林分调查因子的平均指标。浙江省创新性地将标准地的概念运用于建设用地出让与投资项目管理中。德清县将标准地的概念用作土地出让标准的简称，即针对每一块建设用地，确定其能耗与污染排放以及产业导向标准[①]。以此为基础，随后《企业投资工业项目"标准地"管理规范》在浙江全省范围内实施。基于浙江首个县域大数据中心，搭建标准地企业投资项目信用监管平台，并与"信用浙江"等公共信用信息平台连接，实现了平台数据互联互通、项目动态实时更新、信用监管及时有效。结合国内外经验，可以对自然资源管理也应用"网格化 + 标准地"的形式。

自然资源的网格化管理在湖南浏阳等地已有实践探索，把自然资源管理纳入地方领导干部的工作内容。主要领导对本管辖区域内的耕地保护、

---

① 具体应用中，标准地还指土地出让时把每块建设用地的规划建设标准、能耗标准、污染排放标准、产业导向标准、单位产出标准等给予明确。企业拿地前，就已经知道该地块的使用要求和标准，经发展改革委"一窗受理"后，可直接开工建设，不再需要各类审批，建成投产后，相关部门按照既定标准与法定条件验收。

自然资源网格化管理工作负总责；综合行政执法大队、自然资源和生态环境办公室等部门实行联合执法，共同承担违法用地、违法建设的动态巡查、查处整改工作；村负责做好本村自然资源管理和监管工作；在打击自然资源违法行为的执法中，行政执法、公安、工商、电力、供水等部门在验证、违法行为认定、调阅资料、维持秩序、暂扣证照、断电、停水等方面予以配合；联村领导、联村组长、网格员协助安排部署所联系村的自然资源网格化管理工作，联村指导员具体指导。为了更好地推进该工作，可建立自然资源动态巡查机制，分片包干到人，健全报告制度、举报监督机制以及责任追究和奖励机制等。

为解决要素和区域之间的不衔接问题，建议自然资源领域也采取标准地的方式。自然资源管理中已经有保护地的管理和实践经验。网格化和工业标准地的经验结合，既可以突破部门管理和基础数据的壁垒，也可以将生态保护相关的指标纳入，并且在地方落实的过程中能借助信息化政务和干部目标责任制两个工具。其中，自然资源管理的标准化主要是指各类资源调查统计、信息发布、规划编制等数据要采用同一标准，建立自然资源一体化台账，形成各要素齐全的自然资源信息库。网格化的目的是在现有部门管理的格局下，明确管理的权责和边界。探索矿业用地、水气矿产、林地、草地、河砂等"跨界"资源管理的协同，并且逐渐推行精细化管理。在此过程中，将一些信息化手段和管理方式纳入，比如北斗定位、物联监测等。建议尽早在有实践经验的浙江等地开展试点探索，积累经验后全国推广。

另外，有必要对陆海统筹制定专门的政策。目前来说，主体功能区规划和海洋功能区规划、海洋主体功能区规划、海岸带规划、海岛规划等空间规划的协调性一直没有很好地解决，特别是海岸线的管控，亟须加强研究，制定沿海区域治理的层级顺序，尽早出台专门的管控政策。相关的政策包括总量管理和节约集约利用制度，以解决海洋生物资源开发利用过度、空间资源利用效率不高的问题。以围填海和自然岸线利用调控作为核心政策[1]，在农产品主产区开展渔业资源承载力常态化管理工作；按照"源头严控、过程严管、末端严治"的思路，根据不同的资源环境承载能力、环境风险可接受水平等设计差异化的涉海生态环境评价标准；制定差异化的清洁生产标准和向海排污许可制度；使用浓度管理和总量控制确定区域容污限值；对重点生态功能区，在生态红线管控基础上，设计差异化的生态补偿思路。

③发展生态经济，构建生态产品价值实现机制。

发展生态经济是连接保护和发展的重要纽带，其要点有二，一个是产业生态化，另一个是生态产业化（见图5）。两个方面在不同类型的主体功能区都可以有所应用。本研究中，产业生态化和生态产业化都是指狭义的范畴，也就是产业生态化强调工业领域，生态产业化强调重点生态功能区内的生态产业。产业发展需要对生态适宜性进行分析并对生态承载力进行评估。

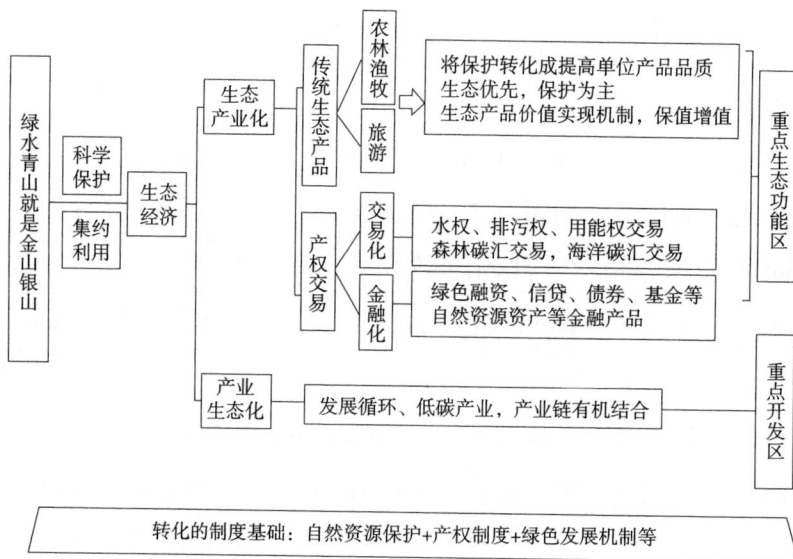

图5 "两山"理念运用在主体功能区的具体思路

资料来源：作者自绘。

---

[1] 国务院：《国务院关于加强滨海湿地保护严格管控围填海的通知》。

城市化发展区是人口和经济规模集中、资源环境承载压力较大的区域。城市化发展区配套政策应围绕提高国家和区域综合竞争力，实现高质量发展而设定。应严格控制污染物排放，发展绿色经济，逐步提高资源节约集约利用水平。核心在于产业的生态化（污染末端治理、达标排放，清洁生产及循环经济与产业共生，新兴绿色创新产业培育与发展等），在产业生态学理论指导下，结合区域产业现状，对传统产业进行生态化改造，按照生态规律和经济规律来安排经济生产活动，达到减少废物排放的目的，推动废弃物的循环利用以及资源的高效集约利用。其中，对节能环保的战略性新兴产业可以给予一定的政策支持，比如土地政策支持等。

重点生态功能区具有重要的生态系统服务功能，包括水源涵养、水土保持、防风固沙、生物多样性维护、海岸带生态系统功能维护等。落实"两山"理念的重点生态功能区配套政策应以保障国家和区域生态安全为首要目标，通过构建生态产品价值实现机制，推动生态产业化。发展生态产品的核心要素在于借助一系列制度设计，在保护的基础上充分挖掘自然资源的价值，打造生态产品，推动生态经济发展（见图6）。可以说，这种发展路径和模式依赖一系列的资源整合和制度设计，比如环境标准、产品标准、产业扶持政策等。

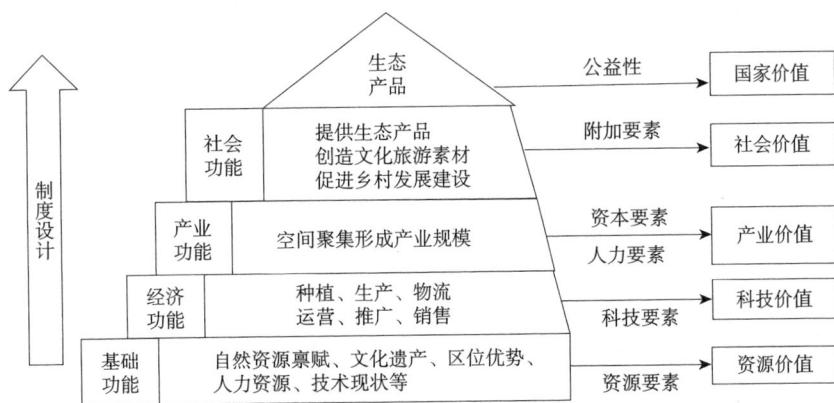

图6 借助制度设计推动自然资源利用

资料来源：作者自绘。

农产品主产区是粮食、经济作物、蔬菜水果、水产养殖生产的核心区。落实"两山"理念的农产品主产区配套政策既要保障粮食安全，为全民提供充足的农产品，又要兼顾地区经济发展要求，权衡处理资源环境保护与建设开发之间的矛盾。现有情况下，配套政策主要分为两个方面，一方面是约束性的环境政策，比如防止农业面源污染、禁止破坏生物多样性、防止生态入侵、养成和修复水生生物资源等；另一方面是鼓励性质的政策，鼓励采用现代科学技术手段，推动农业的绿色转型和一二三产业融合发展。

④和领导干部绩效考核挂钩。

结合实践，采取科学有力的评价考核是推动国家生态文明政策落地的必要手段。国家层面已经出台了《生态文明建设目标评价考核办法》，各省份已经结合实际进行了具体的操作。主体功能区迄今没有执行到位的一个原因也在于相关指标没有体现到各级政府的工作绩效评价中。湖南省已经开展了相关实践，主要目标有：明确城市建设用地增长边界，划定水体保护线、绿地系统线、基础设施建设控制线、历史文化保护线、永久基本农田和生态保护红线，推动"多规合一"，协调不同类型的规划等。厦门市也针对主体功能区的落实情况实行了差异化的考核方式。按照"指标有区别、权重有差异"的原则，厦门市在考核中设置了共同指标和差异指标。共同指标包括经济总量、财政收入、就业和社保、重点项目建设、招商引资等，并根据各区功能定位划分不同权重。差异指标主要有经济结构、发展动力、民生保障、生态保护等，凸显特色优势。

建议将主体功能区规划实施的情况纳入党政领导干部考核和离任审计，主体功能区考核结果在党政领导班子阶段评价、干部任免、责任追究等方面成为重要参考指标，对地方政府主体功能区建设成效奖惩并举。首先，要有统一的动态监测和评价指标，各指标的内涵和外延需要保持一致。其次，实行差异化的考核，比如城市化发展区，要重点考核资源环境承载力、开发强度变化的情况、区域单位面积的 GDP 产出、承载率的变化；对重点生态功能区不再考核 GDP 以及与之相关的投资率、产出率等；考核生态环境的变化、生态空间规模和质量、生态环境承载率、生态产品价值、产业准入负面清单执行率、自然岸线保有率等方面的指标等；重点筛选和强调生态系统服务功能和生物多样性相关的指标。突出生态保护优先的价值取向，对生态要素不仅限于数量的保护，更要凸显质量的提升。对农产品主产区考核农业空间规模质量、农业综合生产能力、产业准入负面清单执行、耕地质量、土地环境治理等方面指标，突出农业发展优先的绩效考核评价，有利于提高农产品保障能力、保障农产品质量安全、提高农民收入。不再考核地区生产总值、固定资产投资、工业生产、财政收入和城镇化率等指标。

领导干部自然资源资产离任审计也需要有差异。城市化发展区应重点关注土地、水、矿产等资源的审计，以及人口集聚程度、资源的利用效率、资源环境承载能力等维度指标的审计。重点生态功能区应重点关注生态资源的审计，以及生态保护制度的制定和执行、生态产品的保护状况等维度指标的审计[①]。农产品主产区要关注土地资源的审计，耕地违规占用情况、耕地利用效率、土壤污染、农村居民的生活状况等维度指标的审计。

⑤积极总结国内外经验，探索本土化的模式。

国际社会在自然资源保护方面取得了一定的经验，比如国家公园制度、适应性管理、分区管理等。我国在积极向国外学习的同时，需要考虑的一个核心问题是制度的本土化。比如，法国国家公园有专门针对自然保护区的一园一法、一园一图；法国国家公园还建立了"核心区＋加盟区"的空间结构，并赋予了加盟区法律定义和地位。这种模式，突破了行政区域的障碍，通过签订《联合国宪章》的模式赋予加盟区和保护区同样的发展权利和保护义务，加盟区不需要和国家公园有同等的生态重要性，也不一定被列为法定保护区，只需要承认共同的保护责任就可以享受国家公园

---

① 王然、李月娥、袁紫璇：《领导干部自然资源资产离任审计研究——基于主体功能区视角》，《财会通讯》2020 年第 13 期。

品牌红利。这种模式可以简单理解为，类似区域之间只要签订了保护协议，就可以享受区域公共品牌。

国际上自然资源相关的政策主要有两个趋势，一个是科学的、精细化的保护，也就是运用多样的管控措施（监测手段或者管理手段），对生态系统实施人为的干预，促进生态系统的演替。这在自然资源部等部门最新颁布的《山水林田湖草生态保护修复工程指南（试行）》中有较好的体现。另一个是市场化的方式。较为成功的案例包括水权交易、碳排放交易等。这得益于国外较为发达的金融市场以及成熟的市场机制等因素。针对这些我国已经有一些本土化的探索，比如地役权、碳中和、生物多样性中和机制以及生态银行等。有必要全面梳理这些创新性的探索，结合当前自然资源保护存在的问题以及改革的目标，优化、调整配套政策。比如针对耕地占补平衡，除去扩大范围外，有必要就占补平衡政策评价时更多地考虑生物多样性、生态系统保护等因素。另外，可以借鉴生态银行的理念，探索市场化的交易机制，并引入专业的交易机构和第三方服务。

除此之外，国外也非常重视规划配套的自然资源政策。以德国为例，国土空间的环境保护目标与要求主要集中在 6 个方面：降低交通和居住的土地利用从而提高土地利用效率、连接自然公共空间从而保护物种多样性、限制用地从而促进能源转型、建设节能和少交通的聚居结构从而降低温室气体排放、预防高温天气从而适应气候变化和防洪（与储水）。相关经验在我国主体功能区规划中可借鉴。

三、自然保护地的发展历程、研究进展及展望

联合国《生物多样性公约》缔约方大会第十五次会议以"生态文明：共建地球生命共同体"为主题，原计划于 2020 年 10 月在我国云南昆明举办。虽然突如其来的新冠疫情给经济社会带来了巨大的冲击，许多重要国际会议都被迫取消或延期，但也促使我们对人与自然的关系作更加深入的

思考。可以预见，以此为契机，中国的自然保护工作无论是在理论研究还是具体实践的层面都将获得新的发展动力。本部分试图以综述性研究的形式，对中国自然保护工作的发展历程与相关研究进展进行梳理，分析目前面临的主要问题和难点，在此基础上提出对未来研究方向的展望。由于自然保护地是自然保护工作的空间重点，也是对生态系统物种、遗传和多样性保护最为主要和有效的方式，因此本部分的叙述将主要围绕自然保护地展开。

（一）中国自然保护地的发展历程

1956年至今，中国建立了数量众多、类型多样的自然保护地，对生物多样性的保护以及生态环境质量的改善起到了重要作用。截至2019年底，中国各类自然保护地已达1.18万个，总面积超过1.7亿公顷[①]。陆地自然保护地总面积占国土面积的比重达18%，超过了世界平均水平。

对于中国自然保护地60余年的发展史，可以大致归纳为以下5个阶段。

1. 始建阶段（1956—1965年）

秉志等几位科学家1956年在第一届全国人民代表大会第三次会议上提出了在各省（区）划定天然森林禁伐区，即自然保护区的建议。随后《关于天然森林禁伐区（自然保护区）划定草案》颁布，并于广东省肇庆市建立了我国第一个自然保护区——广东鼎湖山保护区（由中国科学院负责管理），成为我国自然保护地事业的起点。1961年在广西壮族自治区桂林市龙胜县与临桂区交界地区，建立了以保护珍稀孑遗植物银杉为主的花坪自然保护区。1962—1964年中央政府先后发布了建立自然保护区的相关通知和条例，为自然保护区的设立提供了依据。到1965年，国家共建立了19个自然保护区。

---

① 1公顷 =0.01平方千米。

2. 停滞阶段（1966—1971年）

受到始于1966年的"文革"的冲击，中国自然保护地在这一阶段陷入了停滞甚至倒退。保护区不仅在数量上显著减少，有幸留存下来的保护区实际上也有名无实，缺乏管理乃至基本停摆。

3. 恢复阶段（1972—1978年）

1972年，第一届联合国人类环境会议举行。同年，联合国教科文组织制定了《保护世界文化及自然遗产公约》，主要目的在于保护有全球特殊价值的遗产和自然区域。中国也深受影响，从1972年开始恢复发展自然保护区。浙江、安徽、广东、四川等省份分批建立了多个自然保护区。截至1978年，保护区的数量达到了34个，总面积为126.5万公顷①。

4. 快速发展阶段（1979—2013年）

从1979年开始，中国的自然保护地经历了一个比较快速的发展阶段。1979—1994年，中国相继颁布并实施了一系列与自然保护相关的法律法规，包括《水产资源繁殖保护条例》《中华人民共和国森林法（试行）》《中华人民共和国环境保护法（试行）》《风景名胜区管理暂行条例》《森林和野生动物类型自然保护区管理办法》《中华人民共和国野生动物保护法》《中华人民共和国自然保护区条例》等。这些法律法规为自然保护地的发展提供了重要的法律依据，自然保护区、风景名胜区、森林公园等各类保护地的数量迅速增加。

在这一时期，中国也开启了在自然保护地领域与国际接轨的进程。先是于1985年加入了《保护世界文化和自然遗产公约》，后于1993年成为《生物多样性公约》和《湿地公约》的缔约国之一，于1996年加入了世界自然保护联盟（IUCN）。

从20世纪末开始，中央政府陆续启动了天然林保护、退耕还林等一系列重大生态工程，自然保护地呈现快速发展势头。在自然保护区、风景名胜区和森林公园的示范带动下，一些部委陆续跟进，设立了各自管辖的

① 高吉喜、徐梦佳等：《中国自然保护地70年发展历程与成效》，《中国环境管理》2019年第11期。

自然保护地。其结果促成了保护地体系从单体类型向多种类型转变，形成了类型较为齐全、布局基本合理、功能相对完善的自然保护地网络。新增设的保护地类型包括湿地公园、城市湿地公园、地质公园、水利风景区、海洋特别保护区（含海洋公园）、矿山公园、种质资源保护区、天然林保护区、沙化土地封禁保护区、沙漠公园等。

"十一五"规划中提出，将国土空间划分为优化开发、重点开发、限制开发和禁止开发4类主体功能区。其中，禁止开发区的范围主要是以自然保护地的范围来确定的。"十二五"期间，国家发展改革委和财政部设立了辅助自然保护区生态保护奖补的专项资金、生态保护补偿等政策，对地方政府申报自然保护区起到了一定的促进作用。

5. 国家公园体制建设阶段（2014年至今）

经过上一个时期的大发展，中国的自然保护地在数量和保护面积上已经达到较高水准，保护地面积占国土面积比重超过世界平均水平。在目标与使命不明确、一地多牌、权责不清、保护与发展的关系处理不当等背景下，中国开始探索从体制机制上解决这些问题。

以党的十八届三中全会发布的《中共中央关于全面深化改革若干重大问题的决定》中提出建立国家公园体制为标志，中国的自然保护地发展进入了以建立国家公园体制为引领的阶段。

2015年出台的《生态文明体制改革总体方案》中列入了建立国家公园体制的内容，因此，建立国家公园体制也构成了生态文明相关制度建设的重要一环。同年，国家发展改革委联合13个部委启动了国家公园体制的试点工作。《建立国家公园体制总体方案》于2017年颁布，明确了实施试点工作的总体要求、基本原则、管理体制机制等，对中国国家公园体制的目标和定位进行了阐释，并明确提出要建立以国家公园为主体的自然保护地体系。具体而言，就是以国家公园为主体、自然保护区为基础、各类自然公园为补充的自然保护地管理体系，并要创新自然保护地管理体制机制，对自然保护地进行统一设置、分级管理、分区管控，实行严格保护。

在 2018 年实施的大部制改革中，国家林业和草原局（加挂国家公园管理局牌子）成为各类自然保护地的管理机构，主要负责森林、草原、湿地、荒漠和陆生野生动植物资源开发利用和保护的监督和管理。

但是，在上一阶段的自然保护地发展实践中，也暴露出许多亟须解决的、主要由体制机制方面的原因造成的问题，主要有重设立轻管理、缺乏顶层设计。

中国有 10 个国家公园体制试点，分别是三江源国家公园、东北虎豹国家公园、大熊猫国家公园、祁连山国家公园、湖北神农架国家公园、武夷山国家公园、钱江源国家公园、南山国家公园、普达措国家公园和海南热带雨林国家公园。其中，三江源国家公园、武夷山国家公园、热带雨林国家公园、大熊猫国家公园、东北虎豹国家公园这 5 个成了首批国家公园。各试点分别制定了管理条例或管理办法，初步建立了生态环境保护、生态环境损害责任追究、领导干部自然资源资产审计等制度。从生态系统完整性出发，各国家公园试点整合了原有自然保护区、地质公园、森林公园、风景名胜区等不同类型的保护地管理机构和管理区域，基本实现了"一个保护地、一块牌子、一个管理机构"的目标。总体而言，国家公园试点在体制改革方面取得了较为积极的进展。

（二）自然保护地研究的总体概况

1. 研究动向的文献计量学分析

（1）中国（中文文献）的研究动向

本部分选取中国知网文献数据库作为数据来源，以"自然保护区"和"国家公园"作为关键词，以 2000—2019 年的全部期刊为对象进行检索，共得到有效文献 1557 篇。

从论文发表数量来看，2000—2013 年发文趋势平缓，虽有波动但基本每年都在 50 篇以下；2014 年的发文量突增，可以推断是党的十八届三中全会提出建立国家公园体制，大大推动了这一领域的研究；2015—2019

年，发表文献数量逐年快速增长，自然保护区和国家公园领域的研究日益升温。另外，相对自然保护地，自然保护区的研究更多，这是因为自然保护区在我国是有明确定义和空间范围的实体空间区域，而自然保护地相对而言更多体现为比较抽象的学术概念。

截至 2019 年，以作者所在机构的论文发表数量为标准进行排序，依次为国务院发展研究中心（43 篇）、中国科学院地理科学与资源研究所（38 篇）、北京林业大学园林学院（38 篇）、清华大学建筑学院（30 篇）、国家林业和草原局昆明勘察设计院（30 篇）等，详见表 2。

表 2　国内主要研究机构论文发表数量

机构名称	数量（篇）	机构名称	数量（篇）
国务院发展研究中心	43	北京林业大学自然保护区学院	14
中国科学院地理科学与资源研究所	38	同济大学建筑与城市规划学院	14
北京林业大学园林学院	38	国家林业和草原局林草调查规划设计院	12
清华大学建筑学院	30	北京大学城市与环境学院	11
国家林业和草原局昆明勘察设计院	30	中国科学院大学	11

资料来源：CiteSpace 运行结果。

以关键词出现的频次看，除检索关键词"自然保护区"和"国家公园"之外，出现频次最高的是"国家公园体制"（106 次），其次为"风景园林"（102 次），其余关键词出现频次超过 50 次的有"自然保护地"（78次）、"风景名胜区"（77 次）、"生态旅游"（55 次）。上述关键词代表了中国在"自然保护区"和"国家公园"领域近年的研究热点。

笔者运用 CiteSpace 可视化分析软件对中文文献进行了突现词分析。强度最高的突现词为"保护地"，起始于 2008 年，说明这段时间内关于保护地的研究激增，在 2015 年后趋于稳定，也说明"保护地"是本领域的研究重点。分年度看，2014 年出现 4 个突现词，即"自然保护区""IUCN""公园""园林"，说明 2014 年对这几个关键词的关注度较高，也可以看出 IUCN 对我国的影响力在逐渐提高；2017 年前的突现词为"保护地""国家公园""自然保护区""IUCN""禁伐禁猎区""公园""园林"，说明这些词在领域内的应用已经进入成熟阶段，为学者所熟悉；2017年后的突现词为"自然生态系统"和"总体方案"，且一直延续着该状态。自然生态系统问题是现阶段的重点研究对象。"总体方案"成为突现词，主要是因为它已经成为指导国家公园和保护地领域改革的统领性文件。

（2）国外（英文文献）的研究动向

本部分选取了 Web of Science 核心合集数据库作为英文文献的数据来源。以"Protected area"和"National park"为关键词，对 2000—2019 年发表的文献进行检索，文献类型选为"ARTICLE"，共获得有效文献 4381 篇。

从论文发表数量看，2000 年发文 47 篇，之后逐年增长，至 2009 年时达到年发文 200 篇以上；2019 年发文数量达到了 430 篇。通过与中文文献的对比可以看出，国际上比较早地在自然保护地与国家公园领域开展了研究，且研究热度基本上处于持续升温状态，而中国则是从 2013 年开始进入了快速升温状态（见图 7）。

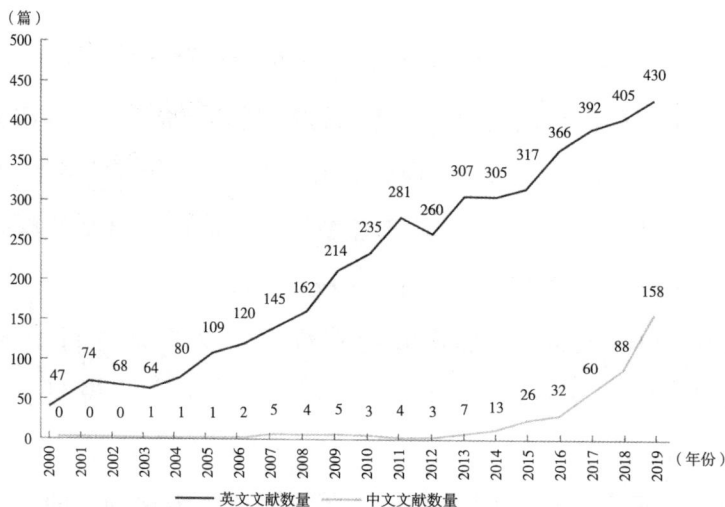

图7 2000—2019年各年中英文文献发表数量
资料来源：CiteSpace运行结果。

表 3 总结了截至 2019 年英文文献发文量前十和中心度[①]前十的国家。发文量排名前三位的国家分别为美国、英国和南非，美国发表的论文量最多，且中心度排名第一，说明美国在这一领域中占据主导地位。发文数量前十的国家中 8 个为发达国家，中心度前十的国家均为发达国家。

表 3　英文文献发文数量与中心度排名（前十位）

频次	国家	中心度	国家
1304	美国	0.37	美国
398	英国	0.27	英国
334	南非	0.17	德国
316	澳大利亚	0.16	法国
287	加拿大	0.09	西班牙
250	西班牙	0.08	加拿大
241	德国	0.07	澳大利亚
172	巴西	0.07	荷兰
170	意大利	0.06	意大利
154	法国	0.05	瑞典

资料来源：CiteSpace 运行结果。

通过对英文文献关键词的提取，整理出关键词频次表（见表 4）。从表中可以看出，除了检索词"Protected area（保护地）"和"National park（国家公园）"之外，"Conservation（保护）""Management（管理）""Biodiversity（生物多样性）"和"Impact（影响）"等出现次数较多。关键词中"Community（社区）"出现 244 次，"Tourism（旅游）"出现 178 次。

① 在 CiteSpace 中，中心度指的是一个节点作为任意两个节点最短路径桥梁的次数，是节点在整体网络中所起连接作用大小的度量。一个节点的中介中心性越大，影响力和重要程度越高。

表4 英文文献关键词频次表

序号	关键词	频次	序号	关键词	频次
1	Conservation（保护）	1230	11	Community（社区）	244
2	Protected area（保护地）	1212	12	Climate change（气候变化）	214
3	National park（国家公园）	1191	13	Reserve（储备）	209
4	Management（管理）	660	14	Wildlife（野生动物）	206
5	Biodiversity（生物多样性）	613	15	Perception（感知）	205
6	Impact（影响）	341	16	Biodiversity conservation（生物多样性保护）	201
7	Forest（森林）	309	17	Marine protected area（海洋保护区）	187
8	Pattern（模式）	281	18	Vegetation（植被）	183
9	Population（人口）	265	19	Landscape（风景）	180
10	Diversity（多样性）	251	20	Tourism（旅游）	178

资源来源：CiteSpace 运行结果。

在排名靠前的突现词中，强度最高的突现词为"Ecosystem service（生态系统服务）"，且目前一直延续着突现状态，说明生态系统服务是本领域持续的研究重点。2001—2012 年出现较多突现词，说明国际上 10 余年在这一领域不断有新的学术关切出现。其中多数已不再呈突现状态，目前仍维持突现状态的有"Ecosystem service（生态系统服务）""Carnivore（食肉动物）""Behavior（行为）""Policy（政策）""Predation（捕食）""Home range（动物活动范围）"，一定程度上体现了国际上目前本领域的研究热点。

2. 若干热点领域的研究进展

（1）自然保护地的管理有效性

对自然保护地管理的有效性进行评价是全球范围内自然保护领域研究中一个比较长久的热点。研究的主要目标是发现管理中的问题、识别可能给管理造成威胁的因素以及提出改进建议，并通过筛选有助于管理目标实现的管理行为，改进规划、提高管理工作的可说明性、促进更合理的资源分配、为相关方提供更多的信息等，帮助政策制定者提高对管理问题的响应能力，巩固保护区在公众心中的地位，使保护区建立的价值得以保持乃至提升。

20世纪90年代，国际上陆续开发了若干用于保护地管理有效性评价的方法，例如自然保护区管理快速评价和优先性确定（RAPPAM）方法、管理有效性跟踪工具（METT）、评估工具方法（EOH）等。这些评价方法多是以世界自然保护联盟保护区委员会（IUCN-WCPA）发布的"保护区管理有效性评价框架"为基础的。Lauren Coad等人重点研究了保护地管理有效性（PAME）的概念、类型、数据集等，指出这一方法既可以作为本地适应性管理的工具，也可以用于全球范围内深入了解保护地管理干预措施的方法。James Watson等发现全球保护区数量虽然在增加，但在扩大生态系统保护的覆盖范围及加强其有效性方面，还是缺少相关政策与资金支持，需要从增加保护区的认可度、扩大筹资规模、制定计划并执行等方面加以改进，以充分发挥保护区的效能。Santiago Saura等提出并评估了全球保护地连通性指标，认为保护区的空间布局在确保受保护土地的连通性方面仅取得部分成功，且在不同的生态区域，保护区的连通性差异很大。运用评估指标对某个自然保护地的保护效能进行案例评估的研究也为数不少。如有学者基于卫星数据和实地考察，对基林巴斯国家公园1979—2017年土地利用和森林覆盖的变化情况进行分析，发现森林覆盖率大幅下降，主要与规模化农业、对森林资源的非法采伐以及采矿活动等有关，最终导致了土地的碎片化、生物多样性的丧失、人类与野生动物的冲突、栖息地连接性的丧失、生境隔离以及社区赖以生存的基本资源匮乏等问题。一项研究发现，2006年后巴西东北部保护区管理的改善得益于新的管理计划以及随之而来的行动，比如监测和管理计划、保护区的分区管理等。保护区人口稠密，保护区内和周边城市化严重，没有发挥生态廊道的作用，进而导致了区域和其他生态系统隔离，建议为持续改善保护区的管理成效，采取直接措施并制定策略性规划。

一些研究关注了社区参与以及公平性对管理有效性的重要意义。Celine Moreaux等针对现有的保护地管理有效性和社会治理评估工具是否有助于实现"爱知生物多样性保护目标"提出的公平目标开展了研究。其分析认为，保护地的评估条件中对利益相关者的包容性不够，在涵盖不同利益方面不尽如人意，而这些恰恰对保护地管理中的公平目标的实现非常重要。现有的评估工具并不能提供一个可靠的方式来跟踪全球范围内保护地的公平性。Colleen Corrigan 等考察了 180 多个国家和地区在保护区管理中采用的 38 种评估方法中的 2736 个指标，分析了所涉及的社会指标和福祉维度，并特别关注了当地社区和居民的情况。这些指标的多样性和代表性是比较有限的，特别是在健康和治理等重要福祉层面。建议使用和制定更有多样性、更明确和更能减少偏见的指标，以加强对生物多样性和人类福祉方面的管理和政策研究。Fiona Leverington 等整理了世界各地 8000 多份保护区管理有效性评估的详细资料，并开发了一种运用多种评估手段和指标进行评估的方法。评估结果发现，约有 40% 的保护区管理存在严重问题，约 14% 的受调查地区在管理有效性指标上表现出明显不足。最主要的影响因素源自保护区建立之初的制度设计（立法、划界、规划等），较薄弱方面包括社区福利计划、人员与设备等资源的可靠性和充足性。研究肯定了保护区有助于生物多样性的保护和社区福祉。Nikoleta Jones 等人指出，评估工具的设计应朝着以下 3 个方向努力，才有助于有效衡量并使有关各方理解保护地的社会影响：①评估需要将受保护地直接影响的个人对于社会影响的态度纳入，并且需要一种有意义的、准确的、能融合客观评价方法的评估技术；②要了解可决定社会影响的实际和预期水平的各种因素，这对于保证保护地管理框架设计的有效性是非常重要的；③社会影响不是静态的概念，而是一个动态、长期存在并纳入决策的过程。

中国学者在这一领域也开展了一系列工作。郑允文、薛达元等筛选出多样性、代表性、稀有性、自然性、面积适宜性、脆弱性和人类威胁等指标，设计了生态评价标准体系。权佳、欧阳志云等将评价方法归为 4 类，包括基于证据的深入评价法、基于同行评定的综合评价法、基于专家知识的快速记分评价法，以及基于假设的分类评价法，总结了自然保护区管理有效性评价方法在自然保护区中的应用及存在的问题，并提出了适用于中国的评价方法和指标。基于世界银行和世界自然基金会开发的管理有效性跟踪工具，分析了保护区管理有效性的现状，建议从经费分配机制和经费管理机制、内部建设以及社区参与3个方面改善中国的保护区管理。邱如稚等采用国内外常用的3种自然保护区管理有效性评价方法，对赤水桫椤国家级自然保护区进行了评价，并对"国家级自然保护区管理工作评估赋分表""自然保护区有效管理评价技术规范"及"保护区管理有效性跟踪工具"3种方法的评价结果进行了比较。唐小平等认为自然保护区管理对象异于其他地区，是以自然生态系统和野生动植物种群为主要保护对象的，并从种群安全、自然保育、社区和谐3个层次，基础、机制、决策、实施、监督5个环节考察了有效性，提出了包括16个评估因素44个评估指标的设计方案，用于对1394个国家级和地方自然保护区的评价。

也有学者就该领域的国内外研究现状进行了综述。比如，崔国发等人对国内外保护区管理有效性评价方法进行了比较。除介绍了国外保护地有效性评价方法外，还介绍了中国2008年发布实施的"自然保护区有效管理评价技术规范""国家级自然保护区管理工作评估赋分表"以及2012年发布的《中国森林认证森林生态环境服务自然保护区》等。

还有一些研究是针对特殊类型保护区的评价方法。晏玉莹等以10年为评估时间尺度，以保护目标物种为评估重点，采用频度统计法、专家咨询法、层次分析法及案例调研法，率先构建了中国陆生脊椎动物（除候鸟外）类型国家级自然保护区保护成效评估指标体系。王智等从基于景观大尺度的评价和基于保护区域小尺度的评价两个层次出发，尝试构建一般标准和鉴定标准的双重中国生物多样性重点保护区评价标准。

（2）关于生物多样性和生态系统服务的评估

生物多样性和生态系统服务评估可以为生态系统管理与决策提供重要依据。与之相关的生物多样性的调查、人类活动对生物多样性的影响、生物多样性的生态系统功能、生物多样性的长期动态监测、物种濒危机制及保护对策的研究、生物多样性保护技术与对策等都是受关注较多的研究领域。

20 世纪 90 年代，Walter Reid 等提出了一套由 20 多个指标组成的指标体系，希望建立不同尺度的生物多样性现状评价框架。2004 年召开的《生物多样性公约》第七次缔约方大会确定了 8 个生物多样性评价指标。随后欧盟、英国等也陆续提出了各自的指标体系，2005 年欧洲环境局启动了"整合欧洲 2010 年生物多样性指标（SEBI2010）"。中国也较早开展了关于生物多样性评价指标的研究。比如，马克平论述了生物多样性测度指标；张峥等提出了湿地生态系统评价指标体系；曾志新等初步研究了生物多样性评价指标体系。之后有学者开展了一些综合性研究，提出了生物多样性综合评价的 5 个指标，即物种丰富度、生态系统类型多样性、植被垂直层谱的完整性、物种特有性、外来物种入侵度，确立了生物多样性综合评价方法，并对全国生物多样性进行了综合评价。傅伯杰等参考国内外生物多样性与生态系统服务评估的主要研究成果，在充分考虑"生物多样性—生态系统结构—过程与功能—服务"关系基础上，提出了生物多样性与生态系统服务评估指标体系构建的主要原则，构建了中国生物多样性与生态系统服务评估指标体系。

替代指标的应用是实现生物多样性快速评价的重要方法之一。李昊民等对目前可供使用的生物多样性替代指标进行了系统整理和分类，将其划分为生物类替代指标和生境类替代指标。对不同指标的替代机理、有效性、使用方法和适用范围等进行了归纳，探讨了增强生物多样性替代指标应用有效性和评价精度的主要途径。薛达元在分析生物多样性经济价值类型的基础上探讨了自然保护区生物多样性经济价值的类型和内涵，并将其分为直接实物价值、直接非实物服务价值、生态功能间接价值和非使用类价值，进而提出评估这些价值的方法。蔡晶晶等将生态系统服务付费（PES）工具分为经济类和非经济类两种，通过分类介绍 PES 机制在全球的各种实践案例，归纳 PES 机制成功推行的共同点。郭子良等提出了量化评价自然保护区物种多样性保护价值的方法，应用此方法对华北暖温带区域的 39 个自然保护区和东北温带区域的 67 个自然保护区的物种多样性保护价值进行了评价。陈艳霞等在综述国内外 40 年来有关生态系统服务功能价值评估成果的基础上，总结了国内森林、湿地、草地和农业生态系统服务功能价值评估的研究进展，并对不同类型自然保护区生态系统服务功能价值评估进行了分析，指出了目前存在的问题和今后的发展方向。该研究认为，国内外至今仍未形成对生态系统服务功能进行价值评估的统一方法；国内研究与国外研究差距依然存在，研究方法缺乏创新；对自然保护区生态功能价值评估的研究进展速度不及自然保护区数量的增长速度。

也有许多研究是聚焦于某一个技术方法、某一类生态系统或某一个具体的自然保护地。如彭萱亦等介绍了典型森林生态系统以及森林生物多样性评价指标与指标体系，并从国家和地区两个尺度对已有的森林生态系统生物多样性评价进行了归纳。张颖参考经济合作与发展组织（OECD）对环境政策影响的评价和芬兰森林资源核算的研究，使用压力—状态响应评价法，设计了森林生物多样性变化评价的框架、指标和计算公式，评价了中国 1973—1998 年的森林生物多样性的变化情况。赵海军等从定义、历史、存在的问题等方面介绍了大尺度评价，从采样空间策略、代理物种、评价指标、快速评价技术、遥感技术 5 个方面介绍了方法学，研究认为对于生物多样性的保育来说，生物多样性的评价、管理规划和实践的整合需要在中间尺度上进行；大尺度生物多样性变化可以作为整合的背景，而小尺度是保育行动管理的合适尺度。

（3）自然保护地与社区的关系

自然保护地与当地社区的关系能否得到妥善处理，是关系到自然保护地相关各方能否和谐共赢、自然保护地的使命和目标能否很好实现的重要问题，因此也是自然保护地学术研究的一个重要领域。

相比之下，这一话题在英文文献中所占的比重显著低于中文文献。这是因为，英文文献大部分出自美国，而美国由于地广人稀，保护地大多距社区较远，保护地与社区的关系并不突出。而中国由于较高的人口密度，许多保护地范围内就存在传统社区，因此保护地与社区的关系是一个普遍且突出的问题，自然受到了更多的关注。

英文文献中对保护地与社区关系的主要方面都有论及，包括保护地的建立改变了社区传统的生产生活方式，限制了居民对自然资源的利用，引发了资源的保护与利用、人和野生动物、土地权属与权益之间的冲突。对社区而言，引发了保护地保护所付出的成本与得到的收益、保护区与当地政府、保护区管理机构和外来的企业以及自然保护与改善贫困等方面的冲突，特别是自然资源保护与居民生存权、发展权的矛盾。关于社区和保护地之间矛盾的具体案例的研究较多。Max Pfeffer 等人分析了洪都拉斯的国家公园范围内森林保护、价值冲突与利益形成，指出国家公园管理中的全球环境利益与当地社区利益不匹配，进而产生冲突。William McConnell 分析了在马达加斯加曼塔迪亚国家公园的社区居民被赶出的事件的根源，认为合理的共同管理模式应建立在对当地土地利用历史、土地权属等充分了解的基础之上。Joshua Allen 等认为保护区内各方利益的博弈，也是妥协、结合和谈判的过程，要使保护区更具活力，就要更注重生态理念、混合理念和复杂的关系之间的互动。学术界也给出了多种供选择的冲突解决方案，比如，根据不同类型的保护区与社区冲突采取差异化的处理方式，通过社区法治进行控制，以资源的适度经济利用作为激励，设立缓冲区进行管理，发展生态旅游，开发保护区外的经济林，以及社区共管和联合经营等。对于发展中国家来说，在其保护区的环境规划中，冲突主要来自对当地居民生计的影响和对获得自然资源的限制。

中国学者徐建英等指出，中国许多自然保护地附近人口众多，且与贫困地区在空间上存在高度一致性，社区居民是保护地生态保护最重要的利益相关者，保护地需要考虑到居民的利益和生存发展的需求。唐远雄等认为，保护地管理机构在解决保护与社区发展之间的矛盾时，往往通过行政命令等手段进行管理，而忽视了当地社区生存和发展的客观需要，加剧了保护地与社区的矛盾。温亚莉和王昌海等人的研究表明，保护地与社区矛盾的焦点在于自然资源的保护与利用，主要是保护与发展利益关系的协调，根本原因是生态系统服务所产生的福利并没有得到公正的分配。在很多场合，社区都被看作保护地生物多样性保护的威胁者，是偷猎、林农业侵占等的根源，现有保护地相关的政策很难保障社区居民的生存权和发展权。

李红英认为这类冲突包括自然资源利用冲突、管理冲突、权属冲突、利益分配冲突、野生动物肇事冲突和保护意识冲突 6 类。王应临和张玉钧等认为社区保护冲突可分为 9 类，其中限制访问冲突、农业和土地利用冲突、公园利益和税收分配冲突、人类与野生生物冲突 4 类较普遍，冲突的分布热点与森林资源分布相关性较强，与经济收入状况相关性较弱。社区保护冲突以物质层面为主，主要因素是直接资源利用受限制。许多学者认为，上述矛盾的根本原因在于社区居民的贫困与发展机遇的不充分，未来的研究重点在于借助相应的政策为社区的可持续发展提供路径。

社区共管是 20 世纪 90 年代国际上提出的一种自然资源管理模式，指为使保护地的资源得到有效的管理与保护，要考虑社区居民对资源的依赖和需求问题，本质上是为了实现利益共享，是一种重要的协调发展机制和缓解保护区与社区冲突的方式。苏杨认为，推行社区参与保护地共管是提高保护区管护质量的首选途径，指出了共管的原则和技术、路线和成果等。王芳等分析了自然保护区社区共管中存在的环保观念、管理体制、资源利用、资金投入以及技术扶持等方面的矛盾冲突。薛美蓉等认为可以通过提高社区居民参与性、合理利用资源、健全相关法律法规体系、完善社区共管激励机制、完善野生动物破坏补偿机制、加大资金投入力度、完善共管效果评估机制等解决社区共管的问题。张晓妮研究了"政府主导、社区共管、产业带动"的自然保护区及其社区一体化管理模式，构建了一体化管理的评价指标体系和评价方法，并将其过程归纳为"封闭式管理—参与式管理—社区共管"模式。

（4）生态补偿

生态补偿既是一个重要的学术概念，也是一类重要的政策工具。欧阳志云认为，可以将生态补偿看作一种以保护生态环境、促进人与自然和谐发展为目的，运用政府和市场等手段，调节生态保护利益相关者之间关系的公共制度。

围绕生态补偿的国内外学术研究成果较多，在此，笔者只根据主观判断，选取若干有代表性的文献进行介绍。

在国际上，与中国所讨论的生态补偿最为接近的概念是生态有偿服务（Payment for Ecological Services，PES）。较早的实践案例于 20 世纪 90 年代初期出现。Larson 等设计了用于在技术上支持政府颁发湿地开发补偿许可证的湿地快速评价模型。Sven Wunder 于 2005 年提出，PES 需要符合几项基本特征，包括自愿交易、明确界定的生态服务、生态服务的买方和卖方以及交易的条件。Sandra Derissen 等分析了 PES 的内涵和外延，认为它是一种在环境和资源问题领域内提供公共产品的市场激励机制。Sarah Schomers 的综述性研究回顾了过去 457 篇文章的基本情况，从 PES 涵盖了哪些保护方式，这些方式对应着何种经济上的含义；PES 主要的研究对象；发展中国家和发达国家 PES 的差别以及如何促进各方协同这 4 个角度进行了分析。Stefanie Engel 等回顾了 PES 设计和实施中出现的主要问题，包括生态服务提供方、生态服务接受方、如何定价、如何交易等，并从环境经济学的角度讨论这些问题，特别是有效性和效率问题。

总体而言，国际上的研究主要集中于对生态补偿概念的辨析，包括利益相关者、补偿标准、补偿条件和补偿方式等在内的补偿机制的设计和效应评估等关键问题的讨论。尽管这些研究没有一致的结论，但都强调政治、制度和文化背景的作用，强调在补偿机制设计中要重视个体差异。从具体内容上看，目前生态补偿的研究较多关注的是流域和森林等领域，专门针对自然保护地的研究不多。自然保护地生态补偿的少量实践主要集中在生态旅游领域，如一些国际环境组织开展的生态旅游项目。

中国学术界在生态补偿领域也有丰富的研究成果。关于生态补偿的内涵和外延，王金南等认为，生态补偿的政策范围界定有狭义和广义的差别。狭义的理解一种是生态（环境）服务功能付费，即生态（环境）服务功能受益者对生态（环境）服务功能提供者付费的行为，这也是大多数国际组织和发达国家生态补偿的政策范围；另一种是在生态（环境）服务功能付费的基础上，增加生态破坏恢复的内容，即破坏者恢复（Polluter Pays Principle，PPP）和受益者补偿（Beneficiary Pays Principle，BPP）。广义的生态补偿是指有利于生态（环境）保护的经济手段，不仅包括对生态（环境）成本内部化的手段，也包括与自然地域环境相关的区域协调发展政策。有多位学者研究了自然保护地的生态补偿，集中在补偿机制、利益主体博弈、实证研究等方面，既有理论研究也有案例研究。吴晓青等认为，生态补偿机制是克服保护区资金短缺的关键，围绕补偿主体、标准、数量、形式、征收、使用和监管等生态补偿有关环节的问题进行了研究，为建立保护区生态补偿机制提供指导。李果等人提出了自然保护区生态补偿可以分为抑损性生态补偿与增益性生态补偿两种类型。陈海鹰从旅游生态补偿角度进行研究，提出可从运作机制、实施方式、实施标准和支撑体系等角度探索自然保护区旅游生态补偿路径，并介绍了玉龙雪山、西双版纳两处保护区旅游生态补偿的实践经验。朱媛媛等指出，早在 20 世纪 70 年代，四川青城山就出现了实施生态补偿的案例，这是中国首例自然保护区生态补偿实践。

（5）生态旅游

发展生态旅游对于自然保护地而言是一个具有特殊意义的话题，保护地与社区的关系、生态保护与经济发展的关系都在此话题中有所体现，因而也是一个重要的研究热点。虽然将其作为生态产品价值实现的一个组成部分也是合适的，但由于其作为一个相对独立的领域吸引了较多的研究关注，因此本书在此将其单独列出。

一般认为，大众旅游时代开始于"二战"以后，而生态旅游的实践起源于20世纪70年代，以非洲的肯尼亚、拉丁美洲的哥斯达黎加等为代表。加拿大学者克劳德·莫林（Claude·Moulin）于1980年提出生态性旅游的概念，强调保护旅游资源和鼓励当地居民（或社团）参与。"生态旅游"一词是由世界自然保护联盟特别顾问 H·Ceballos Lascurian 于1983年首次提出的，并在1986年一次国际环境会议上得到各国认可。学术界普遍认为，生态旅游包括两个层面的含义，分别是生态和经济。相对其他类型的旅游，它特别强调当地社区对生态旅游的开发与管理进行主导性的控制和参与，并把大部分利益保留在社区之内。其核心标准包括以自然为基础的要素、教育性或学习性、可持续性。由于经济发展水平与对生态环境价值认识的差异，可以观察到，生态旅游在发达国家和发展中国家有明显的不同：发达国家多以公益服务为根本取向，而发展中国家则更重视以旅游经济带动区域发展。

在中国，1995年召开的"中国首届生态旅游研讨会"对生态旅游的定义、内涵及其与自然旅游保护的关系等展开了研讨，并发表了《发展我国生态旅游的倡议》，成为中国关于生态旅游研究的起点。

通过对中国知网进行文献检索发现，2006—2016年是中国生态旅游研究的相对高峰时期。网络中排名靠前的几个共现词分别为"自然保护区""SWOT分析""对策""开发"等。发文量排名靠前的作者有钟林生、杨桂华、鲁小波、徐颂军和张玉钧等；发文量靠前的单位有北京林业大学、东北林业大学、中南林业科技大学、福建农林大学等，说明林业系统高校在生态旅游研究领域中扮演着主力军的角色。

王献溥自1993年起针对自然保护区如何开展生态旅游的问题开展持续研究，认为保护区发展生态旅游要有一个周密的规划，寻找旅游者的享受和自然保护之间的平衡。

卢小丽对中外成文于1990年后的40个生态旅游的概念进行了梳理，识别出评判生态旅游活动的6个标准：以自然为基础、对保护的贡献、当地社区受益、环境教育、道德规范与责任、可持续性。张玉钧等认为，生态旅游是一种小规模的、由当地社区所控制的自然旅游形式，用于补充当地的经济收入并与当地的文化景色融为一体；通过对它的保护性利用，使游客、当地居民以及旅游经营者都受益，并能使大众接受环境教育。

钟林生等的综述性研究回顾了 1992 年生态旅游的概念引入中国以来，从理论介绍到本土化探索的过程，较为系统地讨论了生态旅游的产生、定义、特点与理论基础等方面，并且从生态旅游者、生态旅游资源、生态旅游业、生态旅游环境 4 个方面介绍了研究进展。

关于"基于社区的生态旅游"的研究是生态旅游研究中的一个重要分支。邓冰等给出的定义是：当地社区确实拥有并管理生态旅游事业，为游客提供原真性服务，能保障大部分的利益收入保留在社区内部，以达到保护当地自然环境和促进地方社区发展的综合目标。其特征包括社区拥有（参与权、决策权等）、社区受益（直接受益和间接受益）、生态可持续性（有利于生态系统，社区参与保护并获益于保护）、小规模、低影响及解说的原真性。卞显红等人构建了社区生态旅游相关利益群体决策与管理模型，以及评定社区生态旅游管理绩效的相关评价要素及其评价指标体系。佟敏从决策机制、利益分配机制、生态保护机制、保障机制和社区参与评估体系等 5 个方面构建了基于社区参与的生态旅游模式的理论框架，形成了较为完整的生态旅游社区参与体系。王剑和赵媛指出，旅游可以引发土地征用、景区移民、旅游污染等损害社区居民权益的问题。权益的损害主要涉及发展权、土地使用权、社会保障权、村民自治权、文化权、环境权等。孙九霞认为，社区作为旅游发展利益相关者中的弱势群体，亟须获得经济、心理、社会和政治等层面的赋权，以提高其参与能力。

也有学者专门从旅游学角度对生态旅游进行分析，如高峻等较为完整地介绍了生态旅游学，从地理学、生态学、环境科学、社会学、文化学、管理学以及建筑规划学等入手，介绍与生态旅游相关的理论基础和方法，涵盖生态旅游开发与规划、生态旅游者及其行为、如何针对游客开展环境教育及解说等内容，认为生态旅游最终还是要回到生态环境保护上来。

实践中，围绕"国家公园建设过程中是否应发展旅游"这一命题，国内学术界一度出现过争论。张朝枝对我国国家公园建设中的"游憩"与"旅游"进行了分析，认为在公园的功能定位与分区规划中，使用"游憩"恰当，以体现国家公园的公益性目标；但具体运营管理中，涉及游憩活动的相关商业性服务，使用"生态旅游"更合适。苏杨等认为，地方政府习惯于将自然保护地打造成大众观光旅游景区或旅游度假区，而国家公园提倡的生态旅游在管理体制、发展理念和目标、具体工作内容等有别于此；国家公园可以发展以品牌体系为基础、依托国家公园特色小镇的国家公园旅游，通过产业整合和升级实现发展方式的转变。

（三）中国自然保护地研究的未来展望

作为生态环境保护，特别是生物多样性保护的主战场，中国的自然保护地能否做好科学的规划与合理的管理，对于生态文明建设总体目标的实现意义重大。因此，继续深入开展围绕自然保护地的科学研究，是未来中国推进生态文明建设不可或缺的基础性工作。基于对既往研究的梳理和对当前中国自然保护地面临的主要问题的初步认识，笔者主要从政策研究的需求角度出发，对中国自然保护地研究作出如下展望。

1. 自然保护地立法相关研究

提高自然保护地管理的法治化水平是提高自然保护地管理水平的一个非常重要的方面。虽然"建立以国家公园为主体的自然保护地体系"的大方针已经明确，但基于历史沿革和现实部门职能分工背景下的各种不同类型的自然保护地（包括国家公园、自然保护区、风景名胜区、地质公园、森林公园等）的管理体制机制还不完善，没有形成完整的体系。现存的与自然保护地相关的法律法规存在适用范围小、相互之间缺乏协调、法律层级低等多方面的问题。如何通过法律法规的"立、改、废、释"工作解决上述问题，需要基于实践的理论解析。具体到国家公园立法而言，是仅制定一部"国家公园法"，还是需要像法国那样一园一法，为每个国家公园单独制定"宪章"，也需要进一步研究以形成共识。

2. 与自然保护地相关的空间规划问题研究

作为2018年国务院机构改革的一个重要组成部分，自然资源部统合了过去分散在多个部门的全部与国土空间规划相关的职能。2019年5月9日，党中央、国务院正式印发了《中共中央 国务院关于建立国土空间规划体系并监督实施的若干意见》，明确提出，建立国土空间规划体系并监督实施，将主体功能区规划、土地利用规划、城乡规划等空间规划融合为统一的国土空间规划，实现多规合一，强化国土空间规划对各专项规划的指导约束作用。在上述多规合一的大背景下，各类自然保护地的规划工作应如何开展？技术规范和标准应该统一还是分门别类制定？管理主体与规划主体是否必须一致？如果管理主体与规划主体不同，如何协调二者之间的关系？规划过程中如何保证各利益相关方的充分参与？这些问题都需要结合实践探索进一步深入研究。

3. 关于自然保护地的划界调整

近年来，有不少自然保护地提出了对划界进行调整的要求。究其原因，主要是当初划界之时对"严格保护"的尺度把握并不明确，加之有补贴等鼓励性政策，导致划界普遍偏大，有相当数量的传统人类住区被划在保护地范围之内。随着近年来对自然保护地保护要求的逐步加严和细化，保护地范围内的社区发展需求与保护地的保护要求之间的矛盾日益凸显。因此，符合哪些条件的自然保护地需要对划界与规划进行调整，调整需要遵循哪些原则，调整的具体实施办法与路径等问题，都有研究探讨的必要。

4. 自然保护地治理问题研究

中国对于自然保护地体系，已经作出了"国家公园为主体、自然保护区为基础、自然公园为补充"的框架设计。但如何提高自然保护地的治理水平和治理能力，还有一系列问题有待深入研究。这些问题涉及面非常广泛，这里仅试举几个：不同层级的自然保护地分别适合采用何种治理架构？多元共治的治理理念如何在不同层级的自然保护地中付诸实践？如何妥善处理自然保护地与当地社区之间的关系？不同层级的自然保护地与当地地方政府之间应当怎样实现治理的协同？

5. 生态产品价值实现途径的相关研究

"绿水青山就是金山银山"需要一个重要的前提，就是生态产品能够顺利地实现其价值。只有生态产品的价值能够得到实现，"绿水青山"才能转化为"金山银山"；也只有如此，才有利于真正处理好生态保护与经济社会发展的关系，处理好保护地与社区的关系。目前已经在实践中得到应用的生态产品价值实现途径主要有生态保护补偿、生态权属交易、有管理的经营开发利用、绿色金融扶持等。由于生态产品的类型繁多、属性特征差异巨大、价值体现形式多种多样，因此，关于生态产品价值实现的实践探索未来必将更加丰富多彩，理论层面的研究也还有巨大的拓展空间。

与生态产品的价值实现高度相关的一个话题，是生态产品的价值核算问题。因为只有把不存在交易市场的生态产品和服务所具有的价值以货币的形式加以表达，才能为生态保护补偿和生态权属交易等生态产品的价值实现奠定基础。

在这一领域，学术界已经开展了一些初步探讨和尝试，但仍需进一步深入研究的问题包括：哪些价值可以通过哪类途径得以实现？哪些产品和服务可以通过选择性利用获得更多的价值？针对每一种实现方式需要怎样的政策激励和制度保障？不同类型保护地的生态产品价值是否有各自适宜的核算方式和实现途径？

另外，自然保护地开展生态旅游，既是生态产品价值实现的一个重要途径，也是开展生态环境意识教育的重要手段，还与妥善处理保护地与社区的关系密切相关。对于正处于体系构建阶段的中国自然保护地而言，以下的几个问题可能是开展生态旅游时必然要面对，并需要通过研究给出答案的：不同层级的自然保护地是否需要遵循不同的生态旅游管理办法？对于处于最高保护等级的国家公园，是否需要实行一园一策？生态旅游产品应采用何种定价机制？生态旅游所产生的收益应基于何种原则进行分配？

参考文献

[1] 彭福伟.国家公园体制改革的进展与展望 [J].中国机构改革与管理，2018（2）：46-50.

[2] 国家林业局野生动植物保护司.中国自然保护区立法研究 [M].北京：中国林业出版社，2007.

[3] 苏杨，张玉钧，石金莲，等.中国国家公园体制建设报告（2019—2020）[M].北京：社会科学文献出版社，2020.

[4] 中共中央办公厅，国务院办公厅.建立国家公园体制总体方案.2017.

[5] 中共中央办公厅，国务院办公厅.关于建立以国家公园为主体的自然保护地体系的指导意见.2019.

[6] 中共中央.深化党和国家机构改革方案.2018.

[7] 马克平.中国国家公园建设取得标志性进展 [J].生物多样性，2017，25（10）：1031-1032.

[8] 权佳，欧阳志云，徐卫华.自然保护区管理快速评价和优先性确定方法及应用 [J].生态学杂志，2009，28（6）：1206-1212.

[9] 刘方正，崔国发.国内外保护区管理有效性评价方法比较 [J].世界林业研究，2013，26（6）：33-38.

[10] 权佳，欧阳志云，徐卫华，等.中国自然保护区管理有效性的现状评价与对策 [J].应用生态学报，2009，20（7）：1739-1746.

[11] 权佳，欧阳志云，徐卫华，等.自然保护区管理有效性评价方法的比较与应用 [J].生物多样性，2010，18（1）：90-99.

[12] 邱如稚，梁盛，何琴琴，等.自然保护区管理有效性评价方法比较 [J].环境与发展，2019，31（10）：25-26.

[13] 唐小平，李云.自然保护区有效管理评价体系设计与应用分析 [J].林业资源管理，2012（4）：7-12.

[14] 晏玉莹，杨道德，邓娇，等.国家级自然保护区保护成效评估指标体系构建——以陆生脊椎动物（除候鸟外）类型为例 [J].应用生态学报，2015，26（5）：1571-1578.

[15] 王智，蒋明康，秦卫华.中国生物多样性重点保护区评价标准探讨 [J].生态与农村环境学报，2007（3）：93-96.

[16] 马克平，钱迎倩.生物多样性保护及其研究进展 [J].应用与环境生物学报，1998（1）：96-100.

[17] 马克平.中国生物多样性热点地区评估与优先保护重点的确定应该重视 [J].植物生态学报，2001（1）：125-129.

[18] 马克平.生物多样性研究的原理和方法 [M].北京：中国科学技术出版社，1994.

[19] 张峥，张建文，李寅年，等.湿地生态评价指标体系 [J].农业环境保护，1999（6）：3-5.

[20] 曾志新，罗军，颜立红，等.生物多样性的评价指标和评价标准 [J].湖南林业科技，1999（2）：3-5.

[21] 徐海根，丁晖，等.生物多样性综合评价方法研究 [J].生物多样性，2007（1）：97-106.

[22] 傅伯杰，于丹丹，吕楠. 中国生物多样性与生态系统服务评估指标体系 [J]. 生态学报，2017，37（2）：341–348.

[23] 李昊民，罗咏梅，王四海，等. 替代指标在生物多样性快速评价中的应用 [J]. 生态学杂志，2011，30（6）：1270–1278.

[24] 薛达元. 自然保护区生物多样性经济价值类型及其评估方法 [J]. 农村生态环境，1999（2）：55–60.

[25] 蔡晶晶，罗薇薇. 全球视角下生态系统服务付费的国际经验与评价 [J]. 中国林业经济，2020（1）：1–6.

[26] 郭子良，邢韶华，崔国发. 自然保护区物种多样性保护价值评价方法 [J]. 生物多样性，2017，25（3）：312–324.

[27] 陈艳霞，李坤，张和钰，等. 自然保护区生态系统服务功能价值评估的研究进展 [J]. 中国农学通报，2012，28（1）：1–5.

[28] 彭萱亦，吴金卓，栾兆平，等. 中国典型森林生态系统生物多样性评价综述 [J]. 森林工程，2013，29（6）：4–10.

[29] 张颖. 我国森林生物多样性变化的评价研究 [J]. 林业资源管理，2002（2）：45–52.

[30] 赵海军，纪力强. 大尺度生物多样性评价 [J]. 生物多样性，2003（1）：78–85.

[31] 张晓妮. 中国自然保护区及其社区管理模式研究 [D]. 西北农林科技大学，2012.

[32] 陈祖海，李扬. 破解"两难"冲突 推动自然保护区良性发展 [J]. 环境保护，2013，41（2）：38–40.

[33] 窦亚权，李娅. 我国国家公园建设现状及发展理念探析 [J]. 世界林业研究，2018，31（1）：75–80.

[34] 徐建英，陈利顶，吕一河，等. 保护区与社区关系协调：方法和实践经验 [J]. 生态学杂志，2005（1）：102–107.

[35] 唐远雄，李浩功. 从统治到治理——中国自然资源管理合法性的转向 [J]. 社科纵横，2015，30（11）：37–41.

[36] 温亚利，谢屹. 中国生物多样性资源权属特点及对保护影响分析 [J]. 北京林业大学学报（社会科学版），2009，8（4）：87–92.

[37] 段伟. 保护区生物多样性保护与农户生计协调发展研究 [D]. 北京林业大学，2016.

[38] 王昌海. 中国自然保护区给予周边社区了什么？——基于 1998—2014 年陕西、四川和甘肃三省农户调查数据 [J]. 管理世界，2017（3）：63–75.

[39] 王昌海. 农户生态保护态度：新发现与政策启示 [J]. 管理世界，2014（11）：70–79.

[40] 王献溥. 生物多样性是我们的生命 [J]. 生命世界，2011（3）：14–23.

[41] 李红英. 自然保护区与周边社区冲突的评价指标体系研究 [D]. 云南大学，2017.

[42] 王应临，张玉钧. 基于文献调研的中国自然保护地社区保护冲突类型及热点研究 [J]. 风景园林，2019，26（11）：75–79.

[43] 黄林沐，张阳志. 国家公园试点应解决的关键问题 [J]. 旅游学刊，2015，30（6）：1–3.

[44] 黄文娟，杨道德，张国珍. 我国自然保护区社区共管研究进展 [J]. 湖南林业科技，2004（1）：46–48.

[45] 苏杨. 中国西部自然保护区与周边社区协调发展的研究与实践 [J]. 林业与社会. 2005（1）：27–34.

[46] 王芳，周庆生，郑雪莉，等.自然保护区社区共管中的冲突及对策浅析[J].安徽农业科学，2007（24）：7664-7665.

[47] 薛美蓉，王芳，郭开怡，等.社区共管与自然保护区可持续发展[J].农村经济，2008（1）：65-67.

[48] 张晓妮，王忠贤，李雪.中国自然保护区社区共管模式的限制因素分析[J].中国农学通报，2007（5）：396-399.

[49] 欧阳志云，郑华，岳平.建立我国生态补偿机制的思路与措施[J].生态学报，2013，33（3）：686-692.

[50] 王金南，万军，张惠远.关于我国生态补偿机制与政策的几点认识[J].环境保护，2006（19）：24-28.

[51] 吴晓青，陀正阳，杨春明，等.我国保护区生态补偿机制的探讨[J].国土资源科技管理，2002（2）：18-21.

[52] 李果，罗遵兰，赵志平，等.自然保护区生态补偿体系研究[J].环境与可持续发展，2015，40（2）：52-56.

[53] 陈海鹰.自然保护区旅游生态补偿运作机理与实现路径研究[D].云南大学，2016.

[54] 朱媛媛，刘桂环，谢婧，等.国际上自然保护区生态补偿实践对我国的启示[J].环境与可持续发展，2017，42（2）：127-130.

[55] 杨桂华，王跃华.生态旅游[M].肖朝霞，成海，译.天津：南开大学出版社，2004.

[56] 张海霞，汪宇明.旅游发展价值取向与制度变革：美国国家公园体系的启示[J].长江流域资源与环境，2009，18（8）：738-744.

[57] 王献溥.保护区发展生态旅游的意义和途径[J].植物资源与环境，1993（2）：49-54.

[58] 王献溥.保护区怎样迎接生态旅游的挑战[J].植物杂志，1998（4）：39-40.

[59] 卢小丽.生态旅游社区居民旅游影响感知与参与行为研究[D].大连理工大学，2006.

[60] 张玉钧.可持续生态旅游得以实现的三个条件[J].旅游学刊，2014，29（4）：5-7.

[61] 钟林生，肖笃宁.生态旅游及其规划与管理研究综述[J].生态学报，2000（5）：841-848.

[62] 邓冰，吴必虎.国外基于社区的生态旅游研究进展[J].旅游学刊，2006（4）：84-88.

[63] 卞显红，张光生.生态旅游发展的成功要素分析——对国内外25个生态旅游发展案例的定量研究[J].生态学杂志，2005（6）：657-663.

[64] 佟敏.基于社区参与的我国生态旅游研究[D].东北林业大学，2005.

[65] 王剑，赵媛.风景名胜区旅游发展与农村社区居民权益受损分析——以樟江风景名胜区为例[J].人文地理，2009，24（2）：120-124.

[66] 孙九霞.赋权理论与旅游发展中的社区能力建设[J].旅游学刊，2008（9）：22-27.

[67] 高峻，孙瑞红，李艳慧.生态旅游学[M].天津：南开大学出版社，2014.

[68] 张朝枝，曹静茵，罗意林.旅游还是游憩？我国国家公园的公众利用表述方式反思[J].自然资源学报，2019，34（9）：1797-1806.

[69] 苏红巧，罗敏，苏杨.国家公园与旅游景区的关系辨析和国家公园旅游的发展方式探讨[J].发展研究，2018（9）：86-90.

[70] Ervin J. Protected Area Assessments in Perspective[J]. Bioscience，2003，53（9）：819-822.

[71] Dudley N，Hockings M，Whitten T，Mackinnon K，Stolton S. Reporting Progress in Protected Areas：A Site-level Management Effectiveness Tracking Tool[J]. Spie Asia-pacific Remote Sensing，

2005.

[72] Hockings M, Stolton S, Courrau J. The World Heritage Management Effectiveness Workbook[M]. Queensland: University of Queensland, 2007.

[73] Coad L, Leverington F, Knights K, Geldmann J, Eassom A, Kapos V, et al. Measuring Impact of Protected Area Management Interventions: Current and Future Use of the Global Database of Protected Area Management Effectiveness[J]. Philosophical Transactions of the Royal Society Biological Sciences, 2014, 370 (1681).

[74] Watson JEM, Dudley N, Segan DB, Hockings M. The Performance and Potential of Protected Areas[J]. Nature, 2014, 515 (7525): 67–73.

[75] Saura S, Bertzky B, Bastin L, Battistella L, Mandrici A, Dubois G. Global Trends in Protected Area Connectivity from 2010 to 2018[J]. Biological Conservation, 2019, 238: 108–183.

[76] Mucova SAR, Filho WL, Azeiteiro UM, Pereira MJ. Assessment of Land Use and Land Cover Changes from 1979 to 2017 and Biodiversity & Land Management Approach in Quirimbas National Park, Northern Mozambique, Africa[J]. Global Ecology and Conservation, 2018, 16: 47.

[77] Celine M, Noelia Z C. Can Existing Assessment Tools Be Used to Track Equity in Protected Area Management Under Aichi Target [J]. Biological Conservation, 2018, 224: 242–247.

[78] Corrigan C, J. Robinson C, Burgess ND, Kingston N, Hockings M. Global Review of Social Indicators used in Protected Area Management Evaluation. Conservation Letters.

[79] Leverington F, Costa KL, Pavese H, Lisle A, Hockings M. A Global Analysis of Protected Area Management Effectiveness[J]. Environmental Management, 2010, 46 (5): 685–698.

[80] Jones N, McGinlay J, Dimitrakopoulos PG. Improving Social Impact Assessment of Protected Areas: A review of the Literature and Directions for Future Research[J]. Environmental Impact Assessment Review, 2017, 64: 1–7.

[81] Reid W V, McNeely J A. Biodiversity Indicators for Policymakers. World Resources Institute[J]. 1993.

[82] Hunt C. Benefits and Opportunity Costs of Australia's Coral Sea Marine Protected Area: A Precautionary Tale[J]. Marine Policy, 2013, 39: 352–360.

[83] Krishna VV, Drucker AG, Pascual U, Raghu PT, King E. Estimating Compensation Payments for on-farm Conservation of Agricultural Biodiversity in Developing Countries[J]. Ecological Economics, 2013, 87: 110–123.

[84] Nagendra H, Gokhale Y. Management Regimes, Property Rights, and Forest Biodiversity in Nepal and India[J]. Environmental management, 2008, 41: 719–733.

[85] Jongeneel R, Polman N, Slangen L. Cost-benefit Analysis of the Dutch Nature Policy: Transaction Costs and Land Market Impacts[J]. Land Use Policy, 2012, 29 (4): 827–836.

[86] Vedeld P, Jumane A, Wapalila G, Songorwa A. Protected Areas, Poverty and Conflicts: A Livelihood Case Study of Mikumi National Park, Tanzania[J]. Forest Policy and Economics, 2012, 21: 20–31.

[87] Pfeffer MJ, Schelhas JW, Day LA, Rural S. Forest Conservation, Value Conflict, and Interest Formation in a Honduran National Park[J]. Rural Sociology, 2001, 66 (3): 382–402.

[88] McConnell WJ. Misconstrued Land Use in Vohibazaha: Participatory Planning in the Periphery of

Madagascar's Mantadia National Park[J]. Land Use Policy, 2002, 19（3）: 217–230.

[89] Allen J, Sheate WR, Diaz–Chavez R. Community–based Renewable Energy in the Lake District National Park – Local drivers, Enablers, Barriers and Solutions[J]. Local Environment, 2012, 17（3）: 261–280.

[90] Sayer J, Zuidema P, Rijks M. Managing for Biodiversity in Humid Tropical Forests[J]. International Forestry Review, 1995, 74: 282.

[91] Soliku O, Schraml U. Making Sense of Protected Area Conflicts and Management Approaches: A Review of Causes, Contexts and Conflict Management Strategies[J]. Biological Conservation, 2018, 222: 136–145.

[92] Larson JS, Mazzarese DB. Rapid Assessment of Wetlands: History and Application to Management[J]. Elsevier Science Publications, 1994, 625–636.

[93] Wunder S. Payments for Environmental Services: Some Nuts and Bolts[J]. CIFOR Occasional Paper, 2005, 42.

[94] Derissen S, LataczL U. What are PES? A review of definitions and an extension[J]. Ecosystem Services, 2013, 6: 12–15.

[95] Schomers S, Matzdorf B. Payments for Ecosystem Services: A Review and Comparison of Developing and Industrialized Countries[J]. Ecosystem Services, 2013, 6: 16–30.

[96] Engel S, Pagiola S, Wunder S. Designing Payments for Environmental Services in Theory and Practice: An Overview of the Issues[J]. Ecological Economics, 2008, 65（4）: 663–674.

[97] Scheyvens R. Ecotourism and the Empowerment of Local Communities[J]. Tourism Management, 1999, 20（2）: 245–249.

政策篇

国家公园引领自然保护地生态文明建设

国家公园作为生态文明体制改革的先行先试区，承担了创新生态文明体制机制的重任，在我国的自然保护地体制改革和生态文明建设中起到了"排头兵"的作用。它的建设采取了点上试验、面上铺开的基本路径以及自上而下和自下而上结合的方式。伴随着试点进程，各地摸索到了一定的经验，也取得了一定的成效。但是当下的国家公园体制改革还有较多没有突破的难点，能否全面落实生态文明制度还需要时间的检验。

一、国家公园体制建设的过程和基本思路

（一）国家公园体制的建设过程

云南省于 2007 年提出建设普达措国家公园，在地方层面开始了借鉴国际上国家公园建设经验的探索。在中央层面上，发布于 2013 年 11 月的《中共中央关于全面深化改革若干重大问题的决定》首次将国家公园建设提上了日程，提出严格按照主体功能区定位推动发展，建立国家公园体制。随后，2015 年 1 月国家发展改革委等 13 部委联合发布了《建立国家公园体制试点方案》，标志着我国国家公园体制的创建进入实质性阶段（北京、吉林、黑龙江、浙江、福建、湖北、湖南、云南、青海开展为期 3 年的国家公园体制试点）。2015 年中共中央、国务院印发的《生态文明体制改革总体方案》进一步提出，要对自然保护区、风景名胜区、文化自然遗产、地质公园、森林公园等的体制进行改革，建立国家公园体制。《中华人民共和国国民经济和社会发展第十三个五年规划纲要》再次明确要在"十三五"时期整合设立一批国家公园。

可以说，"十三五"时期是国家公园建设的关键时期。在这期间，国家公园体制改革的重点也从最初的"加快和完善主体功能区建设"的一部分逐渐过渡到"优化调整自然保护地体系"的核心。其中最为重要的两个文件是 2017 年中共中央办公厅、国务院办公厅印发的《建立国家公园体制总体方案》和在国家公园试点建设的基础上于 2019 年颁布的《关于建立以国家公园为主体的自然保护地体系的指导意见》。两个文件均强调体制改革对自然生态系统保护和利用的核心地位（见表 5），并肯定了遵循自然生态系统的原真性、整体性和系统性以及内在规律是以国家公园为主体的自然保护地运行和管理的基础。

表 5　两个文件体制要点

文件	体制	要点
《建立国家公园体制总体方案》	建立统一事权、分级管理体制	建立统一管理机构；分级行使所有权；构建协同管理机制；建立健全监管机制
	建立资金保障制度	建立以财政投入为主的多元化资金保障机制；构建高效的资金使用管理机制
	完善自然生态系统保护制度	健全严格保护管理制度；实施差别化保护管理方式；完善责任追究制度
	构建社区协调发展制度	建立社区共管机制；健全生态保护补偿制度；完善社会参与机制
《关于建立以国家公园为主体的自然保护地体系的指导意见》	建立统一规范高效的管理体制	统一管理自然保护地；分级行使自然保护地管理职责；合理调整自然保护地范围并勘界立标；推进自然资源资产确权登记；实行自然保护地差别化管控
	创新自然保护地建设发展机制	加强自然保护地建设；分类有序解决历史遗留问题；创新自然资源使用制度；探索全民共享机制
	加强自然保护地生态环境监督考核机制	建立监测体系；加强评估考核；严格执法监督

资料来源：作者整理所得。

2018 年国务院机构改革明确了管理部门的具体权责，形成了国家公园管理的基本组织结构。其中，加挂国家公园管理局牌子的国家林业和草原局的成立意味着国家公园建设逐渐进入了常态化管理和运营阶段。国家公园试点的基本情况见表 6。

表6 国家公园试点的基本情况（除长城外）

试点	所在省份	资源特点和功能定位	创建的重点任务
三江源国家公园	青海	中华水塔，长江、黄河、澜沧江等大江大河的发源地，国家重要的生态安全屏障	突出生态保护，并建立长效保护机制，实现自然资源持续利用；创新生态环境保护管理体制；建立资金保障长效机制、有效扩大社会参与；实现自然资源资产管理和国土空间用途管制"两个统一行使"
神农架国家公园	湖北	中部地区的亚热带常绿阔叶林生态系统代表，联合国教科文组织人与生物圈（MAB）保护区、世界地质公园网络名录、国际重要湿地名录和世界自然遗产等	强化生态保护，实现人与自然和谐共生；整合碎片化区域，实现统一管理；合理区分试点区管理机构和神农架林区政府管理职责，确保职责明确、权责对等
武夷山国家公园	福建	东部集体林地，特别是经济林比重较大地区的生物多样性高地和中亚热带常绿阔叶林生态系统代表，世界文化自然双遗产、联合国教科文组织人与生物圈（MAB）保护区	探索在我国东部集体林地，特别是经济林比重较大的地区，通过国家公园体制建设，实现重要的自然生态系统保育修复、生态保护和社区发展互促共赢的新模式
普达措国家公园	云南	我国生物多样性最丰富的地区，同时也是少数民族地区，世界自然遗产的一部分	探索生态保护领域的多方治理模式，在坚持生态保护和全民公益性优先的基础上，实现政府、企业、当地社区共同投入、共同管理、共建共享的新模式
东北虎豹国家公园	吉林、黑龙江	跨省，东北虎豹珍稀濒危物种，生物多样性的旗舰物种	恢复东北虎豹栖息地生态环境、创新管理体制机制、推动原住居民生产生活方式转型、建立资金长效保障机制、构建科研监测网络和有序扩大社会参与等；探索跨省级行政区域的国家自然资源资产，结合国有林区和国有林场改革，创新资源管护机制，推动企业转型
大熊猫国家公园	四川、陕西、甘肃	跨三省，大熊猫为珍稀物种，生物多样性保护示范区域，世界遗产	加强以大熊猫为核心的生物多样性保护；创新生态保护管理体制；探索可持续社区发展机制；构建生态保护运行机制；开展生态体验和科普宣教
钱江源国家公园	浙江	东部人口密集、集体林地比重较大	实现重要自然生态系统保育修复、生态保护和可持续发展互促共赢的新模式，通过整合建立实体化管理机构，实现对试点区自然资源"统一、规范、高效"的保护与管理，为浙皖赣及其周边地区，特别是江河源头区域的生态文明建设提供创新示范
南山国家公园	湖南	中部集体林地比重较大的少数民族地区	对南方景观破碎化山地中有重要保护价值的原生残余斑块进行保护修复，实现重要自然生态系统保育修复、生态保护和可持续发展互促共赢的新模式

续表

试点	所在省份	资源特点和功能定位	创建的重点任务
祁连山国家公园	甘肃、青海	我国西部重要的生态安全屏障，黄河流域重要水源产流地	解决交叉重叠、多头管理的碎片化问题，形成自然生态系统保护的新体制、新模式
海南热带雨林国家公园	海南	—	树立和全面践行"绿水青山就是金山银山"理念，在资源环境生态条件好的地方先行先试

资料来源：作者根据相关资料整理。

最终，在 2021 年《生物多样性公约》缔约方大会第十五次会议上，我国宣布正式设立首批 5 个国家公园，分别是三江源国家公园、武夷山国家公园、东北虎豹国家公园、大熊猫国家公园、热带雨林国家公园（见表 7），保护面积达 23 万平方千米，涵盖近 30% 的陆域国家重点保护野生动植物种类。

表 7　已批复的国家公园机构整合方案

国家公园	机构整合	空间整合
三江源国家公园	三江源自然保护区管理局、可可西里自然保护区管理局	可可西里自然保护区，三江源自然保护区的 5 个保护分区，黄河源水利风景区、楚玛尔河水产种质资源保护区
武夷山国家公园	武夷山自然保护区管理局、武夷山风景名胜区管委会	武夷山国家级自然保护区、武夷山国家级风景名胜区以及中间过渡地带（森林公园等九曲溪上游保护地带）
东北虎豹国家公园	园区范围内国有林业局、多个保护地管理机构	7 个自然保护区（国家级自然保护区 4 个、省级自然保护区 3 个）、2 个国家森林公园和 1 个国家湿地公园，以及相关国有林场和地方林场
大熊猫国家公园	多个保护地管理机构	岷山片区、邛崃山—大相岭片区、秦岭片区和白水江片区（含不同类型保护地和森工企业）
热带雨林国家公园	海南省林业局挂牌成立海南热带雨林国家公园管理局，整合试点区内 19 个保护地	连通、扩大保护地之间的保护空白地带，将中部山区大尺度的热带雨林生态系统整体纳入国家公园范围进行更严格的保护，除去保护地外，还整合了周边天然林、公益林区

资料来源：作者根据相关资料归纳整理。

（二）建设国家公园的基本思路

各地结合自身情况，在借鉴国外经验的基础上，探索"统一、规范、高效"建设国家公园的路径。作为政策试验特区，综合来看，国家公园体制建设在多个层面进行了创新性改革，具体包括制度设计、考核指标、奖惩措施、资源（土地等）调配等方面。特别是以下两个方面的目标受到了重视。

一是平衡保护与发展之间的关系。国家公园以保护自然生态系统为主要目标，这已经成为全球共识。但是中国有自身的国情，如人口密度高、资源压力大，一些国家公园范围内或其周边有很多的传统农村社区，国家公园内部不少的自然生态资源为集体所有。这就意味着，国家公园建设过程中需要关注当地居民的基本权益和福利，如果因生态保护需要而对社区的经济发展做出限制，就必须给予相应的生态补偿。

二是以机构改革为抓手，实现空间整合和机构整合（多个机构整合为一个管理机构，并对其职能进行规范）。过去，自然保护地以行政边界为主要管理依据，碎片化管理问题突出，往往很难以完整的生态系统作为管理目标，一地多牌、交叉重叠、权责不清的现象比较普遍，导致生物多样性下降、生境破碎化、服务功能降低等。因此在国家公园建设中，建设方案高度重视对管理机构的改革，突出以空间整合和职能整合为抓手，强调生态系统的完整性。在空间规划中调整保护地边界，在机构改革中调整管理单位体制，并且打破部门和地域限制，强调不同类型保护地的整合，将原有保护地的管理职责全部整合到新成立的国家公园管理局，由国家公园管理局实行专业、统一的自然资源管理。

国家公园建设过程中采取了试点先行先试、取得可复制可推广的经验后再面上推开的做法。试点阶段，国家公园建设过程中，关注符合国情的、契合当地现实需求并可以兼顾保护和发展的经验。中央给地方一定的自由裁量权，允许地方探索多样的、因地制宜的体制，并以此为基础构建一套或者多套"统一、规范、高效"的体制机制，比如资金机制、经营机制、社区公关机制等具有针对性的、创新特色的方案。在此基础上，筛选出有一定成效、代表性的试点作为正式的国家公园。

二、国家公园与生态文明建设

生态文明是指导国家公园建设的基本指南，国家公园是落实生态文明制度建设的"排头兵"和先行先试区，也是生态文明体制改革的创新实践区。《生态文明体制改革总体方案》提出了生态文明8项基础制度，同样也是国家公园体制建设的基础。这就意味着，国家公园体制机制建设中，生态文明基础制度是根本性制度。第一，国家公园体制机制应在生态文明制度建设方面具有领先性和代表性；第二，生态文明基础制度应在国家公园体制机制改革中有充分的体现（见图8）。

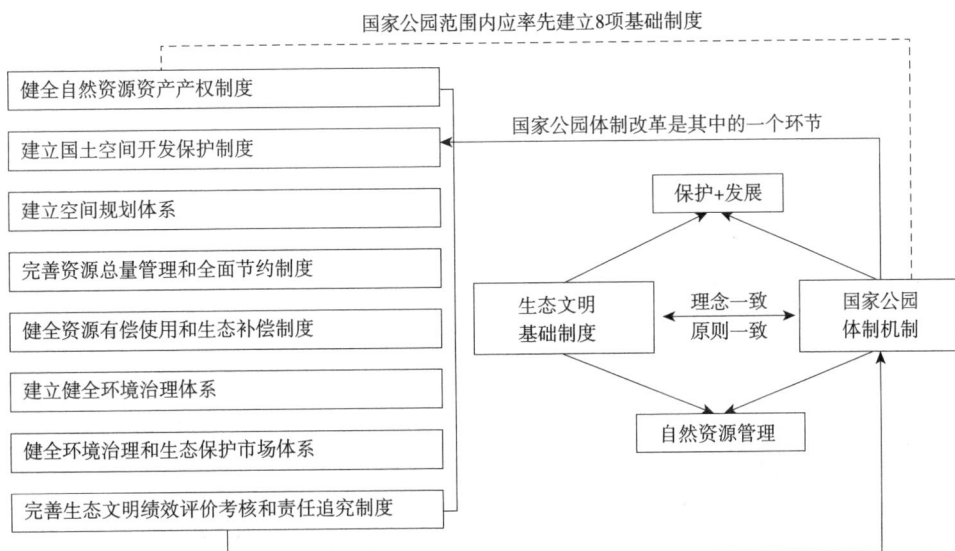

图8　国家公园体制机制与生态文明基础制度的关系
资料来源：作者自绘。

其中的产权制度、规划制度、生态补偿制度和生态产品价值实现机制是近些年来国家公园建设中与生态文明体制改革要求密切相关的4个方面。

（一）产权制度

《生态文明体制改革总体方案》中明确了自然资源产权制度需要权属

清晰、权责明确、监管有效。在国家公园范围内，还需要重点考虑两个方面：一是不同层级、不同类型的资源在确权过程中如何保证公平和效率的统一；二是如何在行使所有权过程中考虑保护和发展的平衡，产权应如何调整以符合资源管理的需求。在实践中，常存在资源所有权主体缺位、多个利益主体权责不清的情况，有必要针对全民所有的自然资源和集体所有的自然资源区别对待，应按照国家公园的不同级别和管理模式设计差异化的产权分离模式，使得所有权、经营权、行政管理权分离。应注意到，自然资源的国家所有权往往隐含在行政管理权之中，不利于自然资源参与市场交易等，甚至可能为行政机关提供寻租的机会。自然资源有必要继续推行全民所有。2022年中共中央办公厅、国务院办公厅印发的《全民所有自然资源资产所有权委托代理机制试点方案》，待形成可复制的经验后在全国推广。对集体所有的自然资源，地役权是一种典型的平衡保护和发展的措施。它通过经济手段对特定行为进行限制或者鼓励，分离自然资源的产权和治权。

（二）规划制度

以空间规划为核心的国土空间用途管制是国家公园管理的重要内容。首先，国家公园体制机制建设中有必要开展"多规合一"的相关探索，它既是生态文明基础制度中的重要组成部分，也是制度的操作措施。可以借鉴浙江钱江源国家公园在"多规合一"方面取得的经验，构建协调生态红线等国土空间规划，必要时应考虑保护和发展现状对空间边界进行调整优化。其次，就用途管制来说，传统的保护地规划常笼统地提出保护需求或分析生态系统服务功能和生物多样性的变化，而忽略主要保护对象的关键属性，忽视人类与生态系统的关联，难以实施行之有效的保护措施。国家公园的规划机制应在细化保护需求的基础上，明确不同的区域管控要求。①明确保护对象，综合考虑关键的生物因子和非生物因子，筛选能反映保护对象特征的、可量化的评估因子。②分析关键保护对象现状，结合保护对象的行为特征，制订围绕保护需求的保护行为清单，通过对土地管理以及对人的行为进行管控等促进保护地科学管治。

（三）生态补偿制度

2018 年，国家发展改革委等 9 部门联合印发了《建立市场化、多元化生态保护补偿机制行动计划》；2021 年，中共中央办公厅、国务院办公厅印发了《关于深化生态保护补偿制度改革的意见》，标志着国家已经逐步完善生态补偿制度，并且优先与基本公共服务均等化相衔接，构建市场化、多元化的生态补偿机制。国家公园作为代表全民利益的标志性公共产品，也是生态补偿制度实施的重点区域，它的制度实践对自然保护地体系中生态补偿制度的构建具有重要的借鉴意义，有利于落实谁破坏谁补偿，谁保护谁受益的基本原则。

除去管理机构获得更多的财政转移支付外，国家公园生态补偿中强调对社区的反哺，即为社区参与保护牺牲发展权给予一定的补偿。除去三江源国家公园这类全民所有的自然资源，大部分国家公园并没有得到来自中央的财政转移支付，以用于社区生态补偿。特别是对于南方集体林占比较高的一些国家公园试点，比如钱江源国家公园等，有限的资金并不能满足一般意义上的生态补偿或购买生态服务，也不可能进行大规模的生态移民。为此，钱江源借鉴美国经验，开展了保护地役权的探索，取得了一定的效果，以较小的经济代价换来了群众积极参与生态保护的成果。

（四）生态产品价值实现机制

生态产品价值实现的本质是绿色发展，它是一条实现绿色惠民的新路径，也是近些年来生态文明体制改革的一项创新性提法。生态资源丰富的国家公园自然也有必要积极落实该机制。国家公园应在平衡保护和发展的基础上，建立一套以国家公园品牌为代表的具有特色的绿色产业品牌发展制度，以推动生态产品价值的实现。试点经验中已经有不少国家公园意识到发展品牌的重要性，比如大熊猫国家公园。值得借鉴的是保护地友好体系，其不仅意味着产业链的延长和融合，也意味着更加严格的标准，即生产过程中不得使用农药、激素等有害化学物质，要遵循有机农业的原则；不得种养有入侵风险的外来品种，不能导致生态系统单一化，如果是采集野生品种，必须要保证采集后还可再生。生产过程应该考虑对野生植被的影响、对土壤和水源的影响等，申请者应在评估问卷上做出回应。生产对于当地社区收入的影响以及与当地传统文化的联系，也应放在评估考虑的范畴。另外，当地保护管理自然保护地要达到一定的水平要求，即当地的保护地管理机构应有意愿和能力监测该产品生产对保护地的影响。

三、国家公园建设任重道远

国家公园体制试点区在推进生态文明制度方面依然面临许多困难，主要原因包括：①宏观制度改革较为缓慢（如没有取消 GDP 考核），对传统的经济发展模式有一定的路径依赖；②调整既得利益结构、平衡利益关系困难（国家公园管理机构、地方政府、当地社区之间），成本太高；③立法进度缓慢，改革成果并未有效巩固。整体来看，受资源配置、经济发展水平和社会治理能力的局限，试点尚面临多方面的制度约束，还有待中央层面的支持以及自身更多的创新。

（一）宏观制度改革较为缓慢

长期以来，经济发展模式已经形成路径依赖，地方依然实行以追求 GDP 为目标的经济发展模式，过多关注经济发展的速度，而忽视经济发展的质量和效率，政策制定的理念没有发生根本性转变，以招商引资为起点、以保 GDP 增速为中心的发展模式仍然是地方政府的主要行为模式。搞保护的动力局限于为数有限、权力有限的自然资源、生态环境等部门。对于体现公益属性的国家公园来说，各地的激励机制是远远不够的。对应生态文明基础制度，主要包括对地方政府干部的绩效考核、规划考核、环境治理能力的考核等，以及中央和地方财权事权的划分、生态补偿等方面的制度改革尚未到位。

（二）调整利益结构的成本过高

国家公园普遍存在产权不清、资金不足的问题，改革中涉及多个利益相关方，包括国家公园管理机构、地方政府、社区居民以及相关的企业等，利益结构非常复杂，面临的问题也各不相同。比如由地方政府主导的国家公园在没有更多来自中央政府资金支持的前提下体现全民公益性显得十分困难；东北虎豹国家公园等地，不仅要考虑各地政府、企业的权益，更要从国家安全角度考虑保留当地居民的必要性；类似南山等地，面临产业退出缺少相应的补偿等问题；武夷山国家公园，面临突出的农民生计和严格保护的矛盾。比如武夷山地区具有高保护价值、高代表性的亚热带常绿阔叶林生态系统，按照自然保护区要求，该地区应实施严格保护，但是从可行性而言，武夷山自然保护区涉及大量的当地居民，其多数土地属于集体林权，权属分散且统筹管制的经济成本极高。这些都是国家公园在体制改革中遇到的难以解决利益平衡的现实问题。

（三）立法推进速度缓慢

改革的成果有必要通过立法进行巩固，同时也有必要借助立法来调整当下行政管理中存在的权责不清、法条冲突等问题。虽然国家林业和草原局已经于2022年就《国家公园法（草案）》向社会征求意见，并回应了各方普遍关注的如何分区、如何严格保护等问题，但社会各界就所提出的问题尚未达成共识。主要包括：国家公园与自然保护地以及自然公园的关系，保护和发展之间关系的平衡，国家公园法和自然保护地法的衔接，行政与民事、刑事之间的关联，生态环境部门、自然资源部门以及林草部门在监管执法方面的权责划分，各利益相关方的参与与协商机制，等等。另外，法律行文部门管理色彩过于浓厚的问题也受到诟病。

四、评论和展望

我国已经初步形成了以国家公园为主体的自然保护地改革路径，并构建了以保护地为核心的自然资源管理的基本框架。国家公园体制的核心目标是借助体制改革对原有的自然保护地体系进行优化调整，重点解决生态系统管理碎片化、多头管理的问题，最终实现"一地一牌"的统一管理模式。国家公园体制改革取得了一定的成效，但是，依然有非常多的问题尚未解决，比如对跨行政区管理、相关方的利益重构等，并未有行之有效的解决方案。作为生态文明体制建设的"排头兵"，国家公园承载了生态文明体制改革创新的重任，但是客观来说，顶级的资源禀赋未必意味着高水平的自然资源治理能力，大部分试点并没有形成自上而下的引领和自下而上的实践之间的合力，生态文明体制8项基础制度的落实任重道远。

未来在国家公园以及以国家公园为主体的自然保护地建设中还有以下两个方面需要重点关注。①有必要加强研究，根据不同类型的自然保护地的影响因素，构建治理措施（规划、管理、投资等）和保护成效之间的关联机制，建立管理工具的数据库，并对治理体系、规划设计、管理过程、人财物等信息进行公开，探索有操作性的管理手段和评估方法以促进对生态系统和生物多样性更有效的保护。②以自然资源权属和公平性（比如文化认同、知情权、利益分享等）为参考依据，平衡自然保护地与地方政府或者当地社区之间的关系。自然资源管理机构的核心职责在于对自然生态系统的专业化保护，但是应积极回应当地政府一些合理的对资源开发利用的诉求，并且也应吸纳社区力量参与保护。重视自然保护地与其周边地区经济社会发展之间的关联性，研究保护地和周边区域人地和谐的可持续发展模式，双方能合力推进生态保护才有可能构建更长久的人与自然和谐共生的关系。

以调查监测工作为突破口，
推进生物多样性纳入自然资源管理

我国于 2021 年作为东道主举办联合国《生物多样性公约》缔约方大会第十五次会议，有必要积极推进生物多样性保护国际履约行动和主流化进程。从自然资源管理角度推进生物多样性保护符合当前我国生态文明建设的基本思路。其中，调查监测是自然资源科学保护和利用的基础手段。建议在已有工作的基础上，结合生物多样性保护和利用的需求以及自然资源调查监测的基本逻辑和思路，以专项调查的方式，设计快速、准确、简洁地反映生物多样性的指标体系，明确具体的监测方法和技术，并设计合理的组织方式和资金机制。考虑到实际工作的复杂性，建议以试点方式选取国家公园或社区公益保护地等推进。

一、生物多样性调查监测的现状

我国是世界上生物多样性最丰富的国家之一，然而近些年由于超生态环境承载力的人类活动、自然资源利用的不合理以及气候变化等因素，生物多样性面临着严峻的挑战，强化保护刻不容缓。生物多样性的调查监测是科学保护利用的基础，它有助于了解生物多样性的现状、变化趋势和面临的威胁，以便科学地制定保护政策和措施；完善决策，比如濒危物种等核心指标可以对决策产生关键影响；评估国家和区域层面保护战略与行动计划的进展；增加各利益相关方之间的沟通与交流。

生物多样性监测也是联合国《生物多样性公约》的履约内容。《生物多样性公约》第七条内容是调查与监测，要求查明对保护和可持续利用生物资源有重要意义的生物多样性组成并监测其影响。2004 年,《生物多样性公约》第七次缔约方大会通过决议，建立了生物多样性评估的指标体系; 2006 年,《生物多样性公约》第八次缔约方大会明确将成立生物多样性指标联盟，推动了可操作指标体系的建立，筛选了 17 个重要指标和 29 个具体指标。美国、加拿大和欧洲等国家和地区十分重视生物多样性调查监测，制定了相关的标准体系，建立了涵盖不同生物种群和生态系统的监测体系，并对生物多样性实施长期监测。作为 2010 年联合国《生物多样性公约》第十次缔约方大会东道主的日本更是在自然资源调查中细致地设计了陆地水域的动物、植物的相关指标。

我国在 20 世纪 90 年代从遗传、物种和生态系统 3 个层次开始了对生物多样性评价指标的研究，与国外基本同步。《中国履行〈生物多样性公约〉第四次国家报告》从生物多样性的现状与变化、生态系统的完整性、产品和服务、对生物多样性造成的威胁、可持续利用、遗传资源获取与惠益分享状况等 7 个方面选择了 17 个评价指标，对全国的生物多样性进行了综合分析。2011 年，我国全面实施了《中国生物多样性保护战略与行动计划（2011—2030 年)》，对生物多样性监测、评估与预警体系以及生物多样性保护优先区域的本底调查提出了要求。

迄今为止，我国已经开展了大量的生物多样性调查监测工作，建立了森林资源监测体系、湿地资源监测中心、野生动植物资源监测中心、荒漠化监测中心、农业环境监测网络和海洋环境监测系统。在红外相机和遥感监测技术应用等方面取得了一定成绩，如建立了若干大尺度红外相机监测网络，为兽类、鸟类的动态监测和多样性评估提供了数据支持。另外，自然保护地生物多样性的调查监测是保护地管理机构的重要职责之一，近些年来也有较多建树。比如早在 2012 年，云南省就出台了地方法规《自然保护区与国家公园生物多样性监测技术规程》，2020 年国家林业和草原局又发布了《国家公园资源调查与评价规范》，2014 年环境保护部公布了《生物多样性观测技术导则 陆生维管植物》等 11 项国家环境保护标准。中国森林生物多样性监测网络建立了覆盖全国不同生态区域主要森林类型的 24 个长期动态森林生物多样性大型监测样地，形成了以森林动态大样地为核心的生物多样性综合监测、研究平台，取得了丰硕的成果，获得了国内外同行的肯定。"十二五"期间，中国生物多样性监测与研究网络开始启动，形成了植物、兽类、鸟类、两栖类、林冠等多个生物类群和生境的生物多样性监测专项网络。中国生态系统研究网络针对森林、草原、荒漠、农田等不同生态系统，建立了全国范围的生态环境变化监测网络。这些生物多样性监测网络和平台还融合了近地面遥感、卫星追踪、分子生物学等技术，在生物多样性监测和研究、促进生物多样性保护等方面积累了丰富经验、取得重要成果。比较典型的案例有：①利用卫星追踪技术监测鸟类的迁徙，并最终证实了我国的野生雁类冬天不愿从湿地迁徙到农田觅食；②监测追踪了 44 只在北极繁殖的大体型水鸟，发现了中国东北是这类鸟东亚迁徙路线中最重要的停歇地[1]。

随着生态文明制度建设的推进，生物多样性保护事业进入关键阶段，但是生物多样性保护在生态文明建设中的地位尚不明确，"主流化"程度不足。大部制改革后，生物多样性保护的体制机制并未随之调整。多数管理部门对其缺少了解，重视程度不够，相关数据多分散在科研机构手中，系统性应用不足，难以形成保护合力。生物多样性调查监测工作明显滞后于保护需求[2][3]，基础数据难以支撑决策。这种状况如果不能及时改观，《中国生物多样性保护战略与行动计划（2011—2030 年）》提出的"到 2030年，使生物多样性得到切实保护"的目标将难以实现。

---

[1] 冯晓娟、米湘成、肖治术等：《中国生物多样性监测与研究网络建设及进展》，《中国科学院院刊》2019 年第 12 期。

[2] 徐海根、丁晖、吴军等：《2020 年全球生物多样性目标解读及其评估指标探讨》，《生态与农村环境学报》2012 年第 1 期。

[3] 张添咏：《不同尺度生物多样性监测研究进展》，《世界林业研究》2013 年第 2 期。

二、将生物多样性纳入自然资源调查监测的必要性

（一）符合国际履约中生物多样性主流化的要求

联合国《生物多样性公约》第十五次缔约方大会于 2021 年在我国举办，会议将审议"2020 年后全球生物多样性框架"作为指导未来 10 年生物多样性保护的纲领性文件，受到了各方关注。框架是《生物多样性公约》第十五次缔约方大会的核心成果，可能包含推动主流化、能力建设、资源调动、国家承诺等[①]。第十次缔约方大会通过的《2011—2030 年生物多样性战略计划》及其"爱知目标"的实现情况并不理想，原因之一在于缺乏执行《生物多样性公约》的政治意愿及制定并实施政策的动力[②]。我国作为第十五次缔约方大会的东道国，需要促进各方就框架关键内容达成共识，这也意味着本国制度在生物多样性主流化方面需要有所推进。大会主题是——生态文明：共建地球生命共同体，一方面是我国对外展现近些年生态环境保护成果的重要机会；另一方面可以借机补齐我国生态文明建设的制度短板。为此，需要将生物多样性纳入自然资源管理中，以利于在现有制度体系下推动生物多样性的主流化进程。

（二）自然资源调查工作正在展开，此时纳入正逢其时

大部制改革以后，自然资源部门在自然资源管理，尤其是调查监测方面做了大量扎实的工作，调查监测的指标体系得以重构。2020 年 1 月，《自然资源调查监测体系构建总体方案》（以下简称《总体方案》）出台，明确了调查监测体系的目标任务、工作内容和业务体系等，主管部门正以基础调查、专项调查的方式对土地、矿产、森林、草原、水、湿地、海域海岛等 7 类自然资源进行调查监测。然而由于历史原因，我国自然资源管理并

① 张添咏：《不同尺度生物多样性监测研究进展》，《世界林业研究》2013 年第 2 期。
② 张敏、杨晓华、蓝艳等：《爱知生物多样性目标实施进展评估与对策建议》，《环境保护》2020 年第 19 期。

未将生物多样性纳入其中。在新一轮的大部制改革中，生物多样性依然没有被充分重视，生物多样性管理的职能并没有划转到自然资源主管部门，以至于《总体方案》对生物多样性重视不够，只在海洋资源调查中提出了对生物资源进行调查，比如鱼卵、籽鱼、浮游动植物的种类和数量等，对陆生生物缺少考量。自然资源和生物多样性是生态系统的一体两面，两者在保护和利用方面逻辑相同。自然资源的管理水平直接对生物多样性产生影响。自然资源的调查是一项摸家底的工作，它将服务于自然资源确权登记、空间管控、自然资源负债表的编制以及自然资源资产离任审计，首先应将其纳入自然资源管理中。调查监测作为基础，将生物多样性纳入也显得尤为必要。

三、将生物多样性纳入自然资源调查监测的几点考量

生物多样性和自然资源在保护和利用角度的逻辑思路基本一致，借助筹办联合国《生物多样性公约》缔约方大会的推动，在自然资源调查监测工作中纳入生物多样性可谓"顺水推舟"，但需要注意以下 3 点。

（一）监测指标的选取

目前，国际上已有 5 个得到广泛认可的生物多样性监测网络，包括地球观测组织——生物多样性监测网络、全球森林监测网络等，其监测目标、内容、方法、样地布局等各有特色[1]。我国生物多样性监测指标体系的构建工作仍在不断推进。生物多样性监测指标的选取需要遵循以下基本原则：生物多样性指标应与栖息地状况联系密切；以物种为指标需要具备指示作用和代表性，避免物种的单一化和孤立化；指标需要具有科学性、易操作性和稳定性等；考虑选取多重指标组，反映群落生物多样性组成和结

---

① 米湘成、郭静、郝占庆等：《中国森林生物多样性监测：科学基础与执行计划》，《生物多样性》2016 年第 11 期。

构、群落动态、生境质量和面积、营养级结构、物种间相互作用等情况；优先考虑具有特殊指示功能的指标，如鸟类、蝴蝶、维管植物等。从自然资源调查监测角度，要重点考虑：①我国生物多样性保护管理的需要以及已有基础；②国际履约的要求和国际形势的变化。综上所述，建议在成熟的监测指标中，选取合适的指标类型纳入自然资源调查监测工作。另外，生物多样性指标最主要的功能是监测变化，尤其是评估保护措施的效果，因此应适度选取动态指标。类似"红色名录指数"等构成复杂的指标，需要长期调查，调查监测的周期需要随之调整；"生态系统类型多样性"等指标在大尺度下较为稳定，调查监测的尺度也应与之对应。

（二）监测的方式和技术

指标明确后，要尽快通过顶层设计明确调查监测的具体方式和技术，解决程序性不足和多头、交叉重叠管理的问题。自然保护地生物多样性调查监测工作已经形成了较为完备的技术体系和操作规范。2009年，国家林业局发布了《中华人民共和国林业行业标准：自然保护区生物多样性调查规范（LY/T 1814—2009）》，对生态系统多样性和物种多样性的调查内容和方法等作出了规定；《中华人民共和国国家环境保护标准：全国生态状况调查评估技术规范——生态系统质量评估（HJ1172—2021）》的发布，强调注重多途径调查监测技术的优势整合。以此为基础，首先，要注意生物多样性空间上的多尺度性，生物多样性应尽量和自然资源调查监测的尺度保持一致，比如水资源以流域为单元，森林以斑块或群落为单元，草原按照样地、样方等。生物多样性监测要综合布局，不同尺度调查和监测，才能全面了解其基本情况。其次，要推动调查监测方法的规范化和标准化，并建立统一的数据库。选择符合条件的样点，建立固定样方（或者样线、样点等），服务于生物多样性动态、长期的观测，并借力已经运行的地区或者全国性的生物多样性监测网络体系。最后，规范引导相关部门合理分工和协作，保障基础的监测指标和方法标准化，实现数据共享，规避不同部门各自建立监测系统的问题，避免行政资源的浪费。

除此之外，新的技术手段近些年来在生物多样性监测中的应用不断加快，红外相机调查技术与传统监测方法结合可以提高监测效率、降低监测成本、提升数据质量等。同时，遥感技术的不断进步，显示了其在生物多样性监测中广阔的应用前景，比如近些年来随着遥感数据更新频率的提高，以月为监测周期的植被覆盖和净初级生产力的数据，为监测生物多样性变化提供了实时的动态数据。星空地立体遥感监测平台可以建立起地面实地生物多样性数据—遥感监测数据匹配数据库，以遥感监测数据对生物多样性信息进行准确解译，更好发挥遥感卫星对地表生态系统实施时空多维度、立体连续监测。更多的时候是多种调查监测技术的整合，这对多源数据的融合开发和研究提出了新要求，以后应更多地关注基于物联网技术的跨传感器平台在调查监测中的作用，并要注意大数据在生物多样性监管中的作用。

（三）组织模式和资金机制

生物多样性调查监测覆盖面广并且难度较大，因此组织和实施的成本相对较高，对资金机制提出了更高的要求。一方面，生态文明背景下对自然资源保护和管理的空间尺度要求更加精细，需要自然资源管理部门、管护站、检查点、巡护人员之间的有效串联，以进一步提高监测的水平。另一方面，生物多样性监测对红外相机、卫星遥感、近地面遥感以及大数据、物联网、云计算等信息技术都提出了新的技术需求。在这样的情况下，组织模式和资金机制的创新显得尤其重要。要建立有效机制，尽快推动科研机构将监测数据和国家自然资源调查监测对接，推动研究机构提供智力、技术支持并共享数据库。随着手机智能识别技术的发展，对于植物或者鸟类的监测，借助手机 App，可以调动更多的公民参与。通过进行大数据分析并搭建数据共享平台，可以提高生物多样性监测服务于大众的能力，并探索数据赋能、增值的创新方式，全方位服务于生态环境保护和经济社会发展。考虑到目前生物多样性调查监测的基础，可先采取专项调查的方式，但要设计和自然资源调查监测逻辑一致、数据共享的体制框架。另外，应选取部分地区率先以试点方式展开探索，并形成可借鉴的经验便于今后全国层面推广。除去技术层面对监测指标和监测方法的规范，更要注意的是可持续的组织模式和资金机制。重点考虑以下几类地区：浙江钱江源国家公园试点这类由科研机构分担监测成本的自然保护地（中国科学院植物研究所在此设立了古田山森林生物多样性与气候变化研究站以及以大样地为核心的覆盖国家公园全境的生物多样性综合监测平台）；丽江老君山滇金丝猴公益保护地这种由社区分担监测所需部分人力成本的地区（大自然保护协会对旗舰物种监测提供了多年的技术引导和服务，并引导当地居民参与巡护和监测）。

生物多样性银行的制度设计和运营平台构建

生物多样性银行（Bio-banking，也译作生态银行）是一种由政府设立、对自然资源生态权属进行交易的平台。它的主要任务是在生物多样性"零净损失"的要求下，通过交易生态信用，提高修复效率、拓宽融资渠道，缓解社会资本参与生态保护修复不足的问题。本文针对我国当前生态修复对生物多样性考虑不足，资金渠道单一、总量不足以及供需之间严重不匹配等问题，研究设计了生物多样性银行的组织构架、运行平台以及制度保障。其运行需要具备以下几个条件：完备的自然资源资产产权制度、具有对生态系统和生物多样性影响评价的方法论、配套的融资体系以及构建独立、公开、透明的监督机制。《生物多样性公约》缔约方大会的举办将推进生物多样性保护议题的主流化进程，该制度的推进可谓恰逢其时。

一、设立生物多样性银行正逢良机

（一）定义和基本原理

生物多样性银行是一种典型的生态补偿工具。它通常是由政府搭建的对生态权属进行交易的平台。它的主要使命是对最小化经济建设和开发活动引发的对生态系统或生物多样性的负面影响，通过修复或者补偿，促进"生物多样性中和"，以增加自然资本。

该工具在美国、澳大利亚等地都有较为成功的应用，有效补充了生态修复资金的不足，从而助力当地的生态系统和生物多样性保护。简单说，生物多样性银行是一种市场化的生态补偿工具和绿色金融手段，是生物多样性保护领域的"占补平衡政策"。生物多样性银行制度运行的前提是通过立法规定开发者必须采取相应的行动来抵消开发建设活动对生态系统以及生物多样性的不良影响，实现"零净损失"后才能获得"开工许可证"。其中，除去开发者自身的修复行为，最主要的抵消措施就是通过生物多样性银行这一交易平台购买代表生态保护绩效的生态信用。生态信用主要由生态保护者和修复者创造，将生态保护的绩效借助生物多样性银行转化为生态信用，最终获得收益。

（二）设立的必要性

截至目前，社会资本如何有效参与生态保护及修复的问题始终没有得到很好的解决。各级政府在生态保护修复方面投入的资金远不能满足保护需求，资金缺口巨大。以矿山修复为例，仅修复矿区所需的资金就达上万亿元。从资金供给来看，中央财政是最主要的资金来源，近些年中央财政用于生态保护修复的支出规模达到每年千亿元，但其中用于国土、矿山修复的资金不到20%。如2020年，在水、土壤污染防治方面的中央财政预算资金分别仅为317亿元和40亿元[1]。各地方虽然也能获得一些来自不同渠道的配套资金，但是保护需求较高的地区多是贫困地区，可用于生态保护修复的资金十分有限。另外，由于缺乏必要的制度环境，以绿色信贷、绿色债券以及绿色基金等为代表的绿色资本也难以进入生态修复领域。可以说，资金问题始终是实现"生物多样性零净损失"目标的瓶颈，亟须构建引导社会资本参与生态保护修复的渠道。

从产业链角度看，供需之间严重不匹配，缺少有效对接。具体表现为：从事开发建设的企业往往不具有生态修复相关的技术和资源；专业从事生态修复的企业业务来源不足；缺少专业、权威的评估机构对生态修复的质量把关。具体到项目层面，山水林田湖草生态保护修复项目往往周期比较长，类似废弃矿山治理、土地沙化和盐碱化治理等项目，常常需要

---

① 王遥、王文翰、王文蔚等：《以多元基金模式破解我国生态保护修复资金困境》，《环境保护》2020年第12期。

5~10 年，甚至更久的时间，也就意味着需要长线的资金投入。政府的财政预算一般按年来分配，受经济发展、财政状况等因素影响，资金规模往往存在不确定性，并且限制较多，迫切需要社会资本参与。但是，生态修复的长周期和社会资本投资对回报的时效性要求难以协调，资金期限错配现象明显。除此之外，耕地、林地占补平衡等制度存在行政手段配置效率不高的情况；湿地"占补平衡"也面临资金渠道单一、碎片化难以管理等问题。整体来看，生物多样性银行可以在一定程度上缓解上述问题，提高交易双方的资源配置效率，以及合理规划调控修复土地的面积和质量。

（三）设立生物多样性银行恰逢其时

近些年，我国在生态修复（包括土壤修复）方面已经开展了大量的工作，山水林田湖草生态保护修复工程更是坚持"节约优先、保护优先、自然恢复为主"的方针，并且积极和国际提倡的"基于自然的解决方案"理念相衔接。特别是围绕绿色矿山建设已经积累了较多的实践经验，生态修复产业具备了一定的基础。作为第十五次缔约方大会的东道主国家，我国可以通过更为密集的政策措施推动生物多样性保护议题的主流化，在提高我国国际声望的同时促进山水林田湖草的统一保护修复。有必要进一步通过有益的制度设计，解决好生态保护修复资金来源和生态效益问题，推动"生态环境保护者受益、使用者付费、破坏者赔偿"原则的落实。

然而，由于我国自然资源产权制度尚在完善，生态资源相关的产权市场刚刚起步，生物多样性保护主流化进程较慢，生态系统服务价值核算方法的技术难度较高，生物多样性银行相关的制度设计还多处于研究探索阶段，现已经有多方呼吁设立生物多样性银行[1][2]，福建南平等地也自行展开

---

① 赵晓宇、李超：《"生态银行"的国际经验与启示——以美国湿地缓解银行为例》，《资源导刊》2020年第 6 期。
② 袁国华、席晶、周伟等：《新南威尔士州生物多样性补偿制度研究》，《中国国土资源经济》2020 年第 1 期。

了名为"生态银行"的尝试。本文针对生物多样性银行的制度设计和运营平台的构建，提出一些初步思考。

二、制度设计和运营平台的构建

（一）制度设计

参考先行者经验（美国湿地缓解银行、澳大利亚生物多样性银行、德国生态账户制度等）并结合我国生态文明体制改革现状，关于生物多样性银行可以进行如下的制度设计。

首先，调整环境影响评价相关的法律法规，生物多样性"零净损失"应该成为规划以及重大工程项目的法定要求。规划以及建设项目可行性研究阶段需要对其选址、设计、施工等过程，特别是要对运营和生产阶段可能对生态系统产生的影响进行预测和分析，并核算生态信用变化的情况。工程项目在不能回避、削减的前提下要对生物多样性实施中和措施，优先就地保护和修复，然后通过购买生态信用抵消项目所产生的损失。如工程项目的影响未达到"零净损失"要求，则不能获得"开工许可证"。

其次，设立生物多样性银行，对"生态信用"收储并交易。银行以"生态信用"为标的物，它可以理解为表征修复后所累积的生态系统服务量。买方（借款方）是从事开发建设活动，对生态系统、生物多样性造成损害的开发者；卖方（存款方）是保护者和修复者，通过保留、优化、恢复和新建生态系统4种方式产生或增加、存储"生态信用"。交易的进行以合同文书的签署为标志，合同中需指出保护修复的现状目标、地点位置、"生态信用"额度、工作计划、维护计划、监测方式、管理计划等。其中，要明确不同时期的修复和管理责任。通常来说，保护者或修复者承担相应的保护修复任务，并允许其在完成保护修复任务之后将长期的管理责任转移给地方政府、土地所有者或非政府组织等。土地所有者和生态多样性银行以签订保护协议的方式规范权责利。

最后，制定"生物多样性评估方法"。由于生态系统的地理位置、生态功能、经济价值、修复难易程度有差别，需要设计统一的标准以核算、评价和交换，即"生态信用"的方法学。一方面，开发商需要聘请评估师对项目进行评估（往往依赖于专业的评估机构），评估师要编制"生物多样性评估报告"，明确工程项目，以及避免或减少对生物多样性影响的恢复方案，核算所需购买的"生态信用"。评估报告获得生物多样性银行认可后，开发商才能获得工程项目开工审批证或土地使用证。另一方面，土地所有者或保护者若希望参与交易也需要聘请评估师，以核算其保护行动产生的生态信用，并获得更加专业的指导。土地所有权人可以通过生态银行出售信用额度并获得保护收益。

（二）运营平台

"生态信用"的管理、交易的基础是自然资源产权制度。因此，可由自然资源的主管部门主导设立生物多样性银行，负责批准开发建设和颁发许可证，明确开发者在购买信用时的补偿责任，并监督银行的设立、营建和管理。生态环境部门主要承担对自然资源管理和生态系统保护的监管责任。同时，有必要成立多部门的联合工作小组，水利、农业等部门应参与其中，并从专业角度给予必要的监督和指导，提供业务咨询。系统性设计银行运营的各项制度，比如"生态信用"的供给登记、需求登记、交易登记、认证评估师登记及保护协议登记（开发）制度等。配套相应的资金，比如设立生态保护修复信托基金，用于修复场地的筛选、评估标准的开发、评估师的培训、市场的引导和培育等，有针对性地解决生态修复项目建设周期较长、人力资源储备不足等问题。需要积极动员第三方参与，特别是行业协会、环评机构、律师事务所、审计单位等发挥作用。行业协会（或企业联合体）在制定标准、动员企业参与方面需要发挥主导作用，配合政府部门和市场主体对接，带动第三方服务产业的发展（见图9）。

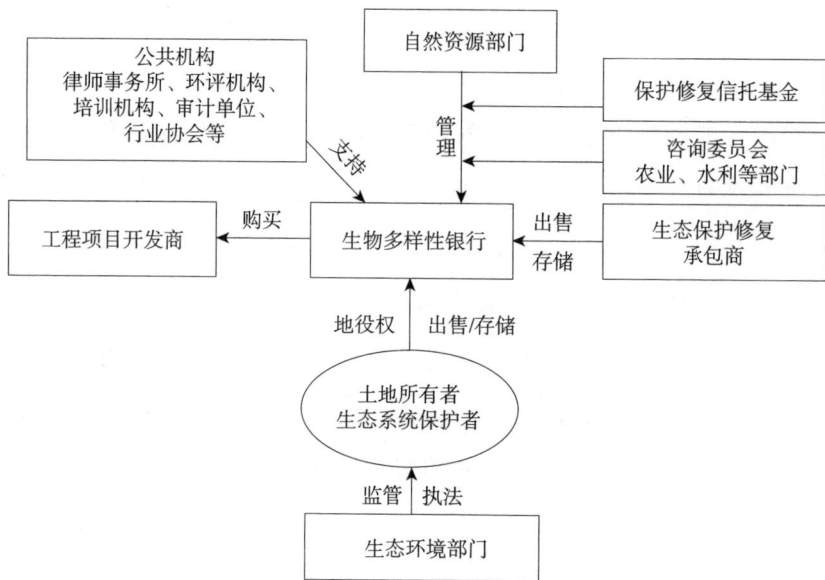

图9 运行平台的构建

资料来源：作者自绘。

交易价格主要由市场决定，影响因素包括区域的位置、土地的价值、保护修复成本、生态服务功能以及物种多样性等因素。生物多样性银行可以作为一种调节市场的手段，在对交易环节估价的基础上，对价格、周期等方面进行适度调整。另外，参考国外经验，信用的核算和发放，要注意时间和阶段的特征。比如，对保护者来说，协议保护合同的签订可以按照20年为一期，以保证生态系统等得到较长时间的保护；对开发商来说，注意按阶段发放，解决修复项目周期较长的问题。银行要结合国土空间规划的要求，识别高生态价值区域以及高修复潜力区域，建立相应的数据库，以对修复进行指导；鼓励异地大规模的修复行为，特别是增加保护面积、设立保护地等。

（三）几项必需的基础性工作

生物多样性银行可以整合小型、零散的补偿区域并进行规模化的保护修复，降低修复运营成本，促进生态系统的整体性和完整性保护，并强化其生态系统服务功能；提高供需之间的匹配度、提高保护的积极性，缓解保护修复资金来源不足的问题。但要使这样一个具有创新性的政策工具能够有效运行，还需要有完备的自然资源产权制度，有效的生态系统价值评估方法，规范化的多元资金渠道，独立、公开、透明的监督机制作为保障。

1. 完备的自然资源产权是生态权属交易的制度基础

自然资源产权制度是生物多样性银行运行的根本制度保障。需进一步推进自然资源产权改革，不断完善自然资源产权体系，实现对自然资源产权赋能、增值。在产权清晰的基础上，要处理好所有权、承包权、使用权和经营权之间的关系。针对权属不同的自然资源，允许差异化的信用评估、信贷、交易形式，鼓励社会资本借助生物多样性银行进入生态治理领域，赋予其一定期限的使用权、地役权等产权安排。制定有利于生物多样性银行良性发展的法律和政策，比如法定的开发者损害补偿的义务、清晰的市场交易流程、补偿标准等。

2. 对生态系统、生物多样性影响的评价是生态权属交易的方法论基础

生态信用的计算方法主要包括两类，分别是基于面积法和基于功能法。基于面积法比较简单，指通过测得的面积乘以不同的参数核算信用，精度不高，适用于自然资源和生态服务功能较少的生态系统。基于功能法相对复杂，也较精细，适合自然资源和生态服务功能较多的生态系统。美国主要对湿地进行信用核算，比如佛罗里达州的统一缓解评估法；澳大利亚环境部门也专门制定了《生态银行认证评估方法学》。我国刘世锦等人曾提出以太阳能值作为量纲的基于"生态元"的生态资本服务价值核算体系[1]。有必要综合国内外研究以及实践经验，设立科学的、易操作的、适用于不同生态系统的信用指标，推动其标准化，并允许其动态调整。另外，生态信用评价要注意和区域生态系统生产总值（GEP）核算系统、自然资

---

[1] 北京腾景大数据应用科技研究院：《基于"生态元"的全国省市生态资本服务价值核算排序评估报告》。

源负债表之间的衔接。

3.需要设计合理的融资体系并逐渐增加银行的金融属性

生物多样性银行有一定的公益属性，可以以信托基金的方式支持其建设。其来源主要包括中央政府的专项资金，出售生态信用的获益以及社会资本、非政府组织和公众捐款等。信托基金主要是为了支持生物多样性银行建设，对生态修复产业加以扶持，并能使保护者和修复者获得资金支持。可借鉴美国超级基金制度，出台生物多样性银行信托基金管理办法，明确各方在生态保护中的权责、补偿付费义务并保障产权；构建规范化的多元资金体系，明确资金来源、适用范围、审批程序、监督主体、激励机制、风险分担机制等内容。鼓励银行开发其他金融产品或工具以支持生态治理产业发展，如允许用获得生态信用评估的自然资源资产进行抵质押、担保、证券化等。

4.需要构建独立、公开、透明的监督机制

考虑自然资源管理以及生物多样性银行运行的复杂性，需要构建协调、统一、专业的监管机制。生态环境部门应主动发挥对生态系统保护修复效果的监管职责，并参考环境影响评价的经验教训，加强对评估机构以及评估师信用的监管，防止评价执行过程中的造假行为。设计针对信托基金的政府审计和社会中介审计双重监管的制度。加大对违法违规事件的执法力度，违规操作的企业、机构或个人将被取消参与银行相关业务的权限。搭建数字化平台，提高效率的同时使相关部门可以对交易状况、补偿进度进行监管与动态跟踪，为买卖双方以及公众提供相关信息，比如场地分布、数量、生态信用供给、交易进展等信息。

5.总结国内外其他市场化工具的有益经验

美国、澳大利亚、德国等国家在湿地缓解银行、生物多样性银行、生态账户制度方面取得了一定成效，我国福建南平等地也有生态银行方面的探索。除此之外，我国的碳交易市场从2011年就开始以试点形式进行并最终在全国层面铺开。产权市场更是建成了较为完备的市场体系，有效提

高了交易效率。这些都是典型市场化的工具，其经验需要认真总结，为生物多样性银行的制度设计提供经验借鉴。另外，我国市场化程度与发达市场经济体相比仍有明显差距，因此在政策实施过程中需要循序渐进，可以先从矿山修复、湿地保护、荒漠化治理等方面推进。

推动企业参与生物多样性促进保护与开发的两立

　　企业参与生物多样性保护是企业履行社会责任的重要一环，也是推动联合国《生物多样性公约》目标实现的关键。按照参与生物多样性保护的程度，可以将企业划分为一般性企业和生物多样性企业。一般性企业多是通过企业社会责任来体现其参与生物多样性的情况。以植物制剂行业为代表的生物多样性企业主要是直接运用生物勘探技术从生物中提取生物化学和遗传信息再进行利用。虽然有越来越多的企业参与生物多样性的保护与可持续利用，但对保护与可持续利用的意识、参与程度和方式等，企业所具有的生物多样性知识储备有待加强。建议一般性企业要重视企业社会责任、信息披露，建立自然资本账户并进行价值核算。对生物多样性企业，提高自身能力建设的同时，还有待更加规范的政策和市场环境，政府和行业协会的助力也是必要的。①

一、企业参与生物多样性保护的现状和问题

　　联合国《生物多样性公约》设立了生物多样性保护、可持续利用和惠益分享三大主要目标。其中，企业作为重要的参与方，是依赖、影响和利用自然资源的主体，也是推动上述目标实现的关键。2010 年举办的联合国《生物多样性公约》缔约方大会第十次会议（COP10）明确提出企业和全社会的参与，并通过了《名古屋议定书》。大会围绕事先知情同意（PIC）和共同商定条件（MAT）等核心原则，强调以公平合理的方式共享遗传资

---

① 王宇飞：《企业与生物多样性：保护与开发如何两立》，《可持续发展经济导刊》2022 年第 1 期。

源的商业利益和利用其他形式，以公平合理的方式分享因利用生物多样性遗传资源及相关传统知识而产生的惠益（Access & Benefit Sharing，ABS）。2016 年联合国《生物多样性公约》缔约方大会第十三次会议（COP13）发布《企业与生物多样性承诺书》，要求识别、计量和估算对生态系统服务的影响和依赖，定期报告。同年我国成为《名古屋议定书》缔约方。2017 年环境保护部就《生物遗传资源获取与惠益分享管理条例（草案）》征求公众意见。2018 年联合国《生物多样性公约》缔约方大会第十四次会议（COP14）建议企业通过"生物多样性中和"实现"生物多样性净增益"。在《生物多样性公约》引导下，促进企业参与的国际制度体系逐渐完善，主要包括企业与生物多样性全球伙伴关系、企业在线学习平台、企业与生物多样性论坛 3 个机制，鼓励通过价值核算、信息披露等工具，将生物多样性纳入企业的决策和运营。2021 年施行的《中华人民共和国生物安全法》对生物技术的应用以及生物资源安全给予了法律层面的规定。但是，从实践层面看，企业参与程度远远不够，生态环境保护的社会成本内化阻力较大。

企业参与生物多样性保护可以分为两种情况：①一般性企业，主要从法定义务和社会责任角度对生态系统进行保护修复，对生物多样性影响较大的矿山、水利等行业属于此类；②生物多样性企业，主要通过利用生物资源而获利，这类企业以植物制剂行业为代表，包括生物医药行业、农业育种行业、食品和保健品行业、化妆品行业等。针对一般性企业，国际标准化组织于 2010 年发布的社会责任国际标准 ISO 26000 中，将生物多样性列入了企业等社会组织[①]的环境责任议题，包括评估、保护和可持续利用生物多样性以及评估、保护和恢复生态系统的服务功能等。其中，对于野生动物保护、外来入侵物种防控、栖息地恢复等多个生物多样性热点话题都有所涉及。在我国，国务院 2010 年发布的《中国生物多样性保护战

---

① 包括公有、私有组织，发达国家、发展中国家和转型国家的各种组织，但是不包括政府组织。

略与行动计划（2011—2030 年）》，将工矿企业对生物多样性影响的恢复列为生物多样性保护的优先行动之一。经过多年实践积累，矿山企业已经成为生态修复的重要实施主体。另外，国家质量监督检验检疫总局和国家标准化管理委员会于 2015 年联合发布的《社会责任指南》（GB/T 36000—2015）、《社会责任报告编写指南》（GB/T 36001—2015）、《社会责任绩效分类指引》（GB/T 36002—2015）中，均涵盖了生物多样性内容，基本采纳了国际标准 ISO 26000 中的表述。近些年采矿、运输交通、电力等行业对生物多样性保护的关注提升，特别是采矿业、石油天然气业等行业企业建立了比较完善的全产业链、全生命周期的生态环境管理制度。例如，中国铝业集团有限公司要求项目前期要对生物多样性影响进行评估，并实施全过程生物多样性保护；中国石油天然气集团有限公司针对生物多样性和自然栖息地保护采取了全产业链、全生命周期管理。在此过程中，行业协会、社会组织、研究机构、媒体等发挥了重要作用。2014 年，多家企业以及社会组织联合发布了"金蜜蜂 2020 社会责任倡议"，其中就涵盖了生物多样性。中国对外承包工程商会印发了《中国对外承包工程行业社会责任指引》，提出保护珍稀动植物物种及其自然栖息地，减少承包工程对生物多样性的影响。可以说，企业对生物多样性保护的关注和参与程度已有所提高，"利用者补偿、开发者保护、破坏者恢复"的原则得到了社会各界普遍认可，并逐步落实于实践。同时，投资者也更加关注上市公司业务对环境保护、生物多样性的影响，直接影响对其股票的估值。国际金融公司（IFC）针对新兴市场中融资超过 1000 万美元的项目设立了关于生物多样性保护和可持续自然资源管理等标准，将直接影响采用赤道原则[①]的大型跨国银行的投资行为，并最终引导企业关注生物多样性。

对于生物多样性企业而言，开发利用的潜力巨大，从生物中系统地搜寻可被利用的生物化学和遗传信息的生物勘探技术（Bio-prospecting）发

---

① 指若干银行根据世界银行的环境保护标准与国际金融公司的社会责任方针制定的一些原则，帮助银行和投资者发展、融资。

展迅速。生物勘探的对象已实现从简单地利用有形植株、种子，发展到从生物多样性角度对提取物、基因特性、遗传信息和相关生物化学及传统知识的利用，并在全球范围内生产、消费。以植物提取行业为代表，市场规模不断扩大。其中，欧洲市场主要以植物药制剂为主，而在北美、日本市场，则主要应用于营养补充剂、保健食品、化妆品等。我国植物制剂行业发展迅速，2019年植物提取物市场规模已达342亿元，约有2000家植物提取企业，但是整体实力偏弱，缺少龙头优势企业，85%的企业年销售额在500万元以下。这类企业具有如下特征：知识密集、技术含量高，高投入、高风险、高成长和长周期，大部分集中在资源丰富的地区。生物勘探技术以及获取方式呈现多元化特征，并且不同行业的企业需求有差别。我国植物提取产业链的上游产业以中药材为主，种类丰富，不仅可以满足国内需求，还有大量出口。下游产业涉及药品、食品、化妆品、化工等行业。从保护角度看，这类企业对当地社区的惠益分享不足。特别是跨国公司，常常无偿或者廉价获得遗传资源，在国际社会有"生物海盗"之诟病。比如，美国百时美施贵宝公司在我国销售一支有抗癌功效的紫杉醇注射液净获利219元，而我国的原料收益仅为1.26元[①]。

二、企业参与生物多样性保护不足的主要因素分析

虽然有越来越多的企业参与到生物多样性的保护与可持续利用中，但企业所具有的生物多样性知识储备，对保护与可持续利用的意识、参与程度和方式等有待加强。主要表现在两个方面。

1. 企业缺少对生物多样性知识的认知

只有少数企业在社会责任报告中提到了生物多样性议题，甚至有部分企业认为他们和生物多样性没有关系。《中国企业可持续发展指数报告（2018）》各项环境指标中，企业在生物多样性保护指标上得分率最低。这

---

① 全球环境基金建立和实施遗传资源及其相关传统知识获取与惠益分享的国家框架项目。

主要是因为生物多样性丧失和生态服务功能下降往往需要很长的时间显现，而企业在短期内很难判断生物多样性丧失对自身经营的影响，没有充分认识到生物多样性保护也是一个新的商业机会，缺少参与生物多样性保护的意愿。上述情况在直接影响生物多样性（采矿、水电、土地开发等行业）的企业和以生物为原料（生物制药、化妆品、生物原材料加工等行业）的企业中也并无明显改观。前者需在生态修复过程中考虑对生物多样性的影响，即使有生态修复强制要求的矿山企业，也并未将生物多样性考虑在内。而后者技术研发投资大、技术水平迟迟得不到提高，以至于对生物资源的利用方式粗放，产业化、规模化、标准化、集约化水平较低。这在植物提取行业非常突出。企业倾向于扩大种植面积，影响了天然植物的多样性。另外，企业更是缺少对生物多样性惠益制度的认知，不认为回报社区是自己的义务。总之，生物多样性主流化进程在企业层面进展缓慢，生物资源的商业化利用对生物多样性构成了严重的威胁。

2. 政府的支持力度有待加强

生物多样性保护具有一定的公共物品性质，政府在企业参与生物多样性保护方面提供的引导和监督远远不足，相关的法律制度、管理机构以及配套政策等多方面都有待完善。以管理机构来说，主要是由生态环境部对外合作与交流中心承担相关工作，主要服务于国际履约，组织、宣传、分享信息、对接资源并开展相关活动。目前我国还缺少专门服务于企业参与生物多样性保护的管理机构或平台。从配套政策来说，需要更多的标准、政策、方法以及监督激励机制引导和规范企业参与生物多样性保护。一般企业即使有参与的意愿，也常不清楚具体的参与方式和途径，保护理念难以落实到资源获取、生产、销售等过程。企业社会责任披露是最主要的监督方式，但是信息披露不足情况普遍存在。2018 年一项对 78 家央企履行社会责任状况的研究发现，生物多样性相关的信息披露率低并且信息单一、完整性不足[1]。而对于生物多样性企业来说，在国外经常面临贸易壁

---

[1] 李嘉茵：《中国企业生物多样性信息披露不足》，《中国环境报》2019 年第 5 期。

垒，国内市场则混乱无序。这主要是由企业法律意识不强、自然资源相关产权不清晰、行业准入制度和监督制度缺乏、生物资源的获取和利用流程不规范，且技术门槛较低、产品标准不完善等因素所致。行业发展有待和《名古屋议定书》有效衔接，防止"生物海盗"现象，并且督促企业尽快和国际标准积极对接。

三、若干建议

对于一般企业来说，要重视企业社会责任和信息披露。企业要增加对生物多样性知识的了解，包括概念、内涵、国内外发展趋势等。强化企业社会责任报告中与生物多样性保护相关的内容，对严重依赖、使用或影响生态系统及其服务功能的企业应建立生物多样性信息披露制度。企业对生物多样性的影响、保护实践和效果等应向社会公开，接受社会公众的监督。另外，国际履约对企业参与生物多样性保护的要求日趋细致，比如要求识别、计量和估算企业对生物多样性和生态系统服务的影响和依赖的价值。企业需要开设自然资本账户（也称环境损益账户），按照财务会计学理论将企业生产活动对生态环境影响的成本和效益货币化并估值，使之成为企业风险管理的重要组成部分，并纳入商业规划和决策体系。对生物多样性有严重影响的矿山等企业，则应实施生物多样性"零净损失"原则，主动承担社会责任。

政府层面，要加强与生物多样性相关的法律法规建设，比如将生物多样性保护纳入环境影响评价、建立遗传资源及传统知识的惠益共享制度、尽早出台《生物遗传资源获取与惠益分享管理条例》等。从规制、激励、监督等方面引导、建立利益相关方协调机制，为企业参与生物多样性保护提供有利的政策环境，加大对违规引入外来物种、滥用杂交等破坏遗传资源行为的处罚力度。设立专业机构，制定权责清单，承担勘探申请、确权认证、监测执法、跨部门、双多边合作、带动公众参与等工作，逐渐完善

PIC/MAT 制度、标准认证等。推进企业与生物多样性伙伴关系下中国企业生物多样性保护联盟的建设，鼓励国内外合作。引导行业企业制定生物多样性保护指南，支持企业参与 ABS 实践活动。针对森林、农业、食品、中药等以自然资源开发利用为主的领域，制定系列的公共政策，探索生态系统服务功能相关的市场机制，鼓励生物多样性创新融资，为企业制造利用生物多样性和生态系统服务的机会。加强生物多样性保护机构与人才队伍建设。重点关注遗传资源的开发和利用，建立遗传资源获取登记制度以及配套监管措施。特别是在对外合作中，应加强监管，探索符合《名古屋议定书》事先知情同意（PIC）和共同商定条件（MAT）原则的 ABS 合同，防止"生物海盗"现象。

行业协会应积极发挥作用，推动在行业规划及发展指南中纳入 ABS 要求，从生物多样性角度为企业提供参与的具体路径和操作方法的指导，提供相应的培训，分享理念、案例等，帮助企业提高承担生态环境保护责任的主体意识和能力。充分发挥行业协会的服务、协同职能，建立有关生物资源知识产权的监管体系和行业数据库，以行业报告等方式推动和督促企业主动披露生物多样性保护制度和实践。开发引导企业参与生物多样性保护的标准和评估体系，鼓励开发生物多样性友好产品，并开展认证、标识等工作。加强同国际组织机构的沟通、合作，尽早帮助国内企业参与到生物多样性国际合作中。

对于生物多样性企业而言，需要认识到生物多样性保护也是一种商机。一方面，有必要加强科研攻关，尽早突破当前生物科学技术的瓶颈，提高生物遗传资源保护利用水平。另一方面，要提高对 ABS 的理解和认知，建设 ABS 管理体系，使其在开发和利用生物遗传资源的同时，通过一系列举措与相关方进行惠益分享，保障其自身运营与生产活动不会导致当地的生物多样性降低或丧失，实现生物遗传资源的可持续利用。

乡村振兴和生态保护

一、乡村生态振兴：推动乡村振兴与生态文明建设融合

党的十九大明确了乡村振兴战略在全面建设社会主义现代化国家进程中的历史性地位以及实现产业兴旺、生态宜居、乡风文明、治理有效、生活富裕的总要求。2018 年十三届全国人大一次会议明确了乡村振兴的 5 个方面，即乡村产业振兴、乡村人才振兴、乡村文化振兴、乡村生态振兴以及乡村组织振兴。其中，生态振兴不仅仅是乡村振兴的重要组成部分，也是乡村生态文明建设的重要目标，是两者在乡村维度的交叉和融合。乡村生态振兴的目标是在乡村层面上全面实现生态文明，它体现在产业发展、宜居环境、治理体系以及生活条件的各个方面，能衡量乡村生态治理水平和生态治理能力的高低。乡村的生态振兴是一项系统工程，它不仅仅是一个结果，也是一个过程。一方面，它意味着需要通过生态文明建设和生态文明体制改革，对人与自然、城市和乡村之间的关系进行重构，维护乡村良好的生态环境，为广大农民提供宜居的生态空间；另一方面，它需要逐步构建成熟的生态产业和生态经济体系，为城市居民和农村居民提供高质量的生态产品。可以说，乡村的生态振兴就是在乡村层面推进和实现生态文明。

（一）乡村生态振兴存在的突出问题

当下乡村生态振兴相关的工作主要从两个角度展开，一个是生态环境保护角度，主要包括农业生产环境污染防治和农村生活环境污染防治；另一个是自然资源保护利用角度，比如生态修复、生态补偿以及绿色产业发

展。近年来，在精准扶贫的基础上，乡村的生态振兴取得了一定的成绩，但是依然存在不少问题，概括来说以下几个方面较为突出。

1. 生态环境保护与经济发展之间的矛盾普遍存在

习近平同志在 2005 年首次提出"绿水青山就是金山银山"的重要理念；强调"既要绿水青山，也要金山银山""宁要绿水青山，不要金山银山"①。但是，一些地方重发展轻保护的现象仍普遍存在，粗放的发展模式造成了生态环境的牺牲。近些年，高耗能、高污染企业存在从东部地区向中西部地区转移的情况，城镇化过程中的耕地面积减少、生态资源过度开发、生态承载力下降、污染物过度排放等问题不容忽视。

2. 乡村生态资源并未得到有效开发利用，生态产品供给不足

乡村具有宝贵的生态资源，也是产生财富的基础，但是生态资源并未得到充分的开发和利用，生态产品价值机制并未有效建立，缺少将资源转化为商品的路径。第一，乡村将生态资源转化为经济价值的主要方式包括发展生态产业和生态经济等，但是各地同质化问题严重，缺少高价值的生态产品。第二，不少农村地处偏远地区，交通物流等不便，较难形成规模化的产业，加上当地生产主体对市场风险的抵抗力有限等，较难形成有竞争力的产业链。

3. 生态治理制度不健全，生态治理能力有待提高

相对城市而言，乡村的生态环境制度还远远不足。我国对"三农"问题的关注多停留在基本民生等方面，生态文明建设基础薄弱，配套的法律和制度体系还不够完善。由于生态意识缺乏，更是存在不少破坏生态环境的违法行为，比如乱砍乱伐、违法排污等。治理体系中，乡村项目涉及水利、林草、自然资源等多个部门，存在多头管理、交叉管理的情况。开发项目往往并未充分征求民意，缺少多元参与的平台和协同治理机制。生态资源产权的法律保障更是不足，常存在农民权益受损的情况。

---

① 《习近平在哈萨克斯坦纳扎尔巴耶夫大学发表重要演讲》，《人民日报》2013 年 9 月 8 日。

（二）未来乡村生态振兴的几个重点问题

未来乡村的生态振兴需要重点关注以下几个方面。

1. 持续改善农村人居环境并解决农业污染问题

乡村振兴战略的一项重点任务是改善农村人居环境。在《农村人居环境整治提升五年行动方案（2021—2025 年）》基础上推进农村垃圾治理、生活污水治理以及"厕所革命"等。除去对一些农村环境绿化美化等工程的财政专项资金支持外，也需要吸纳社会资本参与其中，配套相应的资金、队伍、制度，实施长效管护的同时更应该动员广大农村居民参与其中。生活垃圾和污水收费制度在城市中的应用较为成功，在乡村环境卫生保护中也可以应用推广，并配套市场化、专业化的运营机制。

农村的面源污染问题比较突出，是打好环境污染防治攻坚战的重要内容。其中重点包括加强农用地土壤污染治理，实施农药、化肥减量工程，以及对畜禽养殖污染进行综合治理。借鉴浙江省"千村示范、万村整治"工程的经验，可调动政府、农民、市场积极性，带动社会力量参与到促进农村人居环境的改善中。

2. 开展山水林田湖草综合治理工程，保护自然资源和农业资源

随着国土空间用途管控制度的改革，乡村生态保护红线的划定已经被提上了日程，进而优化乡村生产、生活、生态空间。生态保护红线主要是对生态环境脆弱而生态功能重要的区域的保护。随着生态文明建设和乡村振兴力度的加大，生态红线需与乡村空间规划保持一致。比如，这类区域的划定要考虑农村建设、农业开发以及农村生态系统的完整性，并且要考虑乡村空间结构的优化以及生态空间的增加，进而从空间层面保护自然资源和农业资源。

为践行"山水林田湖草生命共同体"的价值理念，我国未来将加大山水林田湖草自然资源的统筹修复力度，更关注生态系统服务功能，从过去单一要素保护转化为多要素系统性保护。我国大部分的自然资源处于广大

的农村地区，因此，乡村是开展山水林田湖草保护修复工程的主要区域。2020 年《全国重要生态系统保护和修复重大工程总体规划（2021—2035年）》出台；同年，自然资源部办公厅、财政部办公厅以及生态环境部办公厅联合印发《山水林田湖草生态保护修复工程指南（试行）》，以指导和规范山水林田湖草生态一体化保护修复工程。文件对自然保护地核心保护区、生态保护红线内的区域以及一般生态空间都给予了说明，更是明确了对涉及乡村的生态系统的保护修复要求。乡村层面的生态修复应结合乡村整治、工矿废弃地治理等，强调维护农田原有生境，保护生物多样性，应将耕地、林地、草地整治与建设用地布局优化结合，提升乡村自然风貌，与自然生态环境融合。

从农业农村角度对自然资源的管理，一个是强调对集体所有的林地、草地和湿地的保护，特别是强调林长制、河湖长制的实行，以及草原森林河流湖泊休养生息制度的推广；另一个是对田园生态系统的保护，需要构建复合、生态的农田林网，加强对农田生态廊道的建设。重点生态功能区的生态环境保护已经提上了日程，特别是长江、黄河等流域，要关注对水资源、水生生态系统以及水生生物多样性的保护。

3. 发展生态经济，实现乡村生态产品价值

乡村的生态振兴也是乡村生态产业、生态经济的振兴。构建生态经济主要有两条路径，分别是产业的生态化和生态的产业化。乡村最大的优势在于其良好的生态环境，而其财富主要来自其特殊的自然资源。乡村的生态产业来自对自然资源特别是生态资源的开发、利用、增值、变现。这也就是生态文明体制改革中强调的"绿水青山就是金山银山"以及生态产品和服务的供给。

依据当地特有的自然资源，立足城乡一体化布局，找准村庄或者乡镇自身定位，探索适宜的生态产业体系。农耕文化、田园风光、村落建筑、风土人情、非物质文化遗产，甚至中草药业、野生动物驯养等都可能成为体现本土化特色的资源。

需要结合乡村特征分类施策，考虑其经济发展水平、区域特征，在生态资源基础上进行开发利用，挖掘其价值，并积极创新发展成新产业、新业态。比如，对于城郊乡村，可定位为城市后花园，主要功能定位为以满足城市需求为主，可以探索短途休闲旅游、农事体验等与城市消费对应的产业模式。而对于有特殊生态资源的乡村，比如自然保护地周边社区，有必要在加强基础设施和公共服务建设的基础上，发展生态旅游和服务业等。当然，我国大部分农村既无特色，也不临近大城市。这类村庄更多强调农业生产的基础能力，推进农业的绿色化，可以尝试借力小城镇建设来发展，比如生态农场、智慧农业等模式，构建完整的产业链，并促进一二三产业的深度融合。

近年来，各地已经有不少较为成功的案例，在发展生态经济、推动生态产品价值实现方面取得了一定的经验。比如浙江丽水提出的"丽水山耕"区域公共品牌，就是为了专门解决山区农业的发展问题。通过系统性的制度设计，政府大力支持品牌建设，带动当地农民积极参与，规避了山区农业散、小、弱的特征。青海三江源国家公园严格生态环境管控制度，配套特许经营制度，规范化了生态旅游、环境教育以及旅游商品、文化产业等，探索了在国家公园这一最严格的保护制度下对优质资源的开发和利用。除此之外，也有不少地区通过制度创新寻找新的发展模式。重庆创新了地票制度，从单一的耕地扩展到了林地、草地等类型，建立了市场化的退建还耕还林还草机制。福建南平发展水美经济，搭建"水生态银行"，引入社会化资本发展涉水产业。宁夏回族自治区银川市贺兰县重视"稻渔空间"，在土地整治、改良盐渍化土壤的基础上，开发了集农业种植、渔业养殖、产品初加工、生态旅游一体化的生态"农工旅"项目，获得了耕地保护、生态改善、产业提质、农民增收等多重效益。这些创新性的制度设计和实践多是以自然资源为基础，在生态文明体制改革的框架下进行的积极探索，未来可以为其他区域的乡村产业发展提供借鉴。

4.运用现代科技手段助力生态建设和绿色产业发展

科技是我国农业的一个显著短板。2021 年农业农村部等 6 部门联合印发的《"十四五"全国农业绿色发展规划》中指出，未来有必要健全绿色技术创新体系，强化农业绿色发展科技动能。在生态建设以及绿色产业中，要积极应用推广现代农业技术。比如，我国提出了力争 2030 年前实现碳达峰、2060 年前实现碳中和的目标，这对乡村振兴也具有同样的约束作用。需要在农业以及农村应用节能低碳技术并推动其产业化，同时重视风能、太阳能等技术的应用；重视土壤固碳和生态碳汇，相关技术的推广和应用。比如大范围推广有机微碳产品在土壤修复、肥料添加剂及饲料添加剂等领域的应用，既能提高土壤有机质含量、增加土壤碳汇，也可实现农畜产品的提质增收。另外，有必要加强绿色农业科技的研发和创新。鼓励农业科研院校进行科技研发、转化，加强农业科技的社会服务体系建设，提升对农业环境污染的防控能力、绿色种植技术水平等，进而助力生态建设和绿色产业发展。

5.完善生态文明相关的法律和制度体系

生态文明建设是乡村生态振兴的重要措施，而生态文明制度是保障生态文明建设成果的关键。未来在乡村层面，有必要进一步完善生态文明相关的法律和制度体系。比如完善生态环境相关的法律法规是保障环境污染治理的基础，类似耕地质量保护、流域水土保持以及污染治理、面源污染治理、土壤污染防治等无一不需要通过立法明确监管和执法标准，需进一步增强和完善法律的可操作性和可执行性。

生态文明体制改革的另外一项重要内容是对自然资源管理体制进行改革，这一点在农村地区尤为重要。特别是土地资源，是农业之本，也是农民之根。完备的自然资源产权制度是保障农业安全的根本，以此为基础的保护、开发和利用才有可能巩固乡村的生态振兴。具体来说，包括深化农村承包地"三权分置"改革、推进农村集体经营性建设用地入市、建立促进区域公平的生态补偿制度、科学规划城乡资源的开发和利用、探索市场化的自然资源交易制度和生态产品价值实现机制等。

另外，乡村的生态治理体系也是生态振兴的重要基础。一是要搭建多元主体参与的共治平台，保障农民的意愿得到表达、权益得到保障、诉求得到回应。构建乡村环境治理的协同机制，推进不同主体在生态保护、监测、建设、监督等方面的共同参与。二是从人才、资金、技术等方面不断提高乡村生态环境治理的保障能力。比如，乡村生态建设工程，需要健全政府资金的投入保障机制；探索市场化、多元化的生态补偿机制，带动更多的社会资本进入生态环境污染治理和保护修复领域；建立农村绿色金融服务体系，鼓励金融支持农业绿色发展。

二、乡村振兴中生物多样性保护与社区发展如何两全——社区参与生物多样性保护利用的两个案例[①]

我国生物多样性资源丰富的地区多为西部少数民族地区。在精准扶贫政策的带动下，这类乡村的贫困状况得以改善，但是和绿色振兴还有较大差距。生物多样性作为重要的战略性资源，未来应得到更多关注并发挥更大的作用。本部分介绍了云南和青海两个通过生物多样性保护实现乡村绿色发展的案例，发现几个共同点，分别是：①重构治理结构，赋权社区；②利用生物多样性（含遗传资源），发展社区；③对社区利益分配方式进行改革，反哺社区。笔者认为，乡村振兴中应重视生物多样性保护利用，鼓励发展应用生物（生物多样性）勘探等技术，以此为契机带动社区绿色发展；构建以社区为主体的保护利用机制，使当地居民成为乡村振兴的核心；系统性配套生物多样性保护利用相关的制度或法律法规，比如利益分配机制、生物遗传资源开发惠益机制等。

---

① 本部分引自王宇飞：《乡村振兴中生物多样性保护与社区发展如何两全？——基于两个社区案例的经验》，《可持续发展经济导刊》2022 年第 11 期。

（一）两个生物多样性保护利用的典型

1.云南省迪庆藏族自治州响古箐合作社通过生物多样性可持续利用受益

响古箐合作社隶属云南迪庆藏族自治州维西县塔城镇，位于白马雪山国家级自然保护区内，是离滇金丝猴核心分布区最近的村庄，共48户。男劳动力全员从事自然保护区巡护工作，但是巡护工资偏低；农活主要由妇女承担，以种植玉米和荞麦等低产作物为主。该地主要的生态环境问题是家畜养殖过度引发了滇金丝猴生境质量下降以及由于滥挖野生药材导致的珍贵植物濒临灭绝。

在这样的背景下，自2015年起，阿拉善SEE西南项目中心与中国科学院昆明植物研究所丽江高山植物园和云南农业大学养蜂技术专家合作，推广濒危药用植物优良品种种植和喜马拉雅蜜蜂养殖，为社区提供了500余个新型活框蜂箱，对居民进行养蜂技术培训，最终居民收益显著高于原来的种植玉米、荞麦和养牲畜的收益。考虑到村民听不懂普通话，先在当地人中培训并选择出了"土专家"，然后由"土专家"服务村民，指导其种植草药，使村民增加了7000~8000元/年的稳定收入。

具体来说，响古箐案例中主要采取了以下几方面的措施。

①建立了生物药材繁育社区基地。多数村民经过培训可以学会3~4种濒危药材种植技术，有效减少了乱采挖野生种苗的情况，减缓了对自然资源的无序利用，并提高了草药的质量。

②建立了"土专家"和"二传手"联合的技术服务制度。村民中的技术能手担任技术"二传手"，一边向专家学习，一边担任村民技术教练，通过技术示范指导村民进行草药种植。村民若对其培训满意则在服务记录上签字，由合作社支付"二传手"技术服务费。

③搭建了社区交流学习互助平台。生态核心区村民自主建设了合作社，组织巡护队和全村村民到周边模范基地观摩学习，形成社区学习机

制，建立了社区技术交流传播网络，形成了跨区域的生物技术（养蜂和草药种植技术）交流平台，使得可持续的生物资源技术变成村民普遍能掌握的公共知识。

④设计了内部技术管理制度和成果共享的分配制度，让村民可以因为参与保护受益，鼓励将科研成果直接运用于本村的生计改善，缓解了保护与发展的矛盾。

⑤加强巡护队及滇金丝猴保护协会的能力建设，提高其巡护能力，为巡护员购买人身意外保险，开展培训，对家庭困难的巡护员予以帮扶，资助其子女完成高等教育。

2.青海省玉树藏族自治州毛庄乡通过社区协议保护生物多样性的实践

青海省玉树藏族自治州毛庄乡位于三江源澜沧江源头，生态系统敏感，生物多样性丰富，但是近些年，由于草原生态系统退化、过度放牧、盗猎等情况多发，该地区生物多样性面临严峻挑战；再加上西部地区经济发展水平较低，生物多样性保护困难重重。在这样的背景下，2014年起，毛庄乡牧民社区在多方参与下，推进生物多样性保护实践的同时探索了生态服务型经济。具体做法如下。

①国家公园、毛庄社区以及全球环境研究所（GEI）签署了社区协议保护机制（Community Conservation Concession Agreement，CCCA），明确了各方在生物多样性保护中的权责利（见图10）。在三江源江西林场保护分区外围创建了社区保护地，以协议保护为参考，赋权给社区，支持社区参与生物多样性保护，扩大了保护面积，以较小的代价减少人类活动对生物多样性和栖息地的破坏。

②在三江源国家公园指导下，牧民以志愿者身份开展巡护工作，并对野生动植物以及水源进行监测；社会组织在培训方面发挥了重要作用，使巡护队的保护能力不断提高。与此同时，GEI还为村民设计了巡护路线，并对生态监测予以指导。充分考虑藏族"圣山圣湖"保护的传统文化知识，设计了针对当地珍稀物种雪豹、棕熊和白唇鹿等的保护行动。

```
┌─────────────────────────────────────────────┐
│           开展社区调研和可行性分析              │
│    了解社区生物多样性管理和社会治理的基本情况    │
└─────────────────────────────────────────────┘
                      │
                      ▼
┌─────────────────────────────────────────────┐
│               开展社区动员                     │
│   通过社区会议的形式达成社区共识，获得居民认可   │
└─────────────────────────────────────────────┘
                      │
                      ▼
┌─────────────────────────────────────────────┐
│             协议保护的谈判与设计               │
│        签订保护协议，界定各方的权责利           │
└─────────────────────────────────────────────┘
                      │
                      ▼
┌─────────────────────────────────────────────┐
│               项目实施                         │
│   按计划履行承诺，实施奖励机制和违约责任追究     │
└─────────────────────────────────────────────┘
                      │
                      ▼
┌─────────────────────────────────────────────┐
│            开展生物多样性监测                   │
│        按计划开展项目监测，并进行效益评估        │
└─────────────────────────────────────────────┘
                      │
                      ▼
┌─────────────────────────────────────────────┐
│            维持项目的可持续性                   │
│   设立保护发展社区基金等，设计反哺保护的机制     │
└─────────────────────────────────────────────┘
```

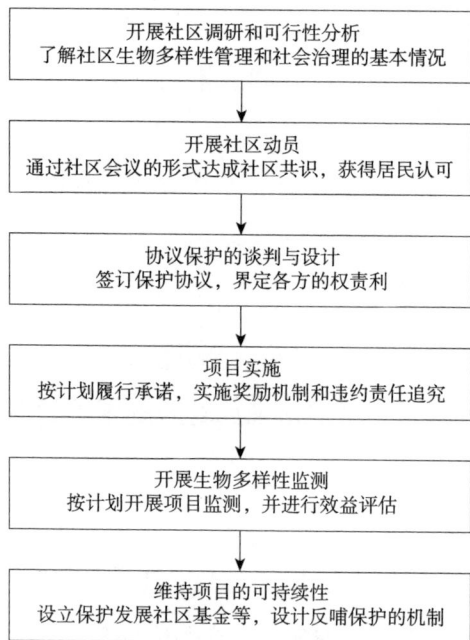

图 10　毛庄社区参与生物多样性保护的具体步骤

资料来源：作者自绘。

③带动社区发展生态服务型经济。社会组织 GEI 引入外部资源支持社区发展藏族传统手工艺品的制作。其中，收入所得的 5% 用于支持社区生物多样性保护。建立了生态旅游与自然体验中心，鼓励牧民从事生态旅游相关活动，比如公民科学、自然教育和文化传播等。

④毛庄社区和 GEI 还建立了三江源首个社区能力建设中心和协议保护基地。面向三江源其他区域和西部地区，开展了社区生态服务型经济发展相关的培训。培训范围涉及青海、四川、新疆等多个西部省区，社区参与生物多样性保护和生态服务型经济得以推广。

经过几年的努力，毛庄周边森林滥伐和盗猎行为基本杜绝，野生动物遇见率提高，协议保护地已经成为国家公园外围重要的生态廊道和屏障；牧民普遍认识到了生物多样性保护的重要性并乐意积极参与。手工艺品帮助户均家庭年收入增加了近 3 倍，甚至远销海外，实现了脱贫，毛庄也成为青海乃至全国的生物多样性保护和脱贫双赢的典范。

云南响古箐合作社和青海毛庄参与生物多样性保护的实践在业内有一定的知名度，两者分别在阿拉善 SEE 和 GEI 两个社会组织的积极推动下，不仅在生态环境保护效果方面有改善，也积极带动了社区的绿色发展。尽管采取的方式不同，但有以下几点共同的核心特征：①赋权社区，通过治理结构的重构，鼓励社区和居民积极参与生物多样性保护；②带动社区，找到社区发展的内在驱动力，利用生物多样性（含遗传资源）或传统文化知识发展社区经济，提供新的经济增长点；③反哺社区，对社区利益分配方式进行改革，提供直接或间接的生态补偿。

（二）生物多样性丰富地区面临的普遍问题

以上两个案例都位于生物和文化多样性丰富的区域，并且都属于西部少数民族地区。这样的情景并非巧合。我国生物多样性富集地区与贫困地区在空间分布上有较大程度的重合，并且多分布在西部少数民族地区。以在生物多样性保护上具有重要意义的自然保护区为例，有 80% 的自然保护区位于西部，约 1/4 位于原国家级贫困县。西部地区更是少数民族聚集区，居住着 40 多个少数民族，这些少数民族往往具有独特的民族文化，高度依赖自然的同时也具有朴素的保护自然的信念和方式。从生物多样性保护与社区发展关系的角度看，一方面，国家多以自然保护地的方式对当地的生物多样性进行了严格的保护；另一方面，这些地区一直在探索适宜自身的发展模式，但是往往力不从心，保护与发展的矛盾较为突出。就地保护是我国最主要的自然资源保护政策，其特征是封闭式、抢救型保护。强势的政府管理体系往往意味着当地社区和居民常处于弱势，具体表现为保护区管理中较少考虑周边社区的权益，并且对当地祖祖辈辈传统的生产生活方式和传统民族文化知识的重视程度不足，虽然这些也包括了很多朴素的尊重自然的思想。精准扶贫虽解决了温饱问题，极大提高了当地基础设施与公共服务水平，但是这与乡村振兴中产业兴旺的要求还有较大差距。这些地区有较强的生态环境保护约束，传统的资源利用方式受到了限制，再加上社会治理能力偏弱等因素，很难建立起可持续发展的生态经济体系。

在响古箐和毛庄等多个案例中，生物多样性作为一种特殊的自然资源被当地开发和利用，转化为经济效益，逐渐帮助当地社区和居民找到了一条适宜自身发展的路径。这无疑给同类地区一些启发，在生态环境受到严格保护的区域，不妨充分利用当地的生物多样性，促成这类区域逐渐实现绿色振兴。

实际上，伴随生物提取物化妆品、中药保健品等消费品市场的快速扩大，近年来生物（生物多样性）勘探技术蓬勃发展。拥有这类技术的企业除集聚在生物技术研发实力较强的超大城市之外，有很多出于接近原料产地的需要而落户在西部地区。并且，今后随着大众对生态产品需求的增加，这类企业如获得更加长足的发展，将给当地社区带来更多的发展机会。

然而，除去传统的"三农"问题本身外，从生物多样性保护利用角度，这类区域目前还存在一些共性问题，是社区发展需要突破的瓶颈。

①多数地区并未充分认识到生物多样性可以作为一项重要的自然资源加以利用。社区对生物多样性保护、利用、收益等基本权利尚不清楚，而法律层面与生物多样性相关的所有权、使用权、经营权等都还较为模糊。

②以生物多样性利用为核心的生物勘探技术近些年来发展迅速，但是反哺作用有限。而《生物多样性公约》和《名古屋议定书》中关于遗传资源提供国的资源获取和惠益分享相关的国际法律更是未在实践中得到充分体现。

③利用少数民族的传统知识和文化信仰本应是保护生物多样性的合理途径，但是各方给予的关注度不够或态度不明确，使之呈现消亡的趋势。管理机构缺少对社区资源规范化管理的引导，也没有给予足够的生态补偿，社区被排除在管理之外，以至于保护和发展矛盾突出，生物多样性受到破坏的情况多有发生。

④地方政府对生物多样性保护利用的认知不足。地方政府的考核中缺

少对生物多样性保护的考量，地区的领导干部考核依然以发展经济、提高GDP为核心。各地出现了生物多样性保护的长期目标和经济发展短期目标难以调和的矛盾，能够积极利用生物多样性，并在此基础上构建较完善的生态产业体系的地区尚为数不多。

（三）几点思考

对西部等生物多样性丰富的地区，乡村振兴中传统的政策措施已经难以满足生态文明建设背景下生物多样性保护利用的需求。近些年来，随着生物勘探技术的发展以及市场对生态产品的推崇，这些区域生物多样性资源禀赋的价值逐渐受到了关注。需要制定以生物多样性保护利用为核心的、鼓励更广泛参与的政策措施，引导这类区域完成从精准扶贫到乡村振兴的过渡。在此提出以下建议。

1. 重视生物多样性的保护利用

生物多样性是一种重要的自然资源，应得到有效的保护和合理的开发利用，并且具有与其他类型自然资源同样的产权权利，包括所有权、使用权、分配权、交易权等。制定区域性生物多样性保护条例，尊重通过民间禁忌、崇拜、村规民约以及传统的资源管理方式所形成的乡土保护管理体系。乡村振兴产业规划中要合理利用当地生物多样性，发展和应用生物提取技术等，鼓励相关产业发展，比如中药保健品产业、化妆品产业等，在乡村振兴重大工程中应有所体现。考虑国际履约中生物多样性的要求，尽早完善遗传资源保护利用相关的法律法规并在乡村振兴相关条例中有所体现，制定生物遗传资源获取与惠益分享管理办法，以法律法规或保护协议等方式保障当地利益，要防止跨国公司的"生物剽窃"现象。

2. 推动以社区为主体的生物多样性保护

在生物多样性丰富的地区，特别是西部地区，可以探索建立以社区为主体的乡村自然保护地，将该类型的保护地建设纳入区域自然资源保护总体规划和管理目标中，保障其与政府主导的自然保护地相协调，并且促进其实现一致的保护对象和管理目标。充分尊重当地居民传统知识和民间自然资源利用管理的习俗，在社区治理中体现生物多样性保护利用的重要性。建立基层管理组织，在普遍征集社区民意的基础上构建社区参与式共管机制，并在村规民约中体现包含生物多样性保护利用的元素，明确保护目标、保护效果与利益相关者之间的权责利。实施以社区为主体的保护措施，设立生态保护岗位，鼓励居民参与监测、巡护等。

3. 系统性配套生物多样性保护利用相关制度

尊重市场经济的规律，积极探索和市场结合的生物多样性利用方式，设计符合社区治理结构、产权制度等的多种利益分配模式，比如"资源入股 + 按劳分配"、特许经营等模式，使得开发商在获益时可以反哺当地社区居民。评估当地生物多样性的经济价值和生态价值，科学制定补偿标准，并配套动态的调整机制。提供更加多样的补偿方式，比如为社区提供专业的技术、网络及培训服务，主要目标是培养社区的自我发展能力，进而推动社区全面融入生物勘探技术产业链。除此之外，有必要系统地建立生物多样性的监测和反馈机制，生物遗传资源生物勘探许可证制度，生物遗传资源开发惠益相关的体制机制，基于社区的生物多样性开发利用的交流机制、决策机制，以社区为主体的多元参与机制，等等。

案例篇

国家公园中的政策创新

一、构建生态补偿机制缓解保护与发展矛盾——三江源国家公园的实践①

生态补偿是自然保护地平衡保护和发展之间关系的重要制度设计。三江源国家公园是中央层面批复的我国第一个国家公园体制试点，在青海省已有生态补偿制度以及三江源生态保护和建设工程基础上，开展了一系列制度创新，形成了有自身特色的生态补偿，其生态保护补偿实践值得加以认真总结和深入探讨。

（一）三江源国家公园生态补偿的实践

三江源国家公园共有人口 6.4 万人，贫困人口 2.4 万人，当地居民以藏族为主。区域内经济发展水平落后，社会发育程度低，基础设施水平和公共服务能力不高。经济结构以传统畜牧业为主，经济发展和生态环境保护的矛盾非常突出。科学合理地构建生态补偿机制成为保护三江源生态以及改善民生的重要抓手。在青海省既往开展生态补偿经验的基础上，三江源国家公园进行了自身的生态补偿实践。

2010 年青海省颁布了《三江源生态补偿机制试行办法》。由于生态补偿范围大、金额少，青海省从生态环境保护与建设、改善农牧民基本生产生活条件和提升基层政府公共服务能力 3 个涉及民生的领域重点推进，设立了草畜平衡补偿、重点生态功能区日常管护、草场资源流转、牧民生产

---

① 本部分引自王宇飞：《国家公园生态补偿的实践探索与改进建议——以三江源国家公园体制试点为例》，《国土资源情报》2020 年第 7 期。

性补贴、农牧民基本生活燃料费补助、农牧民劳动技能培训及劳务输出、农牧区后续产业发展、"1+9+3"教育经费保障机制、异地办学奖补制度和生态环境日常监测经费保障机制等项目。三江源国家公园体制试点成立后，园区所开展的生态补偿继续侧重民生改善，保持了政策的稳定性和连贯性，农牧民认可度较高。

园区对农牧民的直接生态补偿主要包括：①依托国家级重大项目的常规性生态补偿，比如天然林管护补助、退耕还林（草）政策、退牧还草政策、生态移民搬迁安置补助、湿地生态效益试点补偿以及草原生态保护奖励补助等。平均来看，生态保护相关的政策性补助占农牧民总收入的50%以上，牧民增收显著。②根据《三江源国家生态保护综合试验区生态管护员公益岗位设置及管理意见》，农牧民可通过参与对草原、林地、湿地等的管护工作获得岗位补偿金。在原来的草原管护员岗位（6591个）和林地管护公益岗位的基础上（天然林资源保护工程管护公益岗位8353个、重点公益林管护岗位46590个），园区新设立了4405个草原管护员岗位以及963个湿地管护公益岗位。草原与湿地管护员的报酬标准按照《青海省重点生态功能区草原日常管护经费补偿机制实施办法》每人每月1800元执行。政策实施后，农牧民参与生态保护的积极性普遍提高。

三江源国家公园以试点的方式开展了下列体制机制创新探索。

1. 系统性完善生态管护公益岗位的管理

《三江源国家公园体制试点方案》（以下简称《试点方案》）要求实行"户均一岗"（即园区内的牧民每户提供一个公益岗位）制度。随后，《三江源国家公园体制试点生态管护公益岗位机制实施方案》《三江源国家公园生态管护员管护绩效考核实施细则》等陆续出台，推进了山水林田湖草组织化管护、网格化巡护；组建了乡镇管护站、村级管护队和管护小分队，实现了从单一的自然资源的管护向综合性生态管护的转变。完善了岗位考核奖惩和动态管理机制，细化了评估方案，执行"一岗一图一

表一考核"，并实施"管护补助与责任、报酬、绩效相挂钩"的奖罚机制。鼓励各地开展制度创新，如曲麻莱县探索了"五有四组两户"模式。"五有"指县有监督员、乡有指导员、村有管护大队长、社有管护中队长、组有管护小队长；"四组"指各村组建党员生态管护组、民兵生态管护组、妇女生态管护组和僧尼生态管护组；"两户"指在每个村设立两家"党员生态中心户"。

2. 设立了"人兽冲突保险基金"，探索野生动物保护长效机制

在《青海省实施〈中华人民共和国野生动物保护法〉办法》和《青海省重点保护陆生野生动物造成人身财产损失补偿办法》的基础上，《试点方案》提出侧重在长江源（可可西里）、澜沧江源园区开展野生动物伤害补偿制度以及在黄河源园区开展野生动物保护补偿制度。实践层面，"人兽冲突保险基金"的形式获得了政府和牧民的认可。社会组织山水自然保护中心和地方政府合作在玉树州杂多县昂赛乡年都村以"人兽冲突保险基金"试点的形式对野熊、雪豹的侵害给农牧民赔偿。双方同农牧民共同出资设立赔偿基金，一期总额为20万元。村委会设有资金管理使用委员会，下设由村民组成的审核小组并且设定了规范化的程序。

3. 结合精准扶贫，发展畜牧业合作社

《三江源国家公园生态管护员公益岗位管理办法（试行）》提出了"消除贫困、修复生态、保护环境、产业致富、改善民生、人地和谐"的生态扶贫措施。园区结合精准扶贫政策，对已建档立卡的贫困户新设生态管护公益岗位7421个，探索"生态扶贫"的新模式。

国家公园鼓励发展生态畜牧业合作社，因村因户开展发展扶贫产业工作。三江源国家公园统筹财政专项、行业扶贫、地方配套、金融信贷资金、社会帮扶和各地对口支援青海的资金，形成了"六位一体"的投入保障机制；将草场承包经营逐步转向特许经营，推进生态畜牧业、高端畜牧业等绿色产业发展；尝试开展藏药产业、有机畜牧业以及生态旅游等新型产业项目，鼓励农牧民以入股、合作等方式参与经营，拓展农畜产品销售

途径，打造区域性产品品牌。

（二）三江源国家公园在生态补偿中存在的突出问题

三江源国家公园体制试点在开展生态补偿工作中遇到了以下较为突出的问题，这些问题对我国其他自然保护地来说也具有一定的代表性。

1.缺少系统性的制度设计和法律保障

三江源国家公园体制试点在开展生态补偿工作时遇到的首要问题是缺少系统性的制度设计和法律保障，既缺少对各利益相关主体的权利、义务、责任的权威界定，补偿的目标、方式、标准等也有待细化。以生态公益岗来说，其选择标准、设计原则、绩效考核以及监测评价等有待科学化。比如和精准扶贫结合后，生态管护员没有按"保护成效优先"的原则和标准来筛选，而是以"贫困户优先"作为选择标准。法律方面，国家层面关于生态补偿的法律法规较为分散，缺少系统性，并没有专门针对生态补偿的法律法规，更不用说专门针对国家公园的法律保障。在没有强制约束的条件下，制度实施难度较大，尤其是流域横向生态补偿，多是通过上下游协商的方式，处于长江和黄河补偿链条上游的三江源尤为被动。

2.补偿标准和区域的生态服务价值不匹配

三江源并没有因为生态价值高而在常规生态补偿项目上获得来自中央财政更高的补偿资金，全国各个牧区对草原生态保护奖补激励机制标准完全一致。另外，青海国有公益林大多分布在江河源头、江河两岸区域及自然保护区和重要湿地等，是维持水源地生态效益的主体，但是补偿标准低于集体公益林，影响了管护的积极性和效果。而且，生态补偿多集中在森林、草原等领域，湿地、流域生态补偿刚刚起步，也需要相应的资金支持。目前生态公益岗位补助补偿金额偏低、覆盖率不够，只能解决部分群众的基本生计问题，在基础设施建设和基础公共服务等间接补偿方面的资金缺口较大。

3. 补偿以中央财政为主，没有形成多元化的机制

三江源生态补偿有中央财政下达的国家重点生态功能区转移支付、支持藏区发展专项资金及其他专项资金、社会捐赠资金等多种资金渠道，从金额上看，以中央专项财政转移支付为主，社会和市场力量参与不足。生态补偿主要依靠退耕还林还草、退牧还草、生态公益林补偿和天然林资源保护补偿等政策，水资源、荒漠、矿区、生物多样性、矿权退出等方面的补偿政策大多刚刚启动或尚未启动。近些年我国加大了对三江源地区生态保护修复的力度，涉及多项重大工程设施。但总体上看，资金来源渠道单一，基本上依赖于中央与省两级财政的投入，既难以满足保护的资金需求，也缺乏可持续性。

（三）相关建议

1. 加强国家公园生态补偿基础理论研究

我国的生态补偿已经有一定的学术和实践基础，但其内涵、外延等并不清晰，方法论还未完全确立。其中最核心的几个问题，如生态补偿的主体和客体、补偿的标准和资金来源以及生态补偿的机制和模式等尚未形成共识。国外生态补偿强调"生态服务付费"，但是我国目前市场经济还不够发达，生态补偿有较强的行政色彩，除去市场化交易的模式，还包括生态工程等。生态补偿的原理非常复杂，学科之间差异巨大，学者的理解也不尽相同，并且近些年来研究过于关注学术层面的评估技术，制度的顶层设计和执行都不甚理想。而国家公园作为自然资源独立的登记单元，有一定的特殊性，其生态补偿制度的研究也是刚刚起步，既要统筹山水林田湖草的差异化的资源特征，又要考虑国家公园的生态功能、自然资源权属、全民公益性等多种因素。建议将国家公园作为单独的补偿类别进行研究，明确补偿的原则、对象、标准、来源、方式、年限、权责利划分等，并制定国家公园生态补偿办法。从实践角度，总结三江源、钱江源等区域在生态公益岗、"人兽冲突保险基金"、地役权等方面取得的经验，探索自上而

下和自下而上相结合的模式。

2.拓展资金渠道，探索多样化的生态补偿方式

三江源国家公园在生态补偿资金的来源与使用方式上具有代表性，即以中央财政转移支付和财政补贴为主要资金来源，以地方政府为资金的使用或分配主体，具体方式包括以森林、草原、湿地、流域、水资源、海洋等自然资源或重点生态功能区为载体向各地提供专项资金补助，或是由地方政府直接组织实施重大生态保护和建设工程。考虑到生态功能的价值，国家公园需要获得更多常态化、长效化的国家政策和资金支持，可以通过专项资金或者提高补偿系数的方式，提高补偿金额，扩大补偿范围。

在中央财力有限的情况下，国家公园必须借助体制机制创新，拓展补偿资金的渠道、提高生态补偿的可持续性。各国家公园要结合自身情况，系统性研究适宜自身的生态补偿方案。具体到三江源国家公园体制试点，建议探索建立生态补偿资金募集平台，利用国家公园的国际认可度，吸纳更多的国际资金或资源用于支持保护和发展；研究将绿色贷款、绿色债券、生态彩票等市场运作、社会参与的资本引导到生态补偿资金池中，促进补偿模式从"输血式"转向"造血式"；积极探索水权和草原碳汇交易试点以及流域水资源保护基金制度；尽早开展与长江经济带发展和黄河高质量发展战略下的生态补偿机制的对接，研究与下游各省区之间建立资金补偿、生态扶贫等多种类型的补偿方式。直接补偿和间接补偿结合，鼓励社会组织、企业、科研机构、公众等以协议保护、项目帮扶、平台搭建、志愿者服务等形式参与到生态补偿机制中来。鼓励补偿模式创新，比如探索依托信息化、情景化的大众公益筹资募资模式，充分利用"互联网＋公益慈善"，借助"蚂蚁森林"、运动捐步、滴滴行者等项目，促进全社会共同建设、保护和治理国家公园。

3.发展生态产业并保障社区参与

生态补偿是生态产品价值实现的重要方式之一，而生态产品价值较高的地区一般与欠发达农村地区在空间上重合。因此，现阶段我国开展生态补偿工作要与支持欠发达农村地区发展有机结合。一方面，要通过地方政府的规划、项目设计，整体提高自然保护地范围内社区的基础设施和公共服务水平，缩小保护区和其他区域之间的差距。另一方面，要积极探索造血式的发展模式，使当地居民因保护生态获得更大的利益。以国家公园为例，要最大程度利用好品牌优势，带动生态产业的发展。比如三江源可以重点发展生态农业、畜牧业、手工业和生态旅游业，探索全产业链发展模式，制定反映生态环境友好、社区友好（反哺社区、当地居民优先就业）、传统文化友好等方面的标准。

另外，从价值层面看，生态补偿是公平和效益平衡的体现，蕴含着要充分尊重当地居民文化的环境伦理学。首先，国内外多个案例说明社区的充分参与有利于正向促进保护，忽视社区往往会激化矛盾。其次，现阶段正值我国保护地体系大调整，需要在主体多元化、利益矛盾和冲突凸显的背景下，通过制度设计，充分保障生态服务提供的主体—社区居民的权利，鼓励其积极参与国家公园建设，要设计讨论、磋商、谈判等机制，通过社区保护协议、特许经营等给予当地居民间接的生态补偿，避免由于自然资源产权制度和物权缺少法律保障等因素对社区居民利益造成损害。

二、钱江源国家公园的保护地役权——生态补偿的新机制[①]

以国家公园为代表的自然保护地普遍存在两个突出的共性问题：一个是如何对自然资源展开科学的管理和保护，另一个是如何平衡社区发展和保护之间的关系。《建立国家公园体制总体方案》指出了解决问题的方向：于前者，提出了通过体制机制改革对自然生态系统实施"统一、规范、高效"的管理；于后者，要构建社区协调发展制度，通过社区共管和生态保护补偿机制，鼓励社区参与保护。但是从实践看，两者之间存在较为突出

---

① 本部分引自王宇飞、苏红巧、赵鑫蕊等：《基于保护地役权的自然保护地适应性管理方法探讨：以钱江源国家公园体制试点区为例》，《生物多样性》2019 年第 1 期。

的矛盾，特别是对于南方地区，大部分保护地的土地权属为集体所有，这就导致了自然资源的保护和利用之间的矛盾难以调和。这主要是因为我国早期的自然保护区建区方针是"早划多划、先划后建"，许多农田、牧场以及集体山林等被划入保护区，甚至许多自然保护区的核心区内也有居民分布。我国自然保护区建设水平参差不齐，部分自然保护区功能区划和空间管制考虑不周，土地权属制度管制不力，加上缺乏必要的政策和法规加以规范等原因，保护与发展的矛盾较为突出。能否得到当地居民的支持直接关系到自然保护区管理的成败。在国家公园体制试点中，或多或少存在上述问题，在"最严格保护"的要求下，多个国家公园都在考虑采取生态移民的方式。但是，这样的成本较高、较难获得民意支持，并且容易破坏长久以来形成的人与自然的和谐共生关系。因此，集体土地占比较高的国家公园对保护地役权的构建有极大的需求。

钱江源基于细化保护需求的地役权制度可以有效解决生态系统尺度和景观尺度上连续的土地资源因权属不一致造成的破碎化问题，统筹解决社区发展和生态保护之间的矛盾，减少由于必要的建设行为带来的负面影响。该制度在我国南方集体林占比较高的自然保护地具有广泛的适用性，是钱江源国家公园体制试点在自然资源统一管理和生态补偿方面的一项制度创新，对其他自然保护地有一定的借鉴意义。

（一）钱江源国家公园的基本情况

钱江源国家公园体制试点区包括古田山国家级自然保护区、钱江源国家森林公园、钱江源省级风景名胜区，以及上述自然保护地连接地带涉及的开化县苏庄、长虹、何田、齐溪4个乡镇，试点区面积378240亩。截至2018年，有生态公益林面积274288亩，其中，国有生态公益林面积77160亩，集体生态公益林面积197128亩。古田山国家级自然保护区范围内集体林租赁面积95052亩，按集体林租赁政策补偿；其余部分生态公益林179236亩，按生态公益林补偿政策补偿。试点区土地资源使用权权属关系复杂，涉及国家、村集体经济组织和农户承包关系。

根据《钱江源国家公园体制试点区总体规划（2016—2025）》，钱江源国家公园体制试点区内保护对象主要分为两类：一类是保护低海拔亚热带常绿阔叶林生态系统以及相应的物种和水源地；另一类是保护本土文化，比如村规民约、农事节庆等。影响生态系统保护的主要因素是当地由于修路等造成的栖息地碎片化。对于这类区域应当以核心地带森林生态系统的结构和功能为参照，通过封山育林或采取适当的人工措施，促进森林生态系统的演替。

国家发展改革委关于《钱江源国家公园体制试点区试点实施方案》的复函明确：试点工作要坚持改革思维，贯彻创新理念……鼓励社会参与，实现运营管理模式创新；要充分发挥浙江省体制机制创新优势，探索在我国东部人口密集、集体林地比重较大的地区，通过国家公园体制建设实现重要自然生态系统保育修复、生态保护和可持续发展互促共赢的新模式。可以认为，国家对钱江源国家公园在体制机制方面的创新要求包括：一是解决自然保护地多头管理、人为分割的碎片化问题；二是率先探索生态保护与利用相协调的绿色发展模式。《钱江源国家公园体制试点区试点实施方案》要求：对试点区集体所有土地及其附属资源，通过协议、股份合作等方式实现使用权流转，明确用途管制。钱江源的探索将对全国经济较发达地区协调经济发展与生态环境保护之间的关系起到重要示范和引导作用。

试点区体制改革过程中，以往使用的土地征收、租赁和搬迁等方法，不但会造成政府高额的财政负担、当地居民抗拒搬迁、土地资源闲置等一系列问题，还有可能导致保护对象生存环境恶化的危险。除此之外，也有可能失去这一地区居民长久发展形成的生态保护的传统文化。例如，试点区内的居民有着与自然共生的生活方式，保存着自古流传下来的"封山、放生河、禁采矿"的历史传统。另外，目前，整个试点区内空心化严重，大部分为60岁以上的留守老人。高山上的农田已经基本荒废，社区居民的农耕范围仅局限在自家房前屋后。而且，不同区域范围内保护意识有所差别，保护行为有所不同：古田山保护区已经有很久的保护历史，周边村民都有很高的保护意识，而其他最近被划入国家公园范围内的村落，保护意识较差。

除此之外，钱江源国家公园还有一些其他特点，也是地役权实施的重要基础。一是自 2004 年起试点区内的古田山自然保护区先后建立了常绿阔叶林监测的样地和覆盖整个自然保护区的网格化红外相机监测网络，是中国森林生物多样性监测网络的重要组成部分。国内外以古田山为研究对象的论文已有上百篇，为核心保护对象的确定和保护目标的设定提供了扎实的研究基础。二是试点区所处的浙江省在体制创新方面走在前列。三是试点区所在地区的各级政府和社区居民延续了历史上的生态环境保护传统，具有较强的环境保护意识。

（二）钱江源保护地役权的制度设计和实践

在钱江源国家公园的制度设计中，借鉴国际经验的保护地役权制度是根据中国国家公园体制建立的问题导向和目标导向提出的。问题导向主要指能应对当前生态系统和生物多样性保护工作存在的客观问题，比如人为干扰造成的物种栖息地破坏、生态系统服务功能下降等；目标导向指体制机制设计要符合《关于健全生态保护补偿机制的意见》和《建立国家公园体制总体方案》的要求。

与国际经验不同的是，钱江源国家公园保护地役权制度中增加了一些创新性的成分。研究的基本假设是，适度的人为干扰可以对生态系统产生良性的扰动，使其更具有活力，提高其服务能力。这种人为干扰除了专业的国家公园管护人员，更鼓励生态资源的所有者，即当地社区居民来完成。研究认为，保护地役权的核心在于以激励机制来调节人地矛盾，其关键在于对生态系统的有效管理以及对当地社区的适度管控，并通过相关的制度设计引导两者之间形成互促。针对生态系统的科学管控，研究认为适应性管理是当下和未来重要的一种人为干扰措施；针对社会体系来说，需要对拥有土地的居民以及其所在的社区的基本情况进行了解，并掌握其利益诉求。

因此，以适应性管理为核心的生态系统科学管控的理论和对社区利益诉求的调查是制度设计的基础。制度设计需紧扣保护目标，平衡保护需求，形成适应性管理办法，并制定有针对性的、精细化的补偿测算方法和市场化、多元化的生态补偿方式，为建立高效的资金机制、化解社区冲突、实现保护工作的合理统筹与部署提供完善、科学、规范的参考依据，最终推动形成"共抓大保护"的合力。

1. 自然生态系统管理作为科学基础

作为精细化管理的一种，适应性管理框架是一种基于学习决策的资源管理框架，主要包括界定问题、编制方案、执行方案、检测、评估结果和改进管理。针对上述问题，笔者对该框架进行总结（见图11），作为保护地役权的管理基础。其中，保护需求的细化以及正负行为清单的制定，要遵循保护生物学的基本原则和方法，比如珍稀濒危物种优先保护、就地保护原则等。

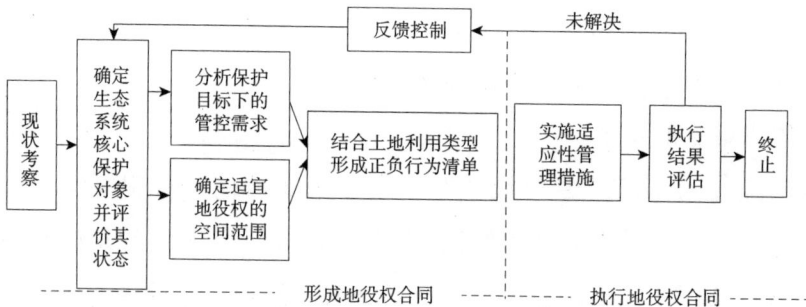

图11　以地役权制度为基础的适应性管理框架

资料来源：作者自绘。

2. 国家层面的要求作为生态补偿的指南

2016年国务院办公厅颁发的《关于健全生态保护补偿机制的意见》提出要建立生态环境损害赔偿、生态产品市场交易与生态保护补偿协同推进的生态环境保护新机制。结合"构建市场化、多元化的生态补偿机制",以及"构建社区发展协调制度"的要求,我国保护地役权制度及实施方案的设计思路如图 12 所示,即要鼓励多元参与,构建利益共同体,进而形成保护合力。

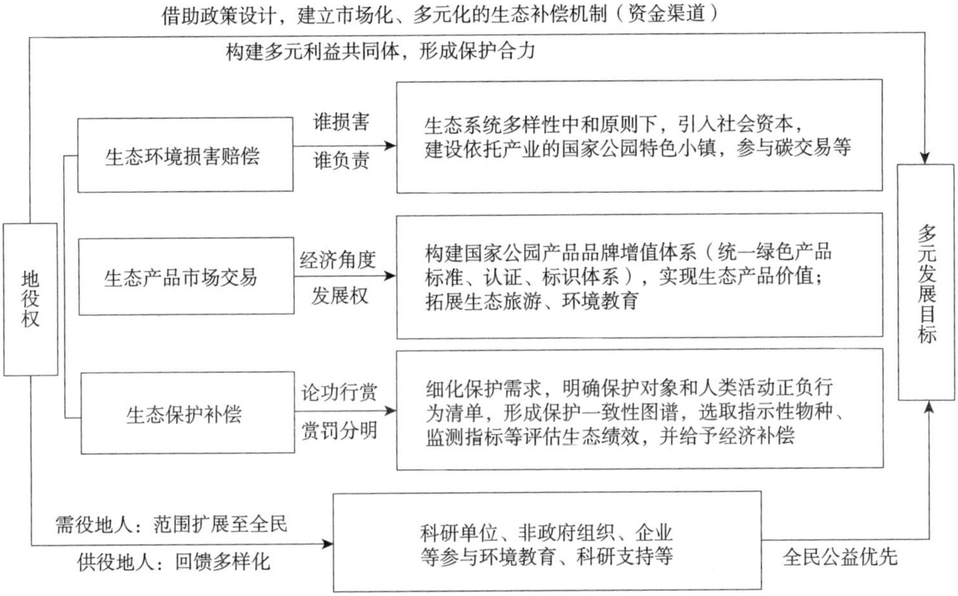

图12 结合我国实际的保护地役权制度及实施方案的设计思路
资料来源:作者自绘。

3. 当地居民的基本情况和利益诉求

社区调研是制度设计的基础。调研发现,社区人口老龄化、村庄空心化问题严重,户籍人口多但常住人口少,并且常住人口以老年人、哺乳期妇女和儿童为主。当地居民对国家公园的利益诉求如表 8 所示。不同人群的补偿诉求不尽相同,尤其是间接补偿的形式需求差异明显。如老人主要希望养老和医疗的基础设施和服务水平有所提高,有劳动能力的青壮年更偏好技能培训和就业机会,孩子能接受良好的教育则是一个家庭的重要诉求。

表8 当地居民对国家公园的利益诉求

	公益服务	社会福利	补贴	生计带动
诉求	免费参与国家公园活动、参观博物馆等科教场所，优先享受环境教育	老人、残疾人补贴，安装有线、宽带，改善生产生活基础设施（垃圾处理、污水处理、修路等），提高医疗、教育等公共服务水平	液化气、粮油补贴、景区开发补贴、生态公益林补贴、基本农田补贴、地役权限制和鼓励行为补贴	茶叶、油茶等国家公园品牌产品，农业技术培训，保护地建设，森林资源利用，生态旅游发展等

资料来源：作者根据调研结果整理。

4. 地役权的制度设计

由于适应性管理以及生态补偿制度都涉及多方利益，为保障相关目标的实现，有必要进行科学的制度设计，一方面使管理科学化、规范化，另一方面更多地调动社区参与保护的积极性，最终促进保护一致性的实现，减少沟通、协商等成本。

（1）设计适应性管理框架

适应性管理主要包括：细化保护需求，确定适宜地役权实施范围，制定正负行为清单以及确定监测方法。

①细化保护需求。

主要的操作步骤包括：明确核心保护对象（通常包括主要的生态系统、重要保护物种及其栖息地和水源地等），对其状态进行评价（重要区域细化到林斑尺度）后给出保护目标，分析保护目标对土地利用方式和管理模式的需求。具体到钱江源国家公园，调研发现钱江源国家公园面临的主要问题是近年来道路修建、经济林种植等人类活动带来的生境破碎化问题，严重干扰了森林生态系统服务功能的发挥。根据区域内生态系统和生物多样性的监测基础和本底调查情况（森林二类调查等），确定了以低海拔中亚热带常绿阔叶林生态系统、国家重点保护动植物以及相应的物种栖息地和水源地为主的保护对象，并以重要保护动物的栖息活动范围不缩小为保护目标。

②确定适宜地役权实施范围。

重点关注集体所有的土地和重点保护对象有重叠的区域。对于亚热带常绿阔叶林生态系统，实施就地保护，明确有利于森林生态系统正向演替的管控措施，并在此区域重点布点、展开监测和管制。对于重点保护的动物，结合其栖息范围和活动规律，在土地确权的基础上，绘制适宜地役权实施的空间范围，同时确定当地居民参与的方式。最后，综合多种因素筛选出跨界村——浙江省开化县长虹乡霞川村作为试点展开工作，建议成功后进一步推广。

③制定正负行为清单。

明确当地居民禁止、限制和鼓励行为清单，形成一套空间上的正负行为准则，结合土地类型的差异及其对应的居民行为差异（见图13），形成当地居民正负行为清单（见表9）。

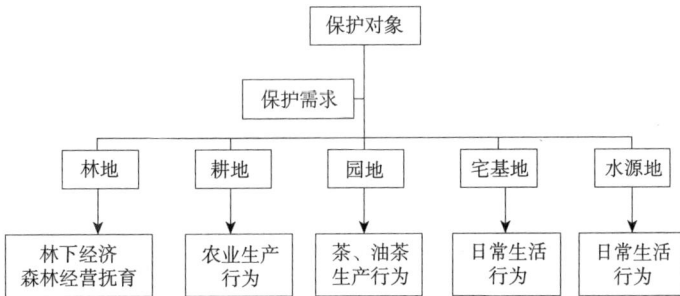

图13 基于土地利用类型的居民行为划分

资料来源：作者自绘。

表9 当地居民正负行为清单（耕地部分）

类型	正负	具体行为	参与方式
环境本底、水源地和生态系统服务	禁止	禁止使用未经批准的化肥、农药、除草剂	个人
		禁止使用未经发酵处理的人畜粪便作为肥料	个人
		禁止秸秆焚烧	个人
	鼓励	合理套种，合理密植	个人/集体
		立体农业	个人
物种、种群、群落和生态系统	禁止	禁止驱赶、捕捉进入耕地的野生动物	个人
		禁止以围栏等形式隔离耕地和自然环境	个人
	鼓励	以本地植物，形成天然的隔离林带	集体/个人

续表

类型	正负	具体行为	参与方式
文化遗产等原真性	鼓励	保留传统农耕行为	个人
		适度发展耕地景观、生态旅游和环境教育	集体

资料来源：作者自制。

④确定监测方法。

在文献查阅基础上，参考《森林生态系统生物多样性监测与评估规范》，经专家论证后确定对主要保护对象的监测方法（选取有代表性的白颈长尾雉和黑麂为指示性物种），如表10所示。

表10　钱江源国家公园针对主要保护对象的监测方法

分类	监测指标	周期
野生植物	无人机监测各种植被类型面积的变化	每半年一次
	无人机监测各种植被类型高度的变化	
野生动物	物种相对多度指数（RAI）	每半年一次
资源利用	是否有盗猎等非法买卖行为：社区访谈、集市监测等	每月一次
水源	水质断面自动监测：pH值、电导率、总磷、溶解氧、浊度、高锰酸盐指数、氨氮等	每天一次

资料来源：作者自制。

（2）设计生态补偿方案，形成地役权合同

以适应性管理为基础，结合我国生态补偿的政策约束，形成地役权合同，具体包括以下3方面内容：

①制定保护效果的评价方法和直接补偿标准。

为防止传统生态补偿政策实施过程中"一刀切"的现象，有必要对当地居民参与保护（适应性管理的重要组成部分）的生态绩效进行评价，并以此为基础给予直接经济补偿。地役权保护效果的评价包括3个方面，分别是：村民正负行为的遵守情况、客观监测指标的改善情况（较长期客观效果的监测，需要专业科研团队的支持，并且赋予其在重大项目和政策执行方面的一票否决权）及其他能力建设要求（比如制度建设等）。运用风险控制理论和生态足迹理论，结合当地居民生产、生活行为的频率和这些行为对生态系统的影响，参照东部地区物价水平和地方政府财政承受力，参考经济学中的机会成本法和最小受偿意愿法等，本着"论功行赏、赏罚分明"的原则，对正负行为的价值进行量化，以此为基础制定差异化的、针对日常生产生活行为管控的生态补偿标准。

从操作角度看，考虑当前我国农村社会的治理结构，基于调研和其他地区保护地经验，如浙江杭州良渚文化遗址生态补偿的成功经验，执行地役权保护效果评价并发放补偿的操作思路如下：由国家公园和集体签订保护协议，并明确监管方法；村集体同居民签订协议，由各村自行决定地役权补偿资金的用途、分配比例，实现村民自治；经国家公园管理机构全程监督认可并获第三方定期评估考核确认，各村保质保量完成协议区域内的保护任务后，向村集体发放补偿金。

直接补偿根据评价体系打分（见表11），按最后所得分值和补偿基数计算。

表 11　钱江源国家公园地役权实施评价体系（满分100分）

评价内容	评价主体	权重	评价周期	评价目标
社区个人正负行为	集体对个人评估	30%	每年评价一次	地役权正负行为约束的效果评价
社区集体正负行为	国家公园管理机构对社区集体评估	20%	每年评价一次	
常规检测指标评价	第三方评估	30%	每年评价一次	生态保护效果的评估
社区能力建设	第三方评估	20%	每年评价一次	对社区能力建设效果的评估

资料来源：作者自制。

其中，补偿基数主要根据居民的收入水平、地方政府财政承受能力和融资情况决定。对于具体某一个村的基准补偿，则根据各行政村（社区）人口、面积、生态敏感度等因素通过协商确定，补偿基数不包括日常管理运营费。

当地居民正负行为很难用直接的经济价值匡算，可以参考正负行为的频率和影响力来确定具体的补偿金额。对于关键的负面行为一票否决，对于其他行为，补偿基数确定后，由村委会对村民进行打分考核。

补偿分为直接补偿和间接补偿，直接补偿主要针对地役权执行的效果评价；间接补偿包括生态岗位、基础设施改善、国家公园品牌的特许经营获利等，由国家公园和村委会协商制定单独补偿方案。

$$直接补偿金额 = 补偿基数 × （总计分 /100） \qquad （式1）$$

②形成地役权合同。

地役权合同包括保护目标、监测方法、考核方法、供役地人、需役地人、供役地范围、期限以及供役地人与需役地人的权利和义务等。地役权合同的签订主要由乡镇政府或国家公园管委会推动，有必要建立体现生态文明要求的地役权体制推行的考核目标体系、考核办法、奖惩机制。

③引入社会力量参与地役权的间接补偿。

各类社会力量（包括营利和非营利）的引入是间接补偿的重要环节。营利组织主要参与构建国家公园产品品牌增值体系（品牌增值体系包括产品和产业发展指导体系、产品质量标准体系、产品认证体系和品牌管理推广体系）。利用该体系将资源环境的优势转化为产品品质的优势，并通过品牌平台固化，最终体现为价格优势，在保护地友好和社区友好的约束下实现单位产品价值的提升。以特许经营的形式，激励当地居民参与保护，鼓励地方龙头企业参与，培养可持续的产业，将保护和品牌结合，最终惠及社区。钱江源国家公园品牌增值体系的既包括开发已经有扶持基础但缺少品牌效应的茶叶、油茶等产品，也包括民宿。通过引入绿色融资，融入生态系统补偿的原则，建设国家公园特色小镇，构建品牌增值体系，最终实现第一产业和第三产业的融合。

非营利组织在此过程中也可以积极发挥作用。与其他国家公园试点不同，钱江源面临较为突出的跨行政区管理问题，即要考虑同周边江西婺源的协同保护。尽管两地民间已经在生态保护方面达成共识，但是两地的行政管理水平差别较大，比如浙江对公益林的生态补偿远高于江西。考虑到跨省管理的难度，在钱江源保护地役权制度设计中应鼓励非营利组织参与其中，即由非营利组织作为地役权合同的签订方。这样有助于跨界区和国家公园遵循同样科学的管理原则和方法，最终促进生态系统完整性的保护。

（三）政策建议

从使保护地役权的应用成果在更大范围推广的角度出发，本书提出了以下建议：

完善的法律法规和清晰的治理结构是制度执行的保障。建议将钱江源国家公园适应性管理办法作为其专项管理办法之一，纳入《钱江源国家公园管理条例》。就如何开展适应性管理提出具体要求并明确操作步骤，将社区参与以地役权的形式体现。同时对地役权的执行专门出台地方性法规，解决保护地役权法律法规缺失的问题。带动绿色发展的国家公园产品品牌增值体系要借助《国家公园产品品牌管理办法》和《商业特许经营管理条例》，要以特许经营合同的形式，明确企业需要吸纳的当地居民的具体比例或人数（优先保障核心区和生态保育区的居民）。通过当地居民接受培训后获得的生态公益岗位的方式，社区参与感和获得感普遍较高；而对于企业参与国家公园建设要遵循生物多样性"零净损失"的原则，以减少对生态环境的影响。

另外，地役权要服务于国家公园统一、规范的科学管理决策，涉及国家公园管理方、专家学者、专业技术人员和其他的利益相关方（社区、公众、企业、非政府组织和第三方机构等），多元参与治理结构的构建是其基础保障。要充分考虑各利益相关方的诉求，明确地役权涉及的各个利益相关方不同的权责利，特别是不同渠道资金的整合和角色分配，充分协商后，获得社区支持，使得利益共同体得以重构和再平衡，达成一致的管理目标。整个管理需要设计动态调整机制以及反馈机制，并且保持项目执行中的灵活性，保障其可操作性。

（四）评价

2018 年浙江省开化县颁布了《关于印发钱江源国家公园集体林地地役权改革实施方案》，并应用于所有试点区范围内的集体土地。该方案与传统生态补偿的不同之处在于提高了补偿的额度，对公益林的补偿标准从原来的每年约 40 元/亩提升到了 48.2 元/亩（其中，公共管护和管理费用每年 5 元/亩，地役权补偿金 43.2 元/亩）。集体林地地役权改革后，原享有的生态公益林补助政策不再重复享受。该方案的最大优势在于不需要大范围赎买集体土地或进行生态移民，以较低的成本满足了自然资源统一管理的要求，为科学实施适应性管护奠定了基础。笔者在调研中了解到，开化县原本计划将补偿标准提升到每年 60 元/亩，但是迫于有限的财政资金只能适应降低补偿标准。客观来说，这一方案和传统意义的生态补偿无显著差异，仅仅是提高了生态补偿的额度，而且它回避了一些难点问题，比如种植大户承包问题、跨界问题。当然，整体看，钱江源国家公园的地役权改革是有效的，以较低的成本既满足了统一管理的需求，也动员了当地居民积极参与生态保护。

相对实施方案来看，课题的设计有很多显著的优势，比如对不同类型土地设计的差异化的管理办法以及考虑社区绿色发展的多元参与的生态补偿，都反映了国家公园科学化、精细化的管控需求。但是，这种精细化的管控方式并没有在文件中被采纳。其中的主要因素有以下几个方面：①虽然提倡以科学管理为目标，但是适应性管理更多地在学术层面被提及，真正实践中的成功案例相对较少。精细化管控不仅仅意味着较高的管理难度，也往往要求有更加专业的人力配置、更多的管理成本等，这对保护地的管理基础、社区的治理能力、当地农民的教育水平等都有较高要求。②钱江源国家公园并非没有关注提高当地居民的整体福利，它的主要举措是通过规划的特色小镇，发展生态旅游等带动绿色发展，只是没有在政策文本中反映。③从行政管理角度看，对于同样的保护效果，可接受的成本和程序的可操作性往往是政策实施的首要原则。钱江源国家公园尝试实施保护地役权的根本目标就是解决当地居民大规模生态移民的困难，用直接的、成本小的方式如果可以解决，自然没有必要为了精准化管控的需求而采取更多的措施。

钱江源国家公园的具体实践和初始制度设计之间存在一定的落差。结合最近几年各地的实践以及研究者对地役权制度的深入探讨，笔者认为这种落差恰恰体现了制度创新应以解决核心问题为导向的现实需求，在制度设计中应把内容简洁、思路清晰、易于地方操作作为重要的原则加以遵循。

三、探索以社区为主体的生物多样性保护与监测模式①

生物多样性调查监测是制订保护策略和评估保护成效的基础，是生物多样性保护的重要一环。由于生物多样性监测科学性、专业性较强，成本较高，推进调查监测工作困难重重。以社区为主体的监测伴随着"社区共管""社区保护地"等理念的兴起以及在世界各地得以实施，其在肯尼亚、坦桑尼亚等国家有较为成功的应用。社会组织大自然保护协会（The Nature Conservancy，TNC）将该模式引入云南丽江老君山公益保护地，并通过长达 20 年的实践，培育社区参与生物多样性保护和监测，滇金丝猴种群数量从 2004 年的 180 只增长到 2019 年的超过 300 只，保护效果显著。该模式的本质在于将村民自治的潜力予以发掘并扩展用于生态环境保护，适合社区劳动力较为充足的自然保护地。

---

① 本部分参考靳彤、王宇飞、廖灏泓：《探索以社区为主体的生物多样性监测模式——以云南丽江老君山滇金丝猴保护为例》，《生物多样性研究》，2021 年 9 月。

（一）云南丽江老君山以社区为主体的生物多样性保护与监测

云南丽江老君山公益保护地①作为"三江并流"世界自然遗产八大片区之一，分布着大片原始森林，是滇金丝猴、小熊猫等数十种珍稀濒危物种的重要栖息地。区域内居民数量较多，保护和发展的矛盾非常突出。由于资金、人力的缺乏，区域内的生物多样性，尤其是滇金丝猴核心栖息地的保护工作一直难以展开。其中，利苴村与滇金丝猴栖息地的关联最密切。该村经济高度依赖自然资源，人均年纯收入较低，2010年时仅有2013元。过去村子最主要的经济来源是木料砍伐，天然林保护工程实施后，主要收入来源变成了放牧、林下采集和药材种植等。TNC在1999年与云南省人民政府合作开展滇西北保护与发展行动规划时认识到老君山特殊的生态价值、难以持续的资源利用模式以及社区居民生活贫困的客观现实，将其列为5个需要立即采取保护行动的区域之一，并在此推动社区开展了长期的保护监测实践活动。

2001年，TNC在老君山启动了滇金丝猴综合研究与保护项目，与中国科学院动物研究所的研究团队合作，首次为野生滇金丝猴佩戴了GPS卫星颈圈，对猴群的活动位点开展了整个年周期的持续跟踪，摸清了猴群的家域大小、栖息地选择、活动范围和季节性规律。由于不了解当地情况，研究团队聘用了利苴村一名老猎人作为野外向导，帮助团队尽快熟悉野外环境和野生动植物的情况。通过参与研究项目，老猎人学会了野外调查、观察和记录的方法，学会了看地形图并使用GPS，甚至学会了使用照相机和摄像机进行记录。更重要的是，他认识到了保护滇金丝猴的意义，产生了从事滇金丝猴保护的热情，彻底放弃了野外狩猎的谋生方式，被当地林业部门正式聘任为滇金丝猴保护宣传员。2005年后，出于调查监测和加强保

---

① 世界自然保护联盟（IUCN）发布了《社会公益自然保护地定义及评定标准》，对公益保护地有较为明确的定义：有清晰的地理边界和范围；有政府外的其他相关方参与治理；非政府组织在保护地内长期参与保护行动。

护的需要，TNC 出资并引导建立了社区巡护队，由老猎人和利苴村的其他两名村民组成，每个月在山里巡护 20 多天。TNC 联合科学家对老君山的滇金丝猴种群数量进行摸底调查，确定了当时两个猴群的总数量约为 180 只。在掌握了本底信息的基础上，科学家根据 3 名社区巡护员的能力水平，设计了相对简单的巡护监测方法，即沿固定路线寻找猴群活动踪迹，排除盗猎等严重威胁，一旦发现猴群就记录活动位点并跟踪其活动轨迹，在条件允许时对猴群数量进行计数。

2008 年，TNC 又与中国科学院昆明植物研究所合作，以样方调查的方式确定栖息地的植被群落特征，结合遥感手段勾绘出老君山片区的滇金丝猴适宜的栖息地范围。随着社区巡护员监测技能与社区群众对滇金丝猴保护支持力度的提升，为进一步提升巡护监测的科学性与规范性，并尽可能满足护林防火、林政管理、野生动物肇事评估等多重需求，2009 年起在主管部门玉龙纳西族自治县林业局的支持下，巡护队又在利苴村公开招聘和选拔了 7 名巡护员，使社区巡护员扩充到 10 人，巡护范围扩大到老君山所有滇金丝猴适宜栖息地。巡护监测内容在原有仅记录滇金丝猴活动位点和种群动态的基础上，增加了护林防火、林政执法、野生动物肇事、入侵物种、植物的物候变化、人为干扰等内容。随着社区巡护监测方案的不断完善，相关部门共同商讨制定了社区综合巡护监测管理制度，明确了每个社区巡护员的职责要求和工作内容，规定了每月巡护的天数和监测记录表的填写要求，并制定了奖惩机制。2009 年至今，社区巡护队一直维持 6~12 人的规模，一旦有巡护员退出就会重新在利苴村公开招募。其中，TNC 项目团队通过定期总结回顾来发现巡护中的问题，优化监测方法和记录表格，补充必要的巡护监测装备和工具，根据需求设计和开展监测设备使用、野生动物识别、监测记录表格填写等技能培训，逐渐提升社区巡护队员的专业化水平。

2017 年，为了科学评估多年以来的保护成效，TNC 邀请日本京都大学灵长类研究所和大理大学东喜玛拉雅研究院，在老君山合作共建滇金丝猴研究站，启动了为期 3 年的滇金丝猴综合调查评估，围绕滇金丝猴种群、活动范围、栖息地适宜性、物种多样性、人为活动干扰和社区自然资源利用调查等主题开展调查研究并完善了监测体系。在原有以固定样线和猴群跟踪为主的监测方法的基础上，对大中型哺乳动物和雉类通过红外相机进行网格化监测。将老君山划分成 140 多个网格，每个网格内布设一台红外相机，每年收取红外相机照片 3~4 次，实现了滇金丝猴适宜栖息地野生动物监测的全覆盖。为了减少填写纸质监测表格带来的数据录入工作量和录入失误，巡护员开始使用集 GPS 定位、巡护路线导航、巡护任务发布、监测信息录入等功能于一体的巡护手机 App。该系统可以同步网络后台并进行数据统计分析，提高了日常巡护监测数据的质量。TNC 也在开发生物多样性巡护监测体系的标准化方法，搭建滇金丝猴全境栖息地范围的监测数据管理分析平台，以实现监测方法的统一和数据融合。2018 年后，考虑到社区巡护难以满足对大尺度植被监测的需要，科研机构开始采用卫星影像解译和无人机低空航拍监测等手段对老君山两个滇金丝猴群的廊道地带实施监测。系列监测表明，社区生产生活对滇金丝猴栖息地产生的干扰有多种形式，主要可分为盗猎、采集、放牧、其他干扰 4 类，并且这些干扰活动在空间分布上有着不同的特点。以此为依据，研究团队制订了改进方案以指导巡护队员对不同地块进行有针对性的巡查和干扰清除。

2018 年，历经十多年发展的社区巡护队正式注册为丽江市老君山生物多样性保护中心（当地注册的社会组织，不以营利为目的），逐渐成为保护监测的主体。进入新的阶段，TNC 开始带动保护中心组织形式多样的社区保护活动，比如通过滇金丝猴保护主题文化等多种方法让社区居民认识到保护滇金丝猴及其栖息地的重要性。在利苴村建成了老君山滇金丝猴自然教育中心，面向社区和公众开展教育和体验活动，并以此为载体，引进各方力量开展自然教育合作经营。建立了老君山滇金丝猴保护主题的品牌"弥司子 MISIFI"，开展文创产品和民宿试点经营，将蜂蜜等出售给当地的高端酒店，或将农产品、羊毛毡等手工艺品通过网络平台销售，推动发展社区合作社和社会企业，引进多方合作经营，所产生的收益被用于保护监测，成为老君山巡护监测重要的资金来源。

（二）经验与启示

老君山滇金丝猴的社区巡护监测是国内持续时间最长的生态保护项目之一，在探索以社区为主体，政府、科研机构、社会组织、企业、普通公众共同参与，多方协作的模式方面积累了大量的经验（见图14）。近20年来，社会组织不断筹集资金、调动资源、培育社区力量，在未被纳入自然保护区体系、缺乏政府专项资金投入的保护空缺区域，推动了野生珍稀物种和其栖息地的保护。从保护和监测角度，老君山的实践对于自然保护地生物多样性保护和监测模式提供了重要借鉴。

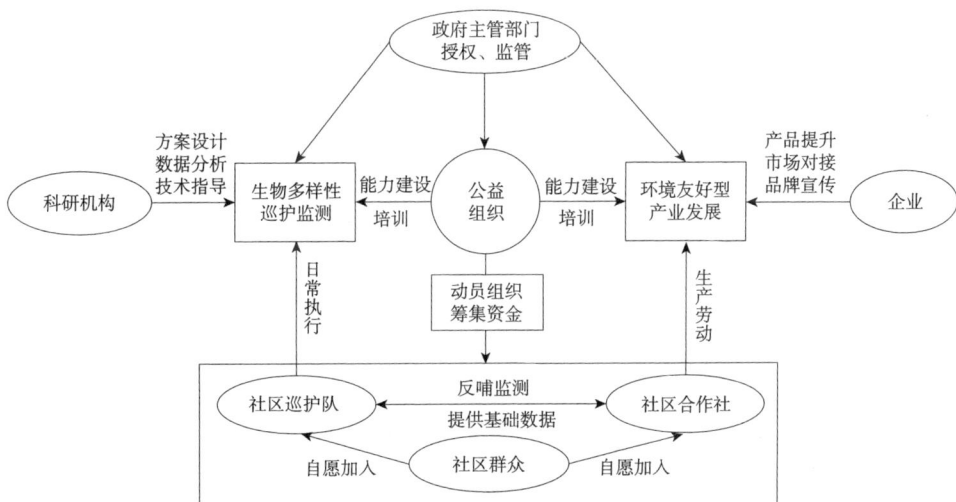

图14　老君山以社区为主体的巡护监测模式示意图
资料来源：作者自绘。

1. 明确社区参与监测的首要目标、意义

首先，社区参与的首要目标是加强管护、消除生物多样性的人为干扰和威胁。需要在科学调查确定保护对象和关键威胁后，根据社区巡护员的兴趣和能力水平设计简单易行的监测指标和监测方法。通过对指标进行分

析和评价，可以快速发现问题，采取相应措施。其次，相对政府管理机构以及科学研究机构开展的生物多样性监测，社区监测具有熟悉当地情况、不间断地随时监测、监测全面、监测成本低等优点，但是社区参与监测最突出的问题在于当地居民缺少监测相关的科学知识，因此专业机构的介入是必不可少的。在社区参与监测过程中，当地居民需要和专业人士一道讨论监测内容、方式和路线等，通过能力建设和监测实践，逐渐成为监测活动的主体和本地生物多样性第一手资料的拥有者。比如监测指标的选取既要实现生物多样性保护，又要尽量和社区发展相关，并最终可以为利益相关方提供保护和评估所需要的信息。又比如由于监测的初衷是通过持续的信息收集，了解物种和生态环境状况随时间变化的趋势，需要具备系统性和持续性，这就要求有长期监测的制度设计和人员配置。

2. 探索多元的筹资渠道并发展社区产业反哺保护

要保障监测的稳定性，必须要有可持续的资金来源。以老君山巡护队近 3 年的运行情况来看，仅仅开展年度巡护和监测的成本就要 35 万元 / 年（主要用于 6 个巡护队员人力成本、监测设备成本和科研机构或专家指导咨询），而为了改善巡护员的野外监测条件需要有更大的投入。由于老君山并不是法定的自然保护区，因此并没有获得来自中央或省里的专项保护资金，其资金主要来自公益组织筹集的生态保护项目经费和社会捐赠。最早是 TNC 滇金丝猴全境保护项目（主要由关键生态合作伙伴基金支持）和云南国家公园示范项目（主要由欧盟生物多样性项目支持）的资金；后续通过具有公募资质的云南省绿色环境发展基金会先后设立了"社区巡护行动""滇金丝猴生态保护"专项基金，借助腾讯公益、淘宝公益等多个互联网公益平台，发起了"滇金丝猴 3000+"等公募项目，广泛向社会筹资；后来又成立了社区合作社，以滇金丝猴为主题，开发环境友好型的生态农产品、传统手工艺品，并探索自然教育，反哺保护。然而，生物多样性保护毕竟是一项公共产品，从更有效率、更大范围的保护角度，建议由政府整合与生物多样性保护相关的多渠道资金，配合以公益组织持续筹集社会资金，向社区购买监测服务。有必要结合社区自身生态优势，逐渐培育并发展环境友好型产业，既能使社区群众增收也可以反哺保护监测。只是如何能更精准连接保护需求以及社区可持续发展还需要长期调查，挖掘适宜的路径。在此过程中，树立保护区品牌以及市场化运作是必不可少的。

3. 需要完善的社区治理体系和社区共管机制

生物多样性巡护监测专业性较强，只有一小部分有能力的社区成员能够参与。但是保护需要社区的集体行动，因此从公共治理角度看，社区监测是一个社区范围不同利益群体的权利共享以及共同决策的过程，需要完善的社区治理体系和社区共管机制。老君山在政府授权监督下，形成了"社区 + 社会组织 + 科研机构"多方协作的巡护监测模式，其本质上是一种多元参与的治理体系。其中，政府部门对巡护队员巡护和部分执法工作进行授权，对区域内各类机构的活动进行监督；社会组织设计保护项目，动员组织社区群众，提供能力培训，筹集社会资金；科研机构进行本底调查，确定监测需求，基于社区能力水平量身定制监测方案，为社区提供持续的技术培训和数据分析；社区巡护队员根据监测方案进行日常巡护监测，记录监测数据，并通过参与技能培训掌握必备的监测技能，最终培育一支自我管理、自我运行的社区本土巡护队伍。另外，社区监测得以持续的根本是社区共管机制，要借助保护协议等赋予居民参与生态监测的权利并使其可以从中获益，能真正将村民自治应用于生态环境保护。最后，社区参与保护监测不能急于求成，可以从社区精英入手，带动其他群众逐渐转变观念，从"要我保护"变成"我要保护"才是以社区为主体的保护监测能够长期稳定持续的根基。

互联网背景下全民参与生态保护的典型案例
——对"蚂蚁森林"项目的思考

公众参与是生态环境治理体系和治理能力现代化的重要标志，但是我国现阶段还普遍存在公众参与意识淡薄、参与动力不足、参与范围不广、参与渠道不畅、参与水平不高等问题。以生态系统和生态多样性保护为目标的生态保护，更是迫切需要调动全民参与。互联网的普及为生态保护提供了公众广泛参与的可能，线上线下项目的融合极大地调动了公众参与的意愿。"蚂蚁森林"就是一项典型的"互联网＋生态环保"项目，提供了一种公民便捷参与生态保护的渠道。未来这类项目还有更大的发展空间，有望成为全民参与生态建设的破局之法。

一、阿拉善SEE和互联网的结合促成了"蚂蚁森林"项目[①]

作为国家重要的生态屏障，内蒙古阿拉善地区集中了我国沙漠中的巴丹吉林、腾格里、乌兰布和三大沙漠，已经成为我国最大的沙尘源地之一，生态修复迫在眉睫。社会组织阿拉善 SEE 在该地区设立了生态工程项目，其目标是在关键生态区域种植一亿棵以梭梭为代表的沙生植物，为该地区增加 200 万亩植被，建设 1.5 万亩的公益治沙示范基地，摸索出一套适宜本土的生态恢复技术方法。在项目实施过程中，阿拉善 SEE 与蚂蚁金服展开合作，以"蚂蚁森林"游戏的模式，搭建的"互联网＋"公众参与公益项目平台，意外形成了渠道较为稳定的筹资模式，获得了各界普遍赞誉。

---

① 本部分引自王宇飞：《关于互联网背景下全民参与生态保护的思考——对"蚂蚁森林"项目的案例分析与启示》，《可持续发展经济导刊》2023 年第 3 期。本部分资料由阿拉善 SEE 提供。

（一）阿拉善SEE长期、就地的生态保护行动

早在 2012 年，阿拉善 SEE 就以当地社区为核心，支持并引导牧民开展梭梭种植项目，以促进生态修复。从 2014 年开始，阿拉善 SEE 重点对苏海图合作社进行培训，鼓励其联合周边农牧民开展促进生态恢复的梭梭种植项目，引导合作社通过能力建设进行自我管理。结合项目特征，阿拉善 SEE 为其设计了配套的管理机制，建立了与投资竞争机制、招标代理、验收拨付、投资决策等相关的制度，并对项目立项、计划安排、资金使用、投资评估、专家参与、竣工验收及后期评估进行全过程监督，确保了工程建设质量。经过几年培育，线下项目逐渐成熟，但是农牧民的收入水平普遍偏低，因此在此基础上，阿拉善 SEE 积极帮助社区发展相关产业。比如利用梭梭培植有药用价值的苁蓉，使农牧民获得额外的收益。基金会企业家会员借助自身影响力，为项目提供智力、资金等支持，推动苁蓉产业朝着规范化、规模化方向发展，反哺生态建设。同时，阿拉善 SEE 还开展了环境教育项目。比如项目团队与台湾自然教育团队开发了"荒漠行动家"等一系列课程，提高了公众对荒漠生态系统和荒漠化问题的认知；通过多种形式的公益活动推动公众参与，如"梭梭春种""重走晓光路，同种晓光林""向下一个百万荒漠出发""穿越贺兰山"等。由于可以获得一定的经济收益，农牧民参与公共事务的积极性也不断提高，逐渐从生态环境破坏的"受害者"变成参与生态保护的"行动者"和生态建设的"受益者"。另外，这类环境教育等宣传活动也吸引了一些公众参与其中。

（二）搭建了依托互联网游戏的公益平台"蚂蚁森林"，促进公众参与

"一亿棵梭梭"项目是阿拉善 SEE 开展的多个项目中的一个典型，积累了较好的口碑和较高的社会知名度。该项目成功的一个重要因素是阿拉善 SEE 与阿里巴巴集团的蚂蚁金服合作，共同搭建了依托支付宝 App 的"蚂蚁森林"游戏平台，借力互联网力量促进了公益活动，构建了较为稳

定的筹资机制。

"蚂蚁森林"项目可以概括为用户通过线上游戏（收能量、种能量）或线下绿色行为（无纸化缴费、网络购票、地铁出行、共享单车、废旧家电回收等）积累的绿色能量被存入个人账户后用以供养虚拟树，最终由阿拉善 SEE 负责在线下种植一棵真树。支付宝用户通过手机实现线上种树，借助线上地图，欣赏线下保护成果。除去梭梭外，树种类型也陆续拓展到了沙棘、沙柳、花棒、樟子松等。此外还增加了自然保护地模式，比如洋湖自然保护地、清水河保护地等。

"蚂蚁森林"项目强调公民低碳行为对碳排放的影响，其算法由北京绿色交易所和大自然保护协会按照碳汇方法学研发（见图15）。一棵梭梭可以吸收 17.9 千克二氧化碳，个人用户需要通过减少同样的碳排放量种养虚拟树。用户在平台种植上一棵虚拟树，大约需要 3 个月以上的低碳行动积累获得绿色能量。3 个月时长的设计目的是促进用户养成好的生活习惯，提高项目的稳定性。蚂蚁金服通过这一款游戏，延伸了支付场景，提高了支付宝的使用频率，并且赋予支付宝用户行为更多的使用价值。这种线上线下的有效互动模式，满足了多方的需要，比如互联网用户参与生态环境保护的心理需求、支付宝提升品牌价值的需要以及线下生态保护项目的筹

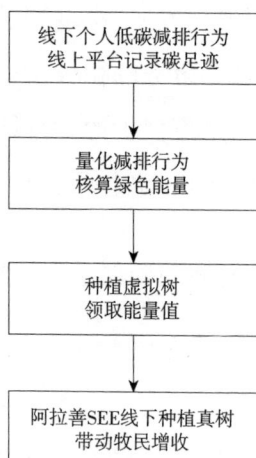

图15 "蚂蚁森林"项目中个人参与绿化的方式

资料来源：作者自绘。

资需要。

根据《"阿拉善 SEE 一亿棵梭梭"阶段性生态影响评估报告》，项目实施后，梭梭生长良好，起到了防风固沙的作用，并产生了显著的生态效益、社会效益和经济效益。由于该模式具有可复制性，蚂蚁金服后续联系了更多的环保社会组织在多省推广，扩大了种植范围。截至 2021 年 8 月，"蚂蚁森林"项目种植了超过 3.3 亿棵树，总面积达 397 万亩，累计带动超过 6 亿人参与。"蚂蚁森林"项目也获得了联合国的"地球卫士奖"以及应对气候变化奖"灯塔奖"。

二、对"蚂蚁森林"模式的评价

"蚂蚁森林"项目是一项典型的"互联网 + 生态环保"项目，该项目具有以下几个方面的特点：便利快捷、趣味性强，对用户有吸引力；社交友好，利于参与群体范围的扩大；可信度高并且可视化，可增加用户使用黏性；平台开放、鼓励多主体参与合作。

它是建立在我国公民生态意识和参与意识逐渐觉醒的背景下，为公民参与生态保护提供了一种便捷可行的参与方式。线上通过游戏化的方式激励引导绿色（消费）行为；线下通过植树造林改善荒漠化地区的生态环境并促进民生。线上线下互动，两个模块互为补充。该模式的成功除去充分利用了互联网的特征，如跨平台联动、全媒体传播、多主体参与以及跨时空介入外，更得益于支付方式的变革以及新型社交媒体的产生，这些都极大丰富了生态保护项目的内容、方式等，是传统的生态环保项目难以匹敌的。

近些年来，各地也涌现出不少类似的项目，比如广东省的碳普惠、武汉市的碳宝包、京东绿色账单、微信运动的"微信捐步"、腾讯的"低碳星球"小程序等，这类项目多有相似的运行机制设计（见图 16）。近些年这类项目已经逐渐成为互联网时代公民参与生态保护的重要渠道，形成一种常态化的公众参与机制。

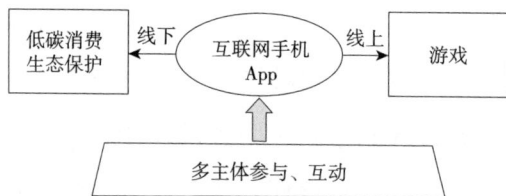

图16　互联网背景下的绿色消费模式

资料来源：作者自绘。

实际上，相对发达国家而言，我国公民参与生态治理一直都是社会治理中的薄弱环节，其参与的意识不足、渠道单一，甚至不少项目，比如垃圾焚烧、发电厂建设等，公民普遍担心"邻避效应"而对项目持反对意见，因此其参与也多受限制。对于以提高生态系统服务功能和生物多样性等为主要目标的生态建设相关的项目，其参与的范围、路径和层次有较大的提升空间。这类项目，公民的参与意愿相对消极，认为其能力有限，难以改变生态治理的格局，而政府却极力推进，希望能有更多的社会力量参与。同时，由于我国公民参与社会治理的组织化载体——社会组织发育不健全，在我国的社会治理体系中处于弱势，缺少政策制度支持，并且普遍存在运营资金缺乏等问题，直接影响了公民普遍参与生态保护的意愿和水平。

进入互联网时代，这类生态保护项目积极发展，其组织模式以及激励机制都有了根本性的转变。就组织模式来说，通过实时的参与、互动和反馈，增加用户的参与感、拥有感以及获得感。"蚂蚁森林"将传统生态保护项目中的特定参与方扩大到了全体互联网用户，并且社会组织、当地社区、企业甚至政府机构都有参与。这种参与的结构具有平等性、弱连带性、高凝聚性，最终凝聚了巨大的生态治理行动力。除去社会组织、农民等，当地政府的参与提高了线下种植的可信度和可操作性，并与社会组织形成了良性互动。蚂蚁金服等企业市场主体参与往往以营利为目的，希望更多的用户参与，以促进项目可持续运营以及用户使用黏性的增加。阿拉善 SEE 作为本土化的社会组织显示出了政府和市场无法替代的优势，其充分利用丰富的实践经验，为项目提供生态保护方面的专业指导；以第三方的身份进行协调沟通，促进各方对项目的认可；借助其影响力来调度相匹配的社会资源，以保障项目的顺利推进。其激励机制是全民参与的重要原因。"蚂蚁森林"将游戏场景和日常低碳环保消费行为以及线下生态环保项目结合，利用社交网络等方式传播，把为生态保护贡献力量等带来的体验感和成就感作为回馈。这些都在一定程度上解决了传统生态保护项目公众参与难的问题，增加了支付宝用户的注册人数，也调动了支付宝用户参与的时长和频率，促进了公众参与生态保护项目良好氛围的形成。其他的生态环保项目也多是通过线下积极反馈或者经济激励等方式逐渐获得了互联网网民的认可。

三、关于促进全民参与生态保护的建议

在我国，生态保护多是通过大规模的国土绿化、湿地河湖保护修复、生物多样性保护、土地综合整治等生态建设工程来实现，这类项目多是由政府主导，社会力量参与普遍不足。未来，随着5G、VR等大范围的普及，互联网将会迎来更大的发展。这也意味着在生态保护领域，公民个人以及企业都有可能以此为契机，更加主动地参与其中，承担更多的社会责任，分担社会生态治理成本，甚至获得一定的经济回报。可以从价值定位、项目设计、利益协调、法律保障等方面对传统的生态保护项目进行调整和创新，以满足互联网时代网民的需求。

（一）设计符合互联网特征的生态保护项目激励全民参与

生态保护相关的项目设计、参与方式，特别是管理机制等都应突破传统思维，应符合互联网时代的特征。类似"蚂蚁森林""微信运动"等项目无一不是基于创新促进了发展。这也给类似的需要全民参与的项目一些启发。应从互联网用户的特征、行为模式、兴趣和偏好切入，设计相关内

容，带动其深度参与、共同创造。为保障项目进行，需要配套相应的制度。如阿拉善 SEE 就专门为线下的种植项目设计了配套的反馈和监督制度，全生命周期保障其质量。形成对比的是，其线上项目由于没有公开碳减排核算方法，受到了质疑。另外，互联网的公开性、互动性、时效性是吸引公众参与的重要因素，公民作为经济人时，在满足公益、娱乐等心理需求的同时，更期待能获得一定的经济收益。因此，项目有必要设计综合性的激励机制。"蚂蚁森林"中获得绿色能量等的心理体验是远远不够的，以至于用户在完成一棵虚拟树的种植以后容易失去兴趣，而碳普惠项目中能吸引公众参与就是通过节能减排低碳行为可以获得一定的经济收益。需要积极利用多样的激励措施和机制，比如基于说服原则的游戏化机制、基于鼓励教育机制等改变公众不低碳、不环保的消费倾向和偏好，这也意味着项目需要设计更多元的应用和参与场景，并和互联网保持同步更新。

（二）加强生态碳汇、碳普惠制度相关的研究和实践

从应对气候变化角度看，生态保护和碳减排之间具有协同效果。这使得生态保护相关的项目有了借助生态碳汇获得碳减排收益的可能。"蚂蚁森林"项目显示了公民个人参与碳交易、助力碳中和的巨大潜力，以及公民参与个人碳中和的可能性。在力争 2030 年前实现碳达峰、2060 年前实现碳中和的目标下，迫切需要促进全民参与碳减排，"互联网＋生态项目"无疑是好的切入点。除"蚂蚁森林"外，在广州、上海等地已经有碳普惠相关的研究和实践，其基本思路多是通过积累碳积分，兑换荣誉、金钱等多种激励，进而实现个人碳减排和企业的良性互动。简单来说，碳普惠类似线上版的"蚂蚁森林"，最大的不同在于其不直接包含具体的生态保护项目，而是期待通过碳交易市场减排。未来，碳普惠项目也将配套碳中和落实具体线下项目，这将促进"互联网＋生态保护"项目更大的发展。

当然，这些都离不开互联网背景下区块链、大数据、物联网等数字技

术的应用。未来依然有必要加强公民个人参与碳交易、生态碳汇相关的研究和实践。加强移动大数据、云计算、区块链等技术应用于个人碳足迹核算相关的研究，探索更加多元的个人、企业碳汇金融产品。另外，碳中和目标下，未来我国必然将加大国土绿化行动，以提高生态系统的碳汇功能。因此，针对已纳入规划的线下生态保护项目应尽早建立科学的生态碳汇指南，并借助互联网引导社会资本参与生态建设解决当前生态建设资金不足的问题。这意味着有必要提供更多能带动公众参与的生态产品和服务，并且多主体之间需要有良好的沟通机制。其中，"排放者付费、减排者得利"的利益补偿机制是这类项目推进的根本，科学的方法学、规划以及可获利的激励措施是此类项目获得各方支持的基础。

（三）完善政策保障体系和相关的法律法规

随着互联网的发展，类似"蚂蚁森林"这类"互联网＋生态保护"项目已经初具雏形并呈现增加的趋势，特别是各地都积极鼓励碳普惠项目。有必要进行系统性的制度设计，尽快完善这类项目相关的法律和规范，保障企业、公民等参与其中的合法权益。为保障公众的知情权和监督权，应明确项目或产品的一些基本信息，比如财务信息、进度信息、成果信息、绿色因素等。比如"蚂蚁森林"项目还需要公开个人碳减排效果、保护成效的量化方法以及可核查的财务信息等，这些至少应披露给捐赠者或参与方。对于营利性质的项目，需要完备的风险管理措施，最小化个人参与的经济风险。有必要专门明确项目具体的管理办法，比如管理机制、资金机制、信息公开机制、监测机制、监督机制等，规范其日常管理，保障项目执行的质量。从线下具体考虑，生态保护的落实需要与国家或者地方的主体功能区的定位以及当地发展规划相一致，并应符合山水林田湖草统一保护修复的相关标准。

另外，全民参与型项目的一个基本原则是保证规则的公开、公平、透明。因此也就有必要建立多元主体协同的监督机制，发挥政府、社会组织、企业、公民等主体在监督中的作用，为公众建立信息反馈渠道，对项目形成监督（尤其对资金使用情况等）。比如"蚂蚁森林"项目中，对于线下项目实施的监督仅限于当地政府、社会以及环保组织，但是与之有密切关联的互联网公众，还缺少对线下项目更多信息的了解，导致线上和线下并不能实现密切的对接，会直接影响公众参与的积极性。从服务国家"双碳"目标角度来看，碳普惠项目还仅限于部分省市，低碳行为和碳积分之间的关系未明确，碳积分的发行缺少监管，这些都需要在今后的实践中不断改进和完善。

关于生态资产核算方法的一个探索
——基于卫星遥感和重置成本法

随着生态文明体制改革的推进，自然资源资产核算逐渐成为国内学术界以及实践领域关注的热点问题。它服务于自然资源资产负债表的编制、自然资源价值实现程度的评估、自然资源要素的市场化配置等基础性管理工作，是自然资源价值化、资产保值增值的参考，也是生态文明绩效评价考核的基础。其中又以生态资源资产（主要指以生态系统为核心的自然资源资产，以下简称"生态资产"）核算的难度最大、争议最多。面对构建生态文明体制的要求，迫切需要加强自然资源核算方法论的研究，以满足自然资源精细化管理的需求。①

一、生态资产核算的现状和难点

生态资产核算主要是为了摸清生态资产"家底"，并以此为基础展开分析、评价、监管。它主要包括实物量的核算和价值量的核算两类，实践中以实物量核算为主，价值量核算的路径和方法尚处于探索之中。价值量核算的难点主要在于对生态系统服务价值量的核算。在 Costanza 研究的基础上，千年生态系统评估（MA）生态系统服务划分为供给服务、调解服务、支持服务和文化服务 4 类，奠定了生态系统服务价值量核算的基础。联合国于 1993 年发布了"综合环境与经济核算体系"（System of Environment and Economic Accounting，SEEA）并多次更新，使其成为国际

---

① 本部分引自刘婧一、王宇飞、王梦飞等：《基于卫星遥感数据的生态资产核算方法及其应用》，《生态经济》2023 年第 8 期。

社会认可的环境经济核算体系，并将生态系统服务核算包含其中。但是，从操作层面来看，目前国际上对核算项目的分类并不统一，对估价方法的选择也还存在争议。大体上，主流的评估方法包括市场法、收益法以及成本法（见表12）。3种方法各有利弊，但是都难以直接应用于中国。

表12 3种主流的价值评估方法

方法	前提	适用范围	措施	特点	优点	缺点
市场法	市场发育良好，运行规范	以市场价值为基础的资源资产	参考同类情况的自然资源交易价格	采用替代的物品或者劳务来确定（如旅行费用法、意愿调查评价法）	反映市场价格变动	缺少可对比数据，容易受主观因素影响
收益法	政府或者交易双方可以确定资源的收益	可以单独计算收益的无形资产	根据自然资源资产所产生或预期产生的收益评估	主要包括收益还原法、收益分成法、收益倍数法等	结果容易被供求双方接受	预测难度较大，应用范围较小
成本法	有历史资料并与重置资产有可比性	特定用途的资源资产	根据价格构成因素表现形式来确定价格	在无市场价格的前提下，估算自然资源投入成本确定其价值	公平合理、适用范围广	工作量大，较难计算资产收益

资料来源：作者整理所得。

学术领域中对自然资源核算的研究主要聚焦在自然资源资产负债表的编制上。资产负债表的编制大体可以分为两类，一类是SEEA框架下的自然资源资产平衡表，另一类是探索资产负债表及其平衡关系。前者仅涉及资产核算，不涉及负债和权益；后者包括统计路径和会计路径。侧重用统计的方式强调指标的选择和报表的编制，主要产出是主表和若干子报表；而侧重会计核算的结果还要求有一套严格的账户系统支撑。无论哪种路径，资产负债表编制的难点还是对生态系统服务价值的核算。

生态系统服务被认为是自然资源资产核算从实物量转换为价值量的关键。近些年来有影响力的研究包括以谢高地为代表的基于单位面积因子的核算方法、以欧阳志云为代表的GEP核算框架（在浙江丽水等地已经有实际应用），以朱春全、王金南为代表的绿色GDP。近些年来，生态评估模型和卫星遥感技术的应用弥补了传统的核算方法中以点代面的缺陷。以空间数据为基础开展生态系统服务价值的核算在生态资产管理中扮演着越来越重要的角色。

整体来说，各方对生态资产的内涵和外延理解有较大差异，分类标准、核算周期也不统一，再加上我国市场环境不成熟、价格体系不完善，迄今为止没有形成统一、规范的核算标准以供政府管理部门应用。我国特殊的自然资源所有制形式不同于西方国家的私有制，不具备完整且成熟的市场体系；现行经济体系中并没有对生态资源资产进行购置、销售等交易事项，机械地参考国际通用的核算方法（比如替代市场法、市场价值法）等都有不合理之处。由于分类标准、数据的可获得性等因素，已有的核算方法的公信力和权威度不足、可比性较弱，且未与自然资源部门的调查、监测、确权等管理工作相结合，适用性不强。2019年中共中央办公厅、国务院办公厅出台《关于统筹推进自然资源资产产权制度改革的指导意见》，要求研究建立自然资源资产核算评价制度，开展实物量统计，探索价值量核算，再次肯定了价值量核算的必要性和迫切性。

二、基于卫星遥感数据和重置成本原理的核算方法构建

生态资产核算的关键是对资产进行分类。在SEEA体系对自然资源分类的基础上，我们重点关注以森林生态系统、湿地生态系统、草原生态系统以及农田生态系统（耕地）为核心的陆地生态资源，并未考虑海洋生态资源。研究将生态资产划分为5种类型，分别是林地、湿地、草地、耕地、裸土（含建筑）。选择4个典型地区作为应用案例，包括巴彦淖尔、北海、伊春和湖州，分别代表北方温带草地生态类型、北方针叶林区、南方近海生态类型以及长江中下游城市生态类型。本文主要通过卫星遥感技术获得区域内一定时期内生态系统面积和质量变化的数据，并结合自然资源的特征，分类定级定价，限于篇幅，技术细节在此不予赘述。

（一）生态资产价值核算方法

重置成本法在环境赔偿核算中的应用已经非常普遍，但是在生态资源核算中的应用较为少见。已经有研究证明其用于生态资产核算的可行性。生态环境遭到破坏后，可以通过计算其恢复到原状所要支付的费用，估算生态环境变化引起的经济价值变化或者治理生态环境问题需要付出的成本，即重新构建该生态系统或重新达到该生态服务功能所要花费的价值总额。与其他核算方法比，该方法基于底线思维，也考虑生态环境功能的恢复，可以较为便捷地解决当前复杂的生态系统服务的定价问题。参考周一虹教授提出的环境重置成本法，本研究认为，生态资产价值可分为3个层次。

①恢复层价值，主要指某地区生态恢复的投入成本，即生态工程的实际投入成本。恢复成本按当年各地的实际生态恢复工程的总金额计算，主要通过相关领域的统计年鉴获得。

②维护层价值，通过生态系统恢复的时间价值来反映，生态恢复难度更高的地区生态资产价值更高。各地恢复年限有所差别，一般受土壤、气温和降水等因素影响。

③战略层价值，主要指机会成本。主要影响因素是环境承载力以及国家对其的战略定位。由于战略成本涉及的因素较为复杂，在此不以定量方式核算。

综上，某地生态资产价值总量 V 按如下公式计算。

$$V=\sum_{i=1}^{n}V_i \qquad （式2）$$

其中，$i=1，2，\cdots，n$，表示生态类型；V_i 表示第 i 类生态类型资产价值。

$$V_i=\sum_{j=1}^{3}V_{ij}\times\Delta S_{ij} \qquad （式3）$$

其中，$j=1，2，3$，分别表示质量的一级、二级和三级，一级质量最优，三级质量最低；V_{ij} 表示在 j 种质量等级下第 i 类生态类型的资产价值；S_{ij} 表示 j 种质量等级下第 i 类生态类型的面积。

（二）数据来源和计算说明

恢复层价值核算的关键在于确定不同类型生态系统单位面积的成本，计算方法如表13所示。根据统计年鉴中的数据或者政府文件中的恢复和维护成本确定不同质量生态系统的修复成本。其中，$I_{林总}$指当年该生态系统恢复或新增工程投资额，$S_{林治理}$指当年该生态系统新增或恢复面积。

表 13　不同类型的生态系统恢复层成本计量模型及数据来源

生态系统的类型	成本计量模型
林地	$V_{林} = I_{林总}/S_{林治理}$
草地	$V_{草} = $ 草原植被恢复成本
湿地	$V_{湿} = I_{湿总}/S_{湿治理}$
裸地	$V_{裸} = I_{裸总}/S_{裸治理}$
耕地	$V_{耕} = $ 耕地开垦费用

资料来源：作者整理所得。

维护层价值核算的关键在于生态修复时间的确定。以森林生态系统为例，修复时间主要参考森林的生命周期。但是由于我国森林修复相关的研究和实践基础较为薄弱，并且工程中的修复时间也有较大差异，使得确定生态系统修复时间难度较大。在对生态修复领域专业人士访谈的基础上，本文假设如下：第一，各地生态修复主要选取乡土树种；第二，修复年限和树龄密切相关。按照以下公式计算修复成本。

$$V_m = V_n \times (1 + p\% \times year) \qquad （式4）$$

其中，n 为年数，$year$ 为树龄，参考《森林资源规划设计调查技术规程》（GB/T 26424—2010），实际操作中取其平均。$p\%$ 为每年增加维护成本的比例。其他类型的生态系统维护层修复成本采取同样的方式获得。

（三）结果和讨论

根据以上方法，得到4个典型地区"十三五"期间生态资产变化的基本情况。巴彦淖尔、伊春、湖州和北海"十三五"期间总的生态资产分别变化了 3266.1 亿元、424.5 亿元、453.4 亿元和 –36.0 亿元；单位面积的生态资产分别变化了 37.8 元 / 平方千米、8.8 元 / 平方千米、69.3 元 / 平方千米和 –10.2 元 / 平方千米。巴彦淖尔生态资产的变化主要是耕地和草地的变化所致；伊春除草地资产有所增加外，耕地、林地和湿地的资产均呈现下降趋势；北海因耕地减少引发的生态资产减少的问题也比较突出，主要原因是其一级和二级耕地面积在减少；湖州林地和湿地生态资产提高显著，一级林地尽管质量下降，但是其三级林地面积大幅度增加。

生态资产的变化主要由两类因素导致，一类是自然的影响，另一类是人类活动的影响。价值估算采取重置成本法，生态资产的变化可以反映各地对生态的重视程度。比如，湖州市作为"绿水青山就是金山银山"理念的提出地，重视生态资源的保护，但是也由于城市发展存在农业生态资产下降的情况。得益于国家山水林田湖草等生态修复工程，巴彦淖尔的草原生态系统在"十三五"期间得到了恢复。伊春草地生态系统改善情况良好，但是森林、湿地以及耕地的生态资产降低明显。初步判断是由于城镇化引发的土地利用方式发生了巨大转变，具体情况有待现场核实。北海市生态资产下降的主要原因是耕地和湿地的减少，最初预期的因大规模种植桉树导致森林生态质量的下降情景并没有那么严重。分析是由于在 2014 年后，广西壮族自治区已经重视了桉树种植引发的生态问题，对其进行了综合整治。综上，各地在进行生态保护过程中，既需要重视质的提高，也需要重视量的变化，并且防止由高价值的生态系统向低价值的生态系统转化的情况。

三、应用前景

生态资产核算近些年进展比较缓慢。多数研究较少考虑其政策含义并且未同生态资源管理现状结合，以至于这些方法可推广程度有限，对行政管理应用价值不高，迫切需要一套能服务于实际管理的、可统一的、标准化的核算方法。卫星遥感技术保证了数据的多区域、长周期、连续性、客观性以及来源的统一性；重置成本法是一种底线思维的模式，是必要成本以及最低的投入成本，相对其他核算方法更有现实意义。

该方法主要可应用于以下两个情景：①服务于生态资源审计。其中，资产负债表是生态文明体制改革方案中明确用于领导干部自然资源资产离任审计的主要工具，其难点是价值量核算难以统一并且难以反映保护绩效。本研究中生态资产取决于地方政府对生态建设的投入且与生态建设产出成正比。重置成本法表征地方生态建设的最小投入。该方法可以进一步服务于自然资源督察工作和领导干部生态环境绩效评价考核与问责，评估各地生态资产的保值和增值情况。②用于生态补偿或赔偿制度中的价值核算。生态学近些年来发展迅速，相关学科研究多是从生态系统服务功能角度核算，未考虑生态恢复、维护成本，以及管理的实际需求。本方法采取的是一种底线思维，重置成本可以看作补偿方需要支付的最低成本，在补偿协议中，可供补偿协议双方协商参考。

最后，本文通过典型城市的核算说明了该方法的可操作性，尚需在现有基础上进一步探讨其配套的政策措施，以增加其应用性。

参考文献

[1] 青海省人民政府. 三江源国家公园公报（2018）[R]. 2019.

[2] 刘某承，王佳然，刘伟玮. 国家公园生态保护补偿的政策框架及其关键技术 [J]. 生态学报，2019，39（4）：1330–1337.

国际经验篇

美国保护地役权制度以及对我国的启示 ①

　　作为一种以保障公共利益为核心目标的生态环境保护制度，保护地役权本质上是一种土地权利人和政府、非营利社会组织等公共利益代言人签订的合同或者协议。它的特征是在不改变土地权属的情况下，限制土地权利人部分权利（主要指发展权）并给予其相应的经济补偿。保护地役权在美国成功的关键在于混合类型的土地权属、多层级的司法保障、较完备的制度和标准设计、高度自治的治理体系、多主体的积极参与，以及制度本身的灵活性和适应性。保护地役权在我国已有一定的司法和实践基础，未来在自然保护地等生态保护领域有较大的发展空间，可以较好地完善生态补偿制度。为促进保护地役权在我国的本土化应用，需要加强以下 3 个方面的工作：①确定保护地役权的法律地位，配套多层级的立法给予保障；②充分尊重保护自然资源产权制度，供需双方展开平等协商；③保障制度设计的精细化及完整性，挖掘易于本土化的应用场景。

一、什么是保护地役权

　　地役权制度起源于古罗马，兴盛于美国。中国 2007 年制定的《中华人民共和国物权法》②中首次明确了地役权制度，指出地役权人有权按照合

---

① 本文引自王宇飞：《美国保护地役权的经验和借鉴》，《中国国土资源经济》，2022 年第 10 期。
② 2020 年 5 月 28 日，十三届全国人大三次会议表决通过了《中华人民共和国民法典》，自 2021 年 1 月 1 日起施行，《中华人民共和国物权法》同时废止。

同约定，利用他人的不动产①，以提高自己的不动产的效益。他人的不动产为供役地，自己的不动产为需役地。保护地役权是地役权的一种特殊类型，是其在生态环境保护等领域的延伸。它主要是指政府和非营利社会组织（也有称作慈善组织或者公益组织）对权利人的不动产及附着于不动产的权利加以限制或利用的同时给予权利人一定经济补偿，以保护生态环境、文化遗产等公共利益。保护地役权通常采取签定保护协议的方式，协议双方分别称作供役地人和需役地人。其中，供役地人多是不动产的所有者（也可以是承包经营者）。一方面，他们让渡了部分资源开发利用的权利以获得一定的经济收益；另一方面，他们保留了按照地役权合同使用土地资源的特定权利。而需役地人多是政府或非营利社会组织这类公共利益代言人，少数情况下也可以是单位（比如大学或者基金会）或个人。获得地役权之后，需役地人有义务为供役地人谋取经济利益，但是也有权对土地的保护利用进行监督。保护地役权包括两类，分别为历史文化遗产保护地役权和自然保护地役权，主要应用于生态环境保护、历史遗迹保存、景观保护、休闲或教育等，涉及农田、森林、草原、湿地、湖泊、河流等多个生态系统类型。本文所讨论的保护地役权主要指自然保护地役权。

　　与传统的地役权有所不同，保护地役权制度有以下几个特殊之处：①采取捐赠或者有偿合同的方式，并且绝大部分是永久性地役权，即权利人不能随意放弃或者转让保护地役权。权利存续的期限取决于公共利益的需要，除非行政命令撤销，否则权利关系将一直延续（传统地役权允许放弃或者转让）。②物权的生态化。保护地役权根本上是用物权的方法解决生态环境问题，它包括了物权和环境权的双重特征；既满足物权法，也符合生态环境保护相关的法律法规。③保护地役权的供需役地并不是特定的。不同于传统地役权中供役地和需役地需要非常明确，供役地和需役地

---

① 主要指土地或者依附于土地的其他资源。

之间也并非必须是毗邻的，供役地只需要与需役地有生态关联即可。④公益性是保护地役权设立的核心依据，也是最主要的特征，而非单纯地满足权利人之间的便利。

保护地役权是通过对产权权利束的分割，以合同、协议的方式对土地上人的行为施加限制，将权利所有者的某些特定的权利（主要是指发展权）从权利束中让渡给政府或非营利社会组织，而保留了符合地役权合同的财产使用等权利，进而实现公共利益。它的合理性和合法性的基础在于对自然资源和生态系统的保护，是一种典型的经济激励手段。该制度在美国、加拿大等国家广为应用，并且评价较高，对我国正在推进的生态文明体制改革和自然资源资产管理有启示意义，值得深入研究。

二、美国的保护地役权制度

（一）发展历程和实施程序

保护地役权制度最早是 20 世纪三四十年代美国国家公园管理局为保护景观资源而采取的措施，后来由美国记者威廉·怀特在 20 世纪 50 年代正式提出。1965 年，美国国会颁布《联邦公路美化法案》，要求联邦政府拨付给各州修建公路的资金中应有 3% 用于景观美化或风景改善，各州随后多采取保护地役权方式维护公路沿线景观。多个州颁布了与地役权相关的法令，推动美国联邦政府在 1981 年颁布《统一保护地役权法案》。该法案明确了保护地役权的定义：保护地役权是出于保留不动产所涉及的自然景观，或开放空间价值，保障其农业、林业、休闲游憩或开放空间等功能，保护自然资源，维系并提升大气和水环境质量，保存不动产自身的自然、历史、建筑、考古及文化价值等目的，由役权持有者对不动产赋予限制条件或积极义务的非占有性权利。该法案的目的是保留或者保护不动产的价值。该法案还对地役权的持有主体、设立、转让和执行等设定了原则性的指导意见，奠定了保护地役权的法律基础，破除了一些法律方面的障碍（包括涉及地役权转让问题和各州规定不统一问题），促进了保护地役权在各州更大范围的推广和应用。在美国，土地信托的发展极大地推动了保护地役权的应用。

一份典型的保护地役权协议通常基于对财产权的理解，协议中列明双方各自的权责利清单，明确相关的立法要求，写清仲裁条款、费用承担、终止和转让等条款。其中，保护地役权合同中的一个核心信息是通过适当的管理确保公共利益实现，比如为公众提供公共娱乐、风景名胜资源或野生生物栖息地等。

（1）审查和登记

少数州要求对保护地役权进行公共审查，主要审查它是否能充分保护公共利益。比如，马萨诸塞州明确了保护地役权的设立需要正式的审批程序，要求协议双方向公众提供公开透明的论述。考虑到保护地役权属于私人所有，大部分州对审查也并非强制性要求，但是需要向政府报备。纽约州要求实施地役权时要向当地环保部门提交一份地役权档案的副本。就登记来说，比较成功的是缅因州，它建立了较为成熟的、电子化的地役权登记系统，登录信息包括地役权记录信息、持有者信息、土地位置面积等，提高了登记效率。

（2）核实保护目标

保护地役权需要至少满足以下某一目标：①保护公众；②保护鱼类、野生生物、类似生态系统的生境；③保护开放的空间（比如农田和林地）；④保存具有历史价值的土地。核实这些的目的主要是防止假借保护之名获得激励。

（3）确定永久或变动的条件

保护地役权一般来说需要永久性地设立，但是现实生活中情况比较复杂，可能影响实施时限。因此，需要设立相应的变动条件。比如某一濒危物种得到了保护或者彻底灭绝而不再需要保护，或者土地利用、经济发展模式等发生变化。

（4）评估保护地役权价值

协议双方最为关注的是保护地役权的价值。通常由有评估资质的专业评估师按照专业评估实践的统一标准，采用"前后比较法"进行评估。即地役权的价值为设定保护地役权前后的土地市场价值之间的差值，增加的价值归地役权持有者用于公共利益。

（5）监测、执行和救济

保护地役权的执行依赖科学、定期的监测。监测的频率和方式取决于土地的面积、类型、周边活动水平以及监测资金等。违规行为将被记录并按照保护协议执行相应的司法程序。美国2000年公布的《美国财产法第三次重述：役权》指出，在这类情景下，可以启动救济程序（复议、诉讼、再审等司法程序），以阻止土地所有者违反地役权，或者调整为第三方执行。

（二）客观评价

保护地役权是不改变土地性质、权属以及人地关系下的一种妥协和权衡，可以解决征地成本较高以及土地所有权人不乐意出售全部产权的问题；也可以防止过度倾向经济利益，保护公众需求。

该制度在美国普遍被认为是有效的，特别在解决比如环境侵权、保护生态系统、促进可持续发展等方面具有制度优越性。它有助于从物权角度推动生态环境外部性问题的内部化，显化生态环境资源的经济价值；一定程度上可以规避生态环境类资源物权界限不清、负面影响较难通过市场价格反映、公民难以通过市场机制获得生态补偿等问题；也可以减少政府对生态环境保护的投入，引入社会资本并提高多元主体参与程度，促进多样化的资源开发利用。相对传统的环境保护工具，保护地役权还有一定的预防功能，可以在较早的时候规避环境污染，不至于导致破坏后的修复困难、修复成本高等问题；能够增强公民的环境保护意识，提高其参与生态保护的积极性和主动性，减少潜在的成本。可以说，它是平衡保护和发展之间矛盾的一项重要经济手段，是经济效益与生态效益、公法与私法的巧妙结合。也正是由于保护地役权的上述优点，很多国家都借鉴美国保护地役权的经验，发展这类形式性的契约或协议，取得了一定的效果。

一般认为，美国的保护地役权得以大范围有效实施，与以下几个方面是分不开的：①混合的土地权属。美国有近60%的土地私有，联邦政府较难从生态系统完整性角度进行管理。尽管从管理角度，通过购买等方式获得完整的产权更加简单，但是财政的压力较大，后续管理成本过高，并且有可能破坏原来稳定和谐的人地关系。②完备且严格的管理制度。这种制度使得私有土地权属上附带的各种权利束得以保障，这是保护地役权制度得以推行的一个重要前提。③发达的土地信托制度和房地产（土地）市场。美国具有强大的土地信托基金组织，甚至不少州有上百家土地信托基金。这类社会组织为地役权后续的保护工作提供支持，其公益性可以保障地役权在执行过程中首先考虑公众利益。同时，保护地役权价值的评估等工作得益于美国成熟的房地产市场，有成熟的评估体系，可以较好地反映市场价值。④较为完备的法律保障。美国联邦政府陆续颁布了多项法案，明确了保护地役权的法定地位。美国国会自1965年颁布《联邦公路美化法案》后，1980年又颁布了《美国国内税收法典》，指出保护地役权供役地人可以享受税收减免。除去美国联邦政府在1981年推出的《统一保护地役权法案》，各州也颁布了与之一致的地役权法令，比如缅因州2007年出台了《环境保护地役权改革法》。除此之外，联邦以及各州还配套了促进地役权推广的税收捐赠、慈善捐赠等法律法规。⑤明确的经济激励。税收减免是保护地役权制度有效落实的另一主要因素。《美国国内税收法典》鼓励公众捐赠地役权并获得税收优惠，分别是对财产税的减免、对个人所得税的优惠以及对遗产税的减免，进而鼓励土地所有者参与保护。同时，政府还推出了一系列公共资金项目，用于购买或者资助社会组织购买具有高保护价值的保护地役权，比如土地和水资源保护基金项目。⑥政府和公民互动。保护地役权允许供役地人继续从事预期开发利用活动的同时，调动私人行动来保障公共利益。当政府作为需役地人时，以平等身份出现，体现了公权力对私有产权的尊重。双方之间对私权的重视和自愿原则的实施，可以缓解政府和私人之间的紧张关系。这种基于激励的协商方式，意味着从政府管控向协同治理转变。

尽管美国的保护地役权发展迅速，但是依然存在不少争议，主要包括以下几个方面。①缺乏灵活性。永久性的规定虽然可以保障地役权长期稳定地执行，但缺少对外界环境适应性的考虑，比如土地价值、公众利益需求、生态保护价值等都有可能随着环境变化。②程序较为复杂并且监管成本较高。地役权的一次性直接交易成本较低，但是后期监管成本较高，管理者更倾向于直接购买或者征地。③地役权价值评估、监测等工作绝非易事，也较难确定其未来的影响。不仅地役权价值难以评估，也很难确定保护地役权是否可以提供与其税收减免所给予的公共补贴相称的公共利益。地役权数量的增加，更是使得未来在理解、实施、监测和执行供需役双方法律权利和责任方面有较大的不确定性，可能影响各方参与的意愿。④非营利社会组织能力尚待提高。这类社会组织在实际工作中，经常面临比如合同细节过多、长期有效执行监测困难等问题；其自身运行中，更是存在系统内部缺少合作、缺少自我监管等问题。另外，这类组织的行动方案缺少与政府规划等的结合，缺少宏观性思维，最终也容易影响保护效果。⑤透明度有待提高。保护地役权交易达成后，即使有公共资金注入，公众往往也没有机会了解、参与这一过程。比如，美国西部牧场多由公众资金购买，但并没有公开提供相关信息。私人土地信托持有者不乐意采纳公众审查和监测，公共问责机制使得公平正义难以保障。⑥法律程序有待完善。以地役权的修改和中止程序为例，《统一保护地役权法》在这些问题上含糊不清，大多数州的法律中也并没有明确规定。比如由于公共利益评估标准的缺失，存在捐赠低价值的地役权而获得较大免税空间的可能。因此，美国的保护地役权还有较大的改进空间（见表14）。

表 14　美国保护地役权存在的问题以及改革方向

问题	改革方向
保护地役权设计中的质量难以把握	提高保护地役权条款标准化水平
缺乏可公开透明的跟踪、监测系统	对每个州的保护地役权强制登记
公共利益难以保障	设定更严格的公共利益审查程序
地役权持有人未能履行管理职责	为地役权持有人设定法定管理责任
地役权终止、修正和备份支持缺乏明确的标准	明确合同终止、修正和第三方执行的流程
保护地役权缺乏明确的估值和税收标准	设定地役权税收和公共投资的标准
未考虑地役权对征地和监管的影响	综合政策考虑每种保护工具的作用
未在地役权计划中考虑公平和环境正义问题	实施公共补偿政策

资料来源：Reinventing Conservation Easements：A Critical Examination and Ideas for Reform。

三、对我国的启示

学界已经就保护地役权制度是否适用于我国展开了相关讨论。一些学者认为，地役权这种西方土地私有制背景下诞生的制度不适用于公有制国家。笔者认为，某一制度是否适用主要取决于是否可以将该制度成功实施的核心要素融入政策体系，本土化并且解决相关问题。

首先，尽管我国自然资源有全民所有和集体所有两种不同的公有制，但是人地关系复杂。特别是拥有大范围自然保护地的广大农村地区，更是存在大量的集体土地，并且很多区域对生态系统的完整性、原真性保护有一定的要求。这类区域如果采取土地征收、租赁、置换或移民搬迁的方式，所需的资金量庞大、用时过长、对农民的权利保障不足，甚至还有可能破坏原有的人地关系。比如，类似西北部草原地区需要借助牧民的游牧活动维护草原生态系统的稳定性、秦岭一带濒危鸟类朱鹮的生存依赖农民种植的稻米等，这些地方千百年来已经形成了人地和谐共生的关系，全部收归国有并不现实。传统的政策措施倾向以隔离人类活动为导向的绝对保护，难以解决人地矛盾，已经难以满足生态治理现代化的需求。

其次，我国司法领域已经有关于地役权的一些探索。《中华人民共和国物权法》规定了地役权的定义以及供役权人的任务；《中华人民共和国民法典》物权编进一步指出了地役权的设立、登记、变更与注销等内容。一些部门法律中也体现了保护地役权的特征，比如《中华人民共和国防沙治沙法》指出土地使用权人和土地承包经营权人有必要对已经沙化的土地采取生态修复，并可以获得相应的经济补助或者税收减免。退耕还林、退牧还草、自然保护区共生管理等政策措施已经广泛实施，这些都可以看作是保护地役权的一种表现形式。

最后，在浙江、云南等地已经开展了地役权相关的试点实践。以浙江钱江源国家公园试点为例，当地将地役权作为生态补偿的一种形式，以集体林地为改革对象，提高了生态补偿额度，并将供役方（村民或村委会）对集体土地的管理权和经营权收归需役方（国家公园管理局）。农民依然享受土地承包权，继续原有土地利用方式，但是以特许经营的方式开展经营活动。这一改革避免了大量生态移民给政府财政带来的巨大压力，并且带动了当地老百姓积极参与保护。尽管钱江源地役权明显带有我国传统生态补偿政策的特征，缺少保护地役权的针对性、灵活性和适应性，但是这类探索无疑是值得肯定的，也证明了该制度在中国落地的可能。

实际上，保护地役权在我国的应用空间还是比较大的。仅从面积上看，占陆地国土面积的 18% 左右的自然保护地有大量的集体土地，而占陆地国土面积 45% 以上的农村集体土地中也有大量具有保护价值的生态区域。随着未来我国对乡村生态环境保护的重视和生态治理能力的不断提高，保护地役权这类更符合生态文明治理理念的政策措施可以更大范围地推广。有待积极总结美国经验，结合当下生态文明体制改革的总体思路，进一步实践完善。

（一）确定保护地役权的法律地位，配套多层级的立法保障

尽管美国联邦政府推出的《统一保护地役权法案》还有较大的完善

空间，但是它明确了政策指向，为各州的快速推进奠定了基础。在我国，未来有必要在《中华人民共和国物权法》《中华人民共和国民法典》中明确包括保护地役权。这也意味着对应地役权的内涵有必要适度调整到更加宽泛的范畴，比如保护地役权中的需役地具有不确定性，不必是某一确定的地块，可以不限制与土地的距离和面积，只需要考虑与其生态保护需求有关即可；明确地役权也将产生生态效益等。参考加拿大、新西兰、澳大利亚等国家的经验，可以在已有的环境保护法、野生动物保护法、草原法、森林法以及有待制定的自然保护地法、国家公园法这类生态环境保护单行法中确认保护地役权，并结合各项法规进行细化，以促进环境保护法和民法之间的协调。另外，美国地役权的快速发展不仅得益于保护地役权法的实施，也得益于物权法、合同法、税法、慈善法等多项法律的协同作用。这一点也应引起司法领域的重视。但是我国现阶段的法治水平和美国还有差距，还需全面完善这些相关的法律法条、提高相关领域的治理水平。比如类似自然资源集体所有、承包到户、免除农业税、农民收入水平整体不高等客观现实也意味着税法在农村地区应用空间较小，免税和减税对中国现阶段的农民适用度不高。在这样的背景下，可以借鉴美国各州的经验，充分理解法律的适用性和相互作用，各地可以结合自身情况，以地方立法的方式对保护地役权制度给予保障。在这一过程中，需要与我国农村土地承包法、土地管理法等有中国特色的法律体系衔接。地方立法应致力于推动保护地役权程序的标准化、规范化，并对具体实践给予指导。这方面，美国地役权设立过程中的审查、登记、评估、监测等完备的流程对我国有积极的借鉴意义。各地制度设计也需要考虑完整的政策周期，比如在相关程序中应明确占有的取得与消灭（生态状况改变、土地征收、期满、行政撤销），登记与变更，设定期限，等等。其中，保护地役权年限未必设立为永久性，可以与土地的使用和承包年限一致。

（二）充分尊重保护自然资源产权制度，供需役双方展开非强迫性平等协商

美国保护地役权成功的关键在于对公民私有的土地资源产权的充分尊重。它在考虑公共利益的同时鼓励供需役双方平等协商，并且允许需役方获得多样的经济激励回报。首先，借助保护地役权合同将财产概念化为权利束，并对其进行合理分割，在不改变土地权属的情况下，限制、优化、调整其以土地为代表的自然资源的占有、使用、经营、收益、处置等权能，满足了多方需求、产生了多种效益。我国农村地区已经形成了所有权、承包权、经营权三权分置，经营权流转的格局。以此为基础，我国的地役权制度可以以改革中的自然资源产权制度为基础，对产权的权利束进一步优化和细分，发挥各自功能的同时，提高整体效用。在此过程中，应该鼓励多元主体的参与以及多种资源的调配以形成保护合力，并且推动利益的最大化。其次，地役权的出售或者捐赠属于自愿，供需役双方之间以平等的方式对话协商，将各自的诉求反映在保护地役权合同中。即使当需役地人为政府的时候，公权力主体和供役地人之间发生的依然是民事法律关系，双方就权利的限制、补偿方式、额度等可以进行自由协商，这反映的是私法的自治原则。这种高度自治的模式，在我国生态治理领域尤为稀缺。长期以来，我国政府主导性强，保护与发展之间难以平衡的情况较多。最典型的就是自然保护区制度中禁止在自然保护区内进行砍伐、放牧、狩猎、捕捞、采药、开垦、烧荒、开矿、采石、挖沙等活动的规定，掠夺当地居民的基本权利。保护地役权所提供的柔性解决问题的方式，弥补了行政强制性政策措施的不足。因此，政策执行过程中应该充分进行民意调查，进行多轮协商，以调动当地居民的积极性，鼓励其积极参与生态建设，并积极探索能使其获益于保护的相关措施，进而降低保护成本、提高保护效率，也符合我国生态文明建设全民参与的理念。

（三）探索制度设计的精细化，挖掘易于本土化的应用场景

尽管美国的保护地役权有很显著的优点，并且在不断完善之中，但是其本土化依然需要结合我国法律政策以及市场环境等特征进行调整。比如，地役权的设计还应符合中国土地管理法、农村土地承包法和农村土地经营权流转管理的基本原理和规则，也需要考虑当地复杂的土地权属关系、土地利用方式、生态系统特征等。比如，在美国，保护地役权的条款建立在双方深度协商之上，设计十分精密。中国地役权制度设计中，也应该借鉴这一点，应该广泛征求民意，考虑生态系统的保护需求、公共利益的特征，并为之配套完整的流程。对农民来说，税收优惠的意义不大，有必要采取更加符合民心的生态补偿措施，比如提高生态补偿的额度，为当地提供更好的医疗、教育等公共服务，引导当地发展绿色产业等。对生态系统而言，它具有时间和空间的差异性，保护的对象往往也处于动态变化中。这意味着保护地役权的设计要符合生态系统适应性管理的要求，对供役地人有必要设立符合保护需求的行为清单，并配套相应的监测制度、生态绩效评价制度和监督机制等。对现阶段我国普遍开展的自然保护地建设，更适用保护地役权。其供役人可以为村集体、承包户或者实际的土地经营权人；需役地人可以是自然保护地管理机构，也可以是生态保护类社会组织。

另外，保护地役权在国内尚属新生事物，有必要积极挖掘本土化的应用场景，以实施指南等方式提供给各地，以供参考。比如，土地信托制度中供役地人将土地的发展权让渡给政府或者非营利性环保组织；政府或者社会组织与农民签订合同，要求农民在农田中限量或者禁止使用农药或化肥；林地承包方要求不准采伐林木或只准抚育和更新性质的采伐；自然保护区管理机构同社区约定，要求社区居民对保护区周边自然资源的使用进行限制；签订农田、自留山、自留地承包合同时要求农民不许乱挖野生珍稀植物或狩猎野生珍稀动物；政府与景区内的集体土地所有人或使用人协商约定需要保护景区环境。

德国近自然林发展的经验以及对我国生态建设的借鉴意义 [①]

德国是林业强国，它成功的关键之处在于在森林经营中遵循近自然林的理念，也就是大规模发展多功能兼用林。德国经验大致可以归纳为，完备的顶层设计、配套的法律体系和规划措施、严格的管理办法、专业设计的经营方案以及对林业人才的培训和森林教育的重视。我国的森林经营是林业建设的短板，普遍存在"重造轻管、重采轻育、重量轻质"的现象；虽曾尝试积极借鉴德国经验，就近自然林经营开展了试点实践，但在大部制改革后其进程有所停滞。建议继续推进将近自然林经营的理念和实践作为林草部门践行生态文明的重要内容，探索多样化的森林产品价值实现途径，出台配套的法律法规以及其他保障性政策措施；推动多功能森林经营技术，加大林业基础设施建设；强调森林经营规划的编制，建立多功能森林经营体系；加强林业人才培养，提高全社会对保护森林生态系统的认识。

一、近自然林经营的基本概念

广义的森林经营要求有计划地通过各种人为干预措施保护和维持森林生态系统的各种功能，如营林活动、森林调查和规划设计、林地利用、木材采伐利用、林区动植物利用、林产品销售、林业资金运用、林区建设和劳动安排、林业企业经营管理以及森林生态效益评价等。不仅包括人工

---

① 本文引自王宇飞、刘婧一：《德国近自然林经营的经验及对我国森林经营的启示》，《环境保护》2022 年第 18 期。感谢德国近自然林专家陆元昌教授对本文的指导。

林，还包括天然林；不只是技术问题，还与行政、经济、法律和社会密切相关。狭义的森林经营是一个技术范畴的概念，主要是指围绕培育与管护采取的一系列科学经营森林的措施，包括更新造林、森林抚育、林分改造、护林防火、病虫害防治、伐区管理等[1]。

近自然林被认为是多功能、多样化的生态系统，通过人为的、科学的、适度的经营活动推动森林的演替，形成稳定、多树种、多层次的群落。近自然林并不是指使森林回到天然林，而是鼓励通过人的适度干预引导森林按自然规律发育生长，使本地区群落主要的本源树种得以体现，使林分通过建立、抚育、采伐等方式接近自然植被，进而优化森林结构，提高其物质生产能力，促进森林生态系统的完整性和生物多样性。

近自然森林经营是森林经营的一种类型，已经形成了较为完备的理论体系和技术规范。它建立在对森林生态系统的稳定性、生物多样性、多功能性及缓冲能力等分析的基础上，以森林多种服务功能的开发和多品质产品的生产为目标；它的理论和技术体系要求围绕完整的森林生命周期，使用永久性林分覆盖和抚育性采伐利用作为主要的技术特征[2]。近自然林经营的一些基本原则包括：减少人为干预，优先考虑天然更新；树种尽量来自天然下种或乡土树种；林分结构要从单层同龄纯林转变为复层异龄混交林；采伐方式逐渐由皆伐转变为择伐；生态效益和经济效益并重，强调多功能产生多重效益[3]。总之，近自然林经营的理念与国际社会普遍认同的"基于自然的解决方案"理念有一定的契合点，并且与我国生态文明建设的基本原则相符。

[1] 叶镜中：《森林经营学》，北京：中国林业出版社，1989；吴涛：《国外典型森林经营模式与政策研究及启示》，北京林业大学，2012；郑小贤：《林业产权制度与森林可持续经营》，《北京林业大学学报（社会科学版）》2002 年第 1 期。

[2] 陆元昌、张守攻：《中国天然林保护工程区目前急需解决的技术问题和对策》，《林业科学研究》2003 年第 6 期。

[3] 吴瑶、廖彩霞：《近自然林业的研究》，《林业科技情报》2007 年第 2 期。

二、德国近自然林的发展和特征

德国林业发达，是全球公认的近代林业理念与森林经营体系的发源地。其中，近自然林经营理念的普及和发展，是推动德国成为林业强国的重要原因。最初，德国的森林经营遵循 19 世纪洪德斯哈根在《森林经理科学原理》中提出的"法正林"学说。这种大规模的人工林轮伐期作业体系和经营方式强调大规模地人为干预和控制，虽然林业的短期生产效率较高，但是也引发了 20 世纪 70 年代的大面积森林灾害。这使得德国林业界认识到"法正林"模式过度追求经济利益，容易导致林地的土壤退化、病虫害加剧等问题。因此，后期德国森林的经营模式逐渐从"法正林"发展为近自然林。近自然林理论强调多功能经营目标，它最早起源于林学家加伊尔教授提出的"恒续林"的理念，以及缪拉教授倡导的多功能林业。德国联邦政府也在 1975 年修订的《联邦森林法》中明确了森林的多功能性，强调了森林对自然环境的保持作用以及气候保护、水源涵养等功能，并鼓励对森林实施可持续经营。自此，德国开始了以培育和利用生态系统为目标、以近自然经营的理论和技术为手段的森林经营模式。近自然林理论逐渐成了德国林业发展的主要指导思想。

德国主导的近自然林在经营单位层面和林分层次的经营计划和措施主要包括以下几个方面：①以乡土树种为主要经营对象，维护立地生产力[①]，并防止早期生长衰退、暴发性病虫害等风险；②优先考虑运用自然的力量实现林分的天然更新；③以森林完整的生命周期为计划的时间单元，参考不同森林演替阶段的特征选取经营措施；④结合立地环境、地被指示植物和潜在植被来确定经营目标；⑤在保障森林生态功能的前提下，对单株木抚育管理，实现高价值目标树的成功；⑥择伐作业为主，辅助采伐实现林分质量的提高；⑦优化全局经营目标，配套不同的经营措施；⑧定期对森

---

① 立地生产力指立地生产植物生物量潜力的量化估计指标。常用的指标有林分高、林分的蓄积或断面积生长量、林分特征评价和立地属性。

林的生长和健康状态进行监测和评价，为经营方案调整提供依据[1]。

经过多年发展，德国的森林面积约占国土面积的 1/3。德国的森林主要有国有林（联邦林、州有林）、集体林（市、社区、教堂所有等）和私有林 3 种，分别占全国森林总面积的 33%、19% 和 48%。90% 以上的森林属于既有防护功能又有生产功能的多树种混交兼用林。森林平均每公顷蓄积量约 336 立方米，高的区域已经超过了 400 立方米（我国在"十三五"末平均每公顷森林蓄积量仅为 79.8 立方米）。木材和林业部门雇用了大约 75 万人（总人口 8000 多万）10 万多家公司。其中，木材、狩猎、食用菌等林产品是林业主要的收入来源。林业作为主要的经济部门之一得以发展，工业增加值占国内生产总值的 5%，仅次于汽车工业。同时，德国也是全球第三大木材和木制品出口国，仅次于中国和美国[2]。另外，尽管德国现在 93% 的森林可用作用材林，但更多的是用作景区以及保护区，而非用于采伐；在多功能经营中充分发挥其文化、游憩等功能的优势，服务于居民休闲和旅游。德国人也非常热爱森林旅游和森林文化，仅仅黑森州的旅游业每年就可以有 100 亿欧元的营业额[3]。

三、德国近自然林成功的主要因素

（一）完备的顶层设计

首先，从组织结构来看，国家层面在联邦食品与农业部下设林业管理局，主要负责联邦级林业相关的法律、政策、计划等的制定。联邦以下一般设立州级、局级、科级、组级 4 级垂管的森林管理机构（个别地区为 3 级），这些机构和地方政府并无隶属关系，有较强的独立性。州级可以独自行使林业管理权，制定州级的森林法、长期的林业规划和其他相关条

---

① 林天喜、徐炳芳、戚继忠：《欧洲近自然的森林经营理论与模式》，《吉林林业科技》2003 年第 1 期。

② Federal Minister of Food and Agriculture.German Forests–Forests for Nature and People. 2021.

③ Hessian Ministry for Environment Energy Agriculture and Consumer Protection，Forests and Forestry in Hesse，Multipurpose Sustainable Forest Management. 2012.

例；协调与联邦政府、其他州和经济部门的关系并监督下属机构业务；负责监督州内国有林的可持续经营管理，对社区林和私有林进行审批和指导，为林场主提供技术支持和业务指导。州以下的林业管理机构主要职能是落实本州的各种林业计划，组织制定集体所有的森林经营方案，监督森林经营和木材生产等；为林场主提供林业政策、法规和业务方面的指导并进行行政管理；基层级的森林管理科（科级或者组级）作为生产单位，负责年度生产计划的制定和实施；承担面向林场主提供咨询、指导等行政性业务。非私人所有的森林一般都由相应的林业管理公司负责森林经营和与其相关的公共服务职能①。另外，从资产管理角度，联邦层面实行"政企分离"，政府不直接经营国有林，仅对其进行监督；国有林实行预算制资金管理，由联邦政府和州政府分别投资，收支两条线，盈亏均由国家承担；联邦或者州级的林业企业经营模式与我国国有企业不同，并没有社会性负担，受到的行政干预较小。

其次，各州都成立了服务于森林经营的非营利组织，这类组织一是可以对相关的政策或者行动提出批评和建议，防止规划或者工程对森林带来负面影响；二是可以引导和教育林场主以及公众了解森林的多种功能特征，促进环境教育水平的提高；三是可以解决私有林规模小、私有林场主人员多的问题。因此，德国建立了大量的林业团体、林业协会和林业联合会等组织，并赋予其法人资格。这种做法有下列好处：第一，有利于私有林场主扩大经营规模，拓宽销售渠道，打通生产销售的各个环节，特别是联合销售的模式，解决了买方因数量少而难以在市场销售的问题，并简化了销售流程、节约了成本；第二，这类组织可以获得财政支持以购买专业的机械设备用于旗下林场，可以极大提高林业的生产效率；第三，这些组织可以雇用专业技术人员为会员林场提供业务指导，团体和林场主之间以全部或者部分委托的方式展开，组织提供森林经营和施工等方面的服务，

---

① 王迎：《我国重点国有林区森林经营与森林资源管理体制改革研究》，北京林业大学，2013。

林场主根据服务量付费；第四，组织参与不同级别的林业管理部门的政策、法律的制定和监督实施，制定森林管理规范和质量标准、协调国内外林业相关的交流合作。总之，多元参与是森林经营顺利实施的重要因素。

（二）配套的法律体系和规划措施

德国为森林的保护利用设立了完整的法律体系，主要可以分为联邦级的森林法（含欧盟层面）和各州森林法。其中联邦级的森林法主要是以森林法为核心，以环境保护法、自然保护法、狩猎法等为支撑。这些法律中有不少关于森林经营的细节规定，比如森林采伐、外来物种引种等。其中，《联邦森林法》明确了森林保护的目标是保持其面积和功能，培育混合型、多层次、异林龄和近自然化的森林[1]。

林场主有义务根据可持续森林管理的原则、计划等管理经营森林，并应该考虑社会公共利益的需求。其中最有代表性的政策是《木材宪章》[2]，其强调要进一步加强对可持续管理森林木材的使用以减缓气候变化，有效利用资源以及创造价值。各州也根据自身林业发展状况制定了各州的森林法实施细则，拥有一定的自由裁量权。另外，双元制回收系统[3]和配套的《德国包装法》《循环经济法和垃圾管理法》等文件促进了林产品的回收再利用，有效减少了森林资源的砍伐。德国还制定了《2020年森林战略》，设定了林业健康发展的愿景，明确了在适应气候变化、提供就业、提高木材利用率、保护生物多样性和环境、水土保持、休闲娱乐及科研宣教等领

---

① 徐成立、李云飞、王艳军：《德国的林业政策和经营模式对河北木兰林管局林业发展的启示》，《河北林果研究》2009年第1期。

② 德国农业部在2004年颁布了第一版《木材宪章》，以促进木材在德国生产、生活领域中的广泛应用。为了更好地推动德国林业和木材业发展，2017年，联邦食品和农业部颁布了《木材宪章2.0》，提出了"保护气候、创造价值和有效利用资源"的目标，以及6个行动领域（在城镇和乡村地区推广将木材用于建筑领域、开发木材在生物经济中的潜力、提高原料和能源利用效率、保护森林和木材资源、促进林业和木材产业集群发展、提高社会对森林和木材产业集群的认知）。

③ 双元制回收系统指的是除了用于残留废物的垃圾回收系统外，还有另一个由制造商和分销商付费的废物收集系统，用于包装废物的收集。

域的具体目标和措施，为森林经营制定了路线图①。德国推动欧盟出台了《欧盟生物多样性 2030 战略》等森林和生物多样性相关的重要决议。在 2050 年气候行动计划中，更加强调森林对减轻气候变化和对农村地区创造价值的影响②。

德国的森林法律体系有 3 个特色。一是非常重视森林经营的远景规划。具体来说，林业管理局对每一块林地都建立了林地立地类型远景规划图。这些规划的周期包括短、中、长 3 种不同类型，长期规划周期达上百年③，具体内容涉及造林、经营、采伐、更新等森林发育的各个阶段和经营环节。远景规划有助于森林的近自然化发展。二是大尺度范围。德国设立了总面积不大但数量较多、分布较为均匀的自然保护区和国家公园，由此形成具有"多样性岛屿效应"的国土自然保护格局，这使得森林生态系统的整体性功能得以发挥。三是德国的林业政策中充分体现了对技术措施的鼓励和推广。比如包括了采种、种子贮存、播种、植树等过程中的多项技术措施，涉及林木采伐、森林经营、林木种苗引进、生产和销售、森林狩猎等具体的经营活动。这些政策推动了森林经营技术的迅速普及，也得到了欧洲其他国家以及日本、智利等国的积极效仿。

（三）严格的管理办法

德国林业具有一套较为系统和完备的管理办法。首先，各州负责本州内的森林资源普查，这些资源信息可以为森林经营提供基础数据。森林经营的主要方式为择伐，严格控制皆伐，并且有一些明确的政策规定，年采伐量应小于年生长量；采伐的树木需要达到规定的树龄或者胸径；林场主有义务在砍伐后进行更新造林。其次，在资源清查的基础上，德国建立了产权清晰的林地权属制度，并且设立了配套的管控要求。比如，政府不允

---

① Federal Minister of Food and Agriculture. An Opportunity and a Challenge for Society.
② Federal Minister of Food and Agriculture. German Forests – Forests for Nature and People. 2021.
③ 叶勇、苗丰涛：《德国森林管理制度建设经验及启示》，《农业科学研究》2016 年第 2 期。

许购买私有林，国有林、教会林和社团林严禁流转。虽然私有林、镇公有林可以相互流转，但是如果改变其用途，需要支付林地转换损失补偿费并且应补造相同面积的森林或是支付同等费用由相关机构造林。为保护私有林权，德国颁布了《林业合作法》《自然保护和景观改造法》《采伐更新条例》《森林灾害补救条例》等法律法规。

（四）专门设计的经营方案

森林经营方案是德国森林经营的核心。德国森林经营方案对方案目标、方案内容、规划时间等有清晰的表述，对应的方案或者行动计划具有较强的操作性。具体来说，经营方案主要分为总体方案和专项方案两类。总体方案包括生长指标、蓄积预定、龄级分配、采伐量等内容。专项方案的内容包含木材砍伐、更新抚育、保护利用、基础设施等内容[1]。

严格的森林认证制度。德国建立了多个森林认证体系。以泛欧森林认证体系（The Pan European Forest Certification，PEFC）为例，其标准要高于现行的联邦和各州的法律法规。比如，PEFC 不允许一般的皆伐。认证体系充分考虑了多方利益，比如木材和造纸业主、木材贸易和消费组织等，得到了公众和林场主的肯定。在地区层面的认证制度中设计了 121 个可持续森林经营指标，并且鼓励个体参与、林场主自我约束、接受近自然林相关的业务指导[2]。

另外，政府对森林经营的相关活动也会给予一定资金支持。比如，对

---

① 多功能森林经营方案的内容一般包括：森林资源与经营评价、森林经营方针与经营目标、森林功能区划、经营类型和经营措施类型的组织、合理年伐量计算、非木质资源经营、森林健康与保护、森林经营基础设施建设与维护、投资估算与效益分析、森林经营的生态与社会影响评估和方案实施的保障措施等。与此相对应的技术包括：森林多功能调查监测技术或综合监测技术、森林多功能区划技术、森林经营类型组织技术、森林生长收获预估和合理年伐量计算技术、多方案优化决策技术、森林经营效果评价技术。参考曾祥谓、樊宝敏、张怀清：《我国多功能森林经营的理论探索与对策研究》，《林业资源管理》2013 年第 2 期。

② Michael Lammertz、赵文霞：《适合德国小规模森林经营的泛欧森林认证体系》，《林业与社会》2002 年第 1 期；黄清麟：《浅谈德国的"近自然森林经营"》，《世界林业研究》2005 年第 3 期；汪清锐：《德国近自然森林经营综述》，《植物医生》2018 年第 9 期。

近自然林管理、森林基础设施、林业合作社、造林和自然保护措施以及应对极端天气等都将给予一定的资金支持；对农牧地等其他土地改变为森林，或者针叶纯林改造成混交林、小私有林场主组成联合体、林区开展自然保护、林业产生了自然亏损、林区开展生态环保相关活动等也会提供一定的补助。

（五）重视森林经营相关教育培训

德国非常重视对林业人才的培养，不断完善林业教育和培训体系，设立了多所分工明确的林业院校。其中，大学主要负责培养林业经营、管理人才，全生命周期的林业规划的专业人士和职业经理人；职业技术学校更多地侧重培养动手能力较强的技术工人。这些林业院校的设立十分普及，每个县市都有 1~2 家林业技术培训中心。

另外，德国也非常重视全民森林教育工作。森林法明确指出，森林教育应面向少年儿童。森林教育学也随之发展起来，它涵盖了对森林生态系统的各个学习过程，内容上包括可持续发展、生物多样性、人类健康等。鼓励学生积极参与建设"学生森林"，并且开展了大量的森林公益活动，设立了大量的森林博物馆、森林体验中心等，使得德国的森林文化深入人心。

四、我国森林经营的现状

我国先后启动了三北防护林体系建设等林业重点工程，标志着我国进入大规模的植树造林阶段，也使得我国森林面积和蓄积量得以大幅提高。但是，由于对森林经营重视度不高等因素，森林质量较低并且功能低下。国家层面先后建立了森林生态效益补偿、林木良种、造林、森林抚育等补贴制度，使得林业发展的重点从森林管护向森林培育转化，取得了卓越的成就。但是森林经营一直都是林业建设的短板，在森林经营项目中，"重造轻管、重采轻育、重量轻质"的现象比较普遍，并且个别地区存在生态系统退化、生态功能脆弱，生物多样性下降、生态产品产出偏低等问题。具体来说包括以下几个方面。

（一）森林经营未得到足够重视，未充分考虑生态效益

林业部门，甚至全社会对森林经营的认识依然是以提高森林覆盖率为主，森林覆盖率基本成了评价各地生态保护的核心指标，多功能经营的科学理念尚未形成，各地普遍重视造林绿化面积的增加而忽视森林抚育等森林经营活动。具体表现为森林砍伐选择了以轮伐、皆伐为主；森林抚育出材少、质量差；森林产品单一、粗放。甚至存在对未成熟林砍伐作业的情况，比如森林采伐消耗蓄积的 64% 来自中幼龄林，其中有超过 45% 的作业面积超强度采伐[1]，严重影响了森林生态系统和其服务功能水平的提升。这类生态建设工程中，并未考虑生态系统以及生物多样性的恢复。另外，各地对利用林木之外的、基于森林生态系统服务功能的生态产品开发不足，比如开展环境教育、发展生态旅游、弘扬森林文化等的开发不足，远不能适应生态文明建设的要求。

（二）法律法规不完善

尽管我国已于 2019 年对森林法进行了修订，但是森林经营的相关内容并未充分体现其中，如缺少对森林经营主体权益的保障。以国有林来说，不少林场存在产权虚置的问题，存在政企合一、管理权和经营权不分的现象，企社合一，企业社会负担过重。对于集体林地来说，林权改革后经营组织形式亟待探索。如何推进组织模式的创新等对集体林地经营关系重大，还有赖相应的法律法规予以保障。关于森林经营相关的规划方案和监管尚未成为约束性要求。另外，国家对是否开展抚育、出材占比都没有

---

① 根据第八次全国森林资源清查结果整理。

具体要求，经常会存在借抚育采伐之名行木材生产之实的情况，这些都无益于森林质量的提升 ①。

（三）用于森林经营的资金匮乏

森林经营的资金支持明显不足：①用于森林抚育的资金总量不足。森林抚育补贴标准只有 100~200 元 / 亩，难以满足幼龄林、中龄林的抚育要求 ②。②林业投资结构不合理。林业生态建设工程多用于荒山荒地造林和封山育林，缺少对成林的管理以及对低效林的改造。③林区基础设施建设不足。突出表现就是路网密度低、等级差。我国国有林道路网密度仅仅 1.8 米 / 公顷，而欧洲等地的国家为 40~100 米 / 公顷 ③。森林经营的机械装备落后、择伐作业的工具简单、作业条件差、作业效率低，制约了森林经营的相关活动。④尚未形成良性的社会资本参与渠道和机制。林业投融资体制改革缓慢，林区经济发展落后，森林抚育等经营过程资金缺乏。⑤金融政策有待完善。尽管各地探索森林保险、林权抵押等，但是规模较小，且存在不少问题，比如林业生产周期与金融产品周期不匹配等。

（四）科技支撑不足，专业人才匮乏

森林经营的内容覆盖广、技术要求高，需要配套科学的、系统的理论体系和技术体系。但是，我国的森林经营技术体系非常薄弱，还有待建立。具体表现在森林经营技术的研究缓慢，并未形成完整系统的符合我国实际情况的森林经营理论；森林资源的本底数据有待细化，并且跨部门数据共享机制尚未构建，影响了森林经营规划和方案的编制；技术难题尚未破解，比如在未来造林空间压缩的前提下，如何大规模开展绿化工程；缺少对土壤保护、树种选择、促进天然更新、保护特殊栖息地等能促进森林

---

① 吴涛：《国外典型森林经营模式与政策研究及启示》，北京林业大学，2012。

② 资料来源：《中央财政林业补助资金管理办法》。

③ 白秀萍、陈绍志、何友均等：《国外林区道路发展现状及启示》，《世界林业研究》2015 年第 1 期。

生态系统健康发展的评价方法。另外，在科研、教学、生产等领域的人才缺乏，比如，专业化队伍建设滞后，特别是生态学方面人才储备严重不足，难以满足林业生态文明的建设需求。

为改善上述情况，2012 年，国家林业局在北京、河北、辽宁等地设立了北京市西山试验林场等 15 家森林经营样板基地单位，按照多功能、全周期、近自然林经营理念开展科学森林经营示范建设。实践技术上基于近自然度的概念，确立了 8 个经营强度不同的森林类型，并确立了 7 个功能导向的森林作业法体系，初步构建了中国特色的森林经营的理论技术体系[①]。

2016 年，国家林业局颁布了《全国森林经营规划 2016—2050 年》；2017 年发布了《省级森林经营规划技术指南》；2018 年发布了《县级森林经营规划编制规范》，意味着我国三级多功能森林经营规划和实施体系开始完善[②]。而后，国家林业和草原局在 2018 年对 15 个样板基地进行了评估，在此基础上探索总结出了适宜我国森林类型的 50 多项森林经营模式，建设了地跨亚热带、暖温带、中温带、寒温带等气候区的示范样板林 25.53 万亩，建立成效监测样地 490 个。

整体看，样板基地取得了一定成效，森林生长量大幅提升，森林资源明显增长。森林结构得以调整，森林的生物多样性显著增加，混交林比例显著提高，林下天然更新得到有效促进，径级结构、林龄结构更加合理，基本形成了异龄复层混交林，并且促进了农民的就业和增收，取得了较好的社会效益。6 年试点期间，15 个基地提供了约 8000 个工作岗位，带动农林增收 143.64 万元；森林景观得以优化提升，带动生态旅游增长 12.3 亿元。实践已经证明了以近自然林为目标的森林经营在我国具有可操作性，并且收益较为明显。可惜在 2019 年后由于机构改革的影响，15 个基地工作未能延续。

---

① 资料来源：《国家林业和草原局办公室关于推荐全国森林经营试点示范单位的通知》。
② 陆元昌：《改进南方人工林水源涵养功能以提高水灾防控能力》，《通讯》2022 年第 1 期。

除此之外，林业主管部门也借鉴林业发达国家的先进理念和成功经验，组织修订了《造林技术规程》《森林抚育规程》《低效林改造技术规程》等森林经营核心技术标准，制定了一批区域性森林抚育技术规程和地方实施细则，有效推动了森林经营。特别是 2021 年国务院办公厅出台了《关于科学绿化的指导意见》，强调各部门应该联合贯彻新发展理念，践行"绿水青山就是金山银山"的理念，科学开展大规模国土绿化行动，增强生态系统功能和生态产品供给能力。各界也已经认识到森林生态系统价值实现的基础就在于森林经营，只有森林生态系统服务功能强，才有可能实现更多的经济效益和社会效益。在这样的背景下，有必要重新将近自然林建设提上日程。

五、政策建议

（一）借鉴近自然林经营的理念与实践，推动生态文明建设

需打破木材生产和生态保护二元分离的旧思维，将森林经营放在生态文明建设的背景下来对待，用生态文明理念指导林业工作。首先，森林生态系统是陆地生态系统的根本，森林经营是生态建设的关键。林业改革的导向应从以木材生产为主要产出转化为以多功能的森林结构和多元的生态产品为主要产出。明确森林经营应该遵循生态系统的稳定性、生物多样性、系统多功能等基本原则，调整森林经营的方向，重视森林的多种价值和效益，探索林业系统基于自然的解决方案和森林产品多元化价值化路径。比如，加大对森林生物多样性的开发和利用、培育多功能高价值的用材林、加大对生物质能的利用、推行森林碳汇交易、积极推行生态旅游等模式。

其次，应尽快纠正在林业生产中的一些片面认知和做法，比如在关注林地面积数量指标的同时，更加应该注重单位面积蓄积量和生长量等质量指标；森林经营不仅仅是单一的采伐，造林管护（含更新）同样重要；森

林的多功能属性不仅仅是从区域层面来看，更应落实到一些具体的地块；近自然林的维护不应是短周期的工业生产思维，而应是更长周期的、可持续的培育方式；在不同的法律体系中调整森林分类，在商品林和公益林的基础上增加兼用林。

（二）推动多功能森林经营技术，加强道路设施建设和择伐作业机械研发

推动多功能森林经营的发展，以点带面、逐渐铺开。积极总结各地的创新经验和模式，丰富多功能森林经营理论体系。构建完善的科技支撑体系，重点围绕多功能林、兼用林的理论创新、技术创新推广等进行探索，比如资源调查和监测、种苗选育，推进森林经营，并加大在各地的落实。有必要对不同气候带、森林类型、立地条件、培养目标等，设计科学的、差异化的森林经营技术模式。此过程中，既需要科研机构、生产单位等的协同，也需要一些专业的培训机构来推动相关技术在更大范围的推广。

实操中应关注一些重点问题，力求尽早突破，比如低效林和残次林质量的提高技术、有可操作性的监测指标和评估方法、多功能经营的创新模式和技术融合等。一是要与现行的科技推广技术体系融合，将林业经营技术放到乡村振兴战略中，利用政策的协同效应来推进。二是应加强林业技术体系建设，在已有的管理体制基础上，整合种苗站、林业站等，发挥其技术推广功能。

在基础设施建设方面，最为关键的是加强林道建设。林道的好坏直接影响到活立木的市场价格，进而影响到营林人的经营收益。不仅如此，林道好坏也影响到病虫害防治、火灾防范等林业工作的开展成效。应加大森林路网建设，为5~7年一次的择伐提供稳定的路网系统和作业体系。加强择伐机器和装备的研发和使用，特别是小型化、强动力的择伐器械，推出相应的政策扶持，对林户、农林生产组织购置相关机械提供一定补贴。

（三）出台有利于多功能森林经营的法律法规和保障性制度措施

法规政策对森林经营的推进有重要的帮助，当前应着重推进以下几个方面的工作。一是进一步对《中华人民共和国森林法》或者《中华人民共和国森林法实施条例》调修，增加有关森林经营章节，从立法层面推进森林经营。各地可以制定地方性林业条例，以地方立法的方式推动多功能林业发展和多功能森林经营。借鉴德国经验，将景观改造、采伐更新、森林灾害补救、肥料施加等技术融入法规政策中。二是深化林权改革，建立完备的森林资源流转管理制度，比如规范森林资源的流转程序，杜绝违规改变林地用途等现象。三是构建森林经营市场化、多样化的生态补偿机制。加大对森林经营的补偿力度，把根据面积进行补偿改为以生态服务功能和生态效益为依据的补偿，并及时调整评价标准体系。四是加强对多功能森林经营的财政支持。用于森林经营的能力建设，比如技术培训等，使从业人员快速掌握多功能森林经营规划的编制技巧，并能指导林场主开展森林经营活动。五是允许投资参与森林经营的社会公众和社会资本享受税收优惠和减免。六是优化林业抵押制度，比如根据抵押贷款的用途不同设定差异化的贴息率。七是加强林农合作社、家庭林场建设，鼓励"公司＋合作组织＋农户""公司＋农户"股份制经营形式，帮助农户自愿组成森林经营联合体，开展社区林业试点，引导农户共同管理森林。八是建立森林经营技术服务网络，做好森林资源资产评估、森林经营方案编制等技术服务。积极支持国有林场和其他有条件的森林经营单位开展国际森林认证。

（四）编制多功能森林经营规划，建立不同层级的森林经营体系

大力推进不同层面的森林经营规划并编制森林经营方案，探索一套符合国情的森林经营的理念和作业方法，细化其指导原则、目标和标准等。多功能森林经营规划应和国土空间生态保护修复规划一致，并且其编制应

设置为强制性的政策要求，并纳入对应区域的绿化规划以及经济社会总体发展规划。为保障其有效性，应由地方人大会议通过，形成法律效应。在森林资源本底调查的基础上设定综合性的目标、改革方向，各省、各市、各林业作业单位（比如林场等）应积极组织专业力量进行森林经营规划的编制，并配套组织、人力、资金、政策、技术等方面的支持。参考德国经验，规划的编制可以按照以下步骤进行：①获得基本信息。查明地质和土壤的基本情况以及本地区的主体功能区定位和生态修复要求；查明林权归属、林业产品需求与生产、森工企业发展、地形地势与土壤等内容。②根据地形、地势、树种、树龄、土壤等因素，明确立地条件和土地稳定性的基本情况并绘制成图。③确定不同林分的功能、效益和性质，比如作为风景林、水源涵养林还是其他，经营方案中应该考虑木材收获、更新抚育幼林、保护抚育措施、生长指标、蓄积预定、数式指标、龄级分配、采伐量、景观保护、游乐设施、林区道路等内容。④结合地图编制森林经营方案和操作流程，应构建"执行—监测—评价—反馈—调整"的运营机制。明确不同主体的权责，特别是森林经营管理机构应发挥指导和监督作用，比如乡镇的林业站应负责造林作业设计、采伐等工作。

（五）加强林业人才培养，提高全社会保护森林生态系统的意识

政府应重视森林经营人才的培养工作，并将森林经营人才纳入国家人才队伍规划；林业相关学科中应增加近自然林经营相关的内容，并鼓励中等、高等农林等院校毕业生进入森林经营领域；对从事森林经营的工作人员进行培训，不断调整其知识结构、更新其经营理念；依托森林经营管理单位，对广大林主进行培训，消除其经营观念上的误区，提高其参与市场竞争的能力，并为该地区争取政策支持。建立森林经营职业资格制度，允许和鼓励专业造林的个人、合作社等参与造林。提供多种技术服务，比如加强市场信息服务、林业技术服务、林业经济政策咨询，开展森林经营规

划评估和行业协会的组织化建设，促进更多社会资本进入林业体系。逐渐培育当地与近自然林相关的中介服务机构，并设立行业准入制度，通过行业认证等方式确保行业健康发展。

森林是一种具有公益性的社会资源和公共产品。应借鉴德国经验广泛开展社会教育与宣传，提高公众对森林文化的认同。摒弃说教式的科普方式，充分考虑年龄和职业等受众的特点进行宣传项目的设计。比如对青少年的宣传教育应该结合其活泼、好动、求知欲强的特点。宣传内容上不仅要重视森林保护、生态建设和林业法制知识，更应重视森林知识和森林文化的教育。建立林木制品回收利用制度，规范包装的回收利用，提高其回收利用率，引导全民养成绿色低碳消费的习惯，动员全社会认识到林业资源的价值。

我国不同林区的突出问题见表 15。

表 15　不同林区的突出问题

林区名称	突出问题
大兴安岭寒温带针叶林经营区	区域宜林地少，增加森林面积的空间有限。以采伐和火灾后形成的天然过伐林、天然次生林为主，林木生长缓慢。白桦和黑桦、山杨等天然次生阔叶林面积比重大，林分结构简单、质量较差。森林火灾危害严重。迹地更新以天然更新为主，森林恢复周期长。成过熟用材林面积少，可采资源基本枯竭
东北中温带针阔混交林经营区	区域宜林地少，增加森林面积的空间有限。森林以采伐和火灾后形成的天然过伐林、天然次生林为主，桦木、栎类、落叶松、杨树等天然次生林面积比重大。多数林分结构简单、质量不高，恢复生长缓慢。森林火灾危害严重。成过熟用材林资源少，可采资源基本枯竭
华北暖温带落叶阔叶林经营区	区域森林覆盖率较低，森林资源总量不足。宜林地分布较多，但立地质量差，造林成林难度加大。现有林以人工林为主，中幼龄面积比重大，树种单一，密林、纯林多，林分稳定性差。天然栎类林破坏严重，低质低效林、天然次生林、退化次生林面积大，单位面积乔木林蓄积量低。乡土珍贵树种的保护和培育有待加强。杨树害虫、美国白蛾等森林病虫害受害面积大。平原地区速生丰产林和工业原料林发展有待进一步加快，无公害名优经济林果品比例不高
南方亚热带常绿阔叶林和针阔混交林经营区	区域大面积的可造林地分布少，增加森林面积的空间有限。林分质量普遍较差，林地生产力较低，水热条件好、林木生长快的优势没有得到充分发挥。天然次生林人工林化严重，人工纯林多，低质低效林面积大，亟须抚育的中幼龄林多，森林抵御雨雪冰冻等灾害能力弱。集体及个人经营的用材林面积比例高，森林经营强度大，但林地产出率比较低，经营效益亟待提高

续表

林区名称	突出问题
南方热带季雨林和雨林经营区	区域森林资源总量少，宜林地少，增加森林面积的空间小。热带季雨林、雨林和红树林受损严重，生态环境脆弱。原始林少，天然次生林比重大；人工中幼龄林比重偏高，质量低。森林生产力和林地产出低，森林对台风、风暴潮等自然灾害的防御能力弱，森林生态防护功能与建设现代林业、实现区域经济社会可持续发展所需的生态容量要求差距比较大
云贵高原亚热带针叶林经营区	区域森林资源丰富，但分布不均，多集中在西北和东南部山地生态脆弱区。宜林地主要分布在石漠化和干热河谷地区，立地质量差，造林成林难度大。森林以天然次生林为主，分布有少量人工中幼龄林，受干旱、低温冻害和病虫害影响大。集体和个人经营的森林面积比例超过80%，可采伐用材林资源不足
青藏高原暗针叶林经营区	区域森林多为原始林，近成过熟林居多，蓄积总量大，但分布不均，集中分布于青藏高原东南部。其他区域森林植被以灌丛为主，乔木林分布少，森林覆盖率低。人工林分布少，人工林分质量低。除青藏高原东南部外，大部分地区自然条件严酷、立地质量差，森林培育周期长
北方草原荒漠温带针叶林和落叶阔叶林经营区	区域森林覆盖率低，森林资源总量少。宜林地面积大，以沙化和荒漠化土地为主，植被恢复和生态治理难度大。乔木林分布少，以近天然人工林和人工林为主，林分质量普遍较低。天然林破坏严重，仅在偏远深山区有少量分布。天山云杉、西伯利亚冷杉等天然林呈孤岛状分布，胡杨林退化严重。农牧场防护林人工纯林多，病虫害、旱灾受灾和老化严重，森林抚育和更新改造面积大。灌木林资源丰富，灌木林经营亟待加强

资料来源：作者根据文件整理所得。

基于自然的解决方案的典型案例
及推动其主流化的建议

基于自然的解决方案（Nature-based Solution，NbS）是近些年来国际社会普遍提倡和认可的关于可持续发展的理念。最早它的提出是强调保护生物多样性对气候变化减缓与适应的重要性，随着生态文明改革的深入，基于自然的解决方案发展潜力巨大。本文重点介绍 NbS 的概念、应用，指出实践层面如何利用工程手段来推进生物多样性保护。

一、基于自然的解决方案的定义以及发展脉络

作为一个伞式术语，基于自然的解决方案是由 Janine Benyus 于 1997 年在仿生学领域第一次提出的。21 世纪初，该术语陆续出现在一些主流的科学文献中，具体范围从农业领域扩展到了整个自然资源管理领域。世界银行于 2008 年提出 NbS 后[①]，IUCN 在 2009 年《联合国气候变化框架公约》中引入 NbS。随后这一概念迅速被《联合国气候变化框架公约》第 23~25 次缔约方会议、联合国秘书长气候峰会等采用，学界也发表了 5000 多篇文章。可以说，NbS 获得了多方认可。

广义的 NbS 是一种可持续发展的理念，崇尚人与自然之间的统一。而狭义的 NbS 对应"基于工程技术的解决方案"，强调用自然的力量来替代工程、技术作为主要驱动力。尽管不同的组织给出了 NbS 的定义并且经历

---

① 世界银行：《生物多样性、气候变化和适应：世界银行投资中的基于自然的解决方案》。

了系列的发展（见表 16），但是迄今为止，各方对其定义尚未达成共识。虽然国际组织和学者在概念文字描述上有所差异，但其核心内容都是围绕生态系统的有效管理来解决气候变化、快速城市化遗留问题及其叠加效应，其核心措施（即生态系统方法）、主要目标（即应对以气候变化为主的可持续发展挑战）与多功能效益（助益绿色经济、加强社会福祉等）已得到国际社会的广泛认同。当然，各界对 NbS 的理解和运用依然有一定的差别。欧盟更加注重绿色经济发展；IUCN 偏向于生态系统的修复；学者对其定义更加广泛，相关的研究范围较为模糊。其中，IUCN 和欧盟作为重要的主导者，已经将 NbS 列入其优先工作领域。比如欧盟将 NbS 纳入"地平线 2020"的研究与创新计划中，并设立了促进可持续的城市化、恢复退化的生态系统、气候变化的适应和减缓、风险管理和增加生态系统韧性 4 个目标。

表 16　不同的组织对 NbS 的定义

组织	定义
世界自然保护联盟	保护、可持续利用和修复自然的或被改变的生态系统的行动，从而有效地、适应性地应对当今社会面临的挑战，同时提供人类福祉和生物多样性
世界银行	基于自然的解决方案又可以理解为"基于自然所作的基础设施建设"，是一种利用自然系统（为人类）提供关键服务的方法。例如，利用湿地缓解洪水或种植红树林以减少海浪袭击、风暴潮和海岸侵蚀的影响
自然保护协会	基于自然的解决方案是指可持续管理方式，利用自然资源应对气候变化、水和粮食安全、生物多样性保护、人类健康和灾害风险管理等挑战
欧盟委员会	受自然启发、由自然支持或仿效自然的行动，其目的是帮助社会可持续地应对面临的一系列环境、社会和经济挑战

资料来源：作者整理所得。

简单来说，NbS 的特征可以概括为"345578"，具体见表 17。

表17 NbS 的特征

NbS 特征	具体内容
3 种类型	①更好地利用自然或受保护生态系统；②实现人工管理生态系统的可持续性和多功能性；③设计和管理新的生态系统
4 个维度	①对人类健康和福祉的共同利益；②综合环境效益；③对生物多样性、健康或经济的权衡和协同作用；④市民参与监管的可能性
5 大目标	①将 NbS 整合到现有的国家政策框架中。欧盟将其研究议程与实施方案和多项欧洲层面的政策和行动进行协调。②发展更多 NbS 的研究创新主体。由于 NbS 的执行涉及跨学科跨部门的不同利益方，欧盟综合各项研发计划，将更多的科学研究和政策制定主体纳入 NbS 的研究议程中。③提供 NbS 的有利证据与知识。通过实践案例资源库的建立，能够说明 NbS 办法与传统的工程方法相比的成本与效益，并确定实施的潜在障碍与应对办法，为更多的地区提供实践参考。④NbS 方法的推广。通过金融工具的支持与各级政府的合作，推动 NbS 方法在更多领域得以实施。⑤将 NbS 融入国际主流的研发与创新议程
5 个类别	①生态系统恢复方法，例如生态恢复、生态工程、森林景观恢复；②针对具体问题的生态系统相关方法，例如基于生态系统的适应、基于生态系统的缓解、气候适应服务、基于生态系统的灾害风险降低；③设施相关方法，例如自然设施、绿色设施；④基于生态系统的管理方法，例如整合的海岸带管理、整合的水资源管理；⑤生态系统保护方法，例如包含保护地管理的保护方法
7 个阶段	①识别问题和机会；②选定 NbS 和相关的行动方案；③设计实施程序；④方案实施；⑤与利益相关者的密切交流；⑥调整与拓展实施方案；⑦根据监测评估各个阶段的协同效益
8 个标准	①侧重于明确 NbS 所应对的社会挑战，以一个或多个社会挑战作为切入点，利用潜在的 NbS 提供多种好处，通过干预措施解决多个挑战；②指导 NbS 根据问题挑战的尺度进行规划设计；③能够保护和提升生物多样性以及生态系统的完整性；④具有经济可行性；⑤遵循包容、透明和赋权的治理过程；⑥涉及为实现短期和长期利益需要做出的权衡；⑦强调适应性管理的重要作用；⑧强调 NbS 要主流化

资料来源：《城市绿地概念及思想理论的发展演进研究》。

NbS 是一个具有开放性、包容性、多元性和动态性的概念，其理论基础和具体实践有利于跨部门、跨学科、跨领域的合作。NbS 成功的关键是建立具有可实操的框架并进行效益评估。近些年 NbS 的应用范围也在逐渐扩大，比如应对气候变化、保护生物多样性、提升经济社会发展的适应性等（见表18）。罗明等人认为，NbS 在我国有巨大的应用潜力，比如大型展赛场地的 NbS 改造和可持续管理、城市绿色基础设施的 NbS 途径、国土绿化工程的 NbS、国土空间生态修复与全域土地综合整治的 NbS、海洋和海岸关键带的 NbS、跨境国际生态敏感区的 NbS。

表 18　NbS 的方案集

应对的挑战	NbS	
气候变化	森林	造林、避免毁林、改进天然林经营、人工林管理、避免木质薪柴的使用、火控管理
	农业与草原	使用生物炭、农林复合、耕地养分管理、放牧管理——改善饲料、保护性耕作、稻田管理
	湿地	滨海湿地恢复、滨海湿地保护、泥炭地恢复、泥炭地保护
生物多样性	自然基础设施	积极监测、保护和恢复自然基础设施，如森林、草地、沙丘、红树林、湿地和珊瑚礁等
	生物多样性保护	就地保护，建立自然保护区等；迁地保护，建立动物园、植物园、树木园、野生动物园、种子库、基因库和水族馆等
水安全	管理水资源可利用量	通过管理降水、湿度和蓄水量、渗透和输水来应对供水问题，如建设渗透性人行道、利用绿色屋顶及墙壁捕获雨水、建立绿色空间（森林、草地、公园等）
	水质管理	水资源保存保护地、森林净化水源、净化污水的湿地等
	与水相关的风险管理	森林恢复、河岸湿地保护与建设、陡坡种植植物增加渗透性并减少水土流失、河流漫滩的保护等
灾害风险	防灾	保护、恢复和管理森林、湿地、红树林等生态系统，以减少暴风雨、沿海洪水或海啸的影响；加强边坡植被管理，减少滑坡和土壤侵蚀风险；"绿色""蓝色"和"灰色"相结合的基础设施
	减灾	基于自然的解决方案有利于增强区域或城市的灾害恢复力
粮食安全	生态产品	基于自然的生态型农林畜牧渔产业生产手段
	安全供给	基于自然的解决方案有利于增强防范自然灾害的能力，保障粮食产量
人类健康	生态环境改善的惠益	基于自然的解决方案有利于改善空气质量，净化水质，改善土壤质量，提升防疫减灾能力，增强人类健康
	基于自然的休闲	人与生物群、生态系统等共生共存共荣，有利于身心健康
经济社会发展	自然资本	基于自然的解决方案有利于更充分发挥自然资本的价值
	可持续发展	基于自然的解决方案是生态文明建设的重要构成，是社会可持续发展的重要保障

资料来源：《基于自然的解决方案理念及城市应用研究》。

二、基于自然的解决方案与生态文明之间的关系

我国自古以来就有崇尚自然、天人合一的朴素自然观。生态文明，是相对农耕文明和工业文明而言的一种社会形态。它以人与自然、人与人、

人与社会和谐共生、良性循环、全面发展、持续繁荣等可持续发展理念为基本宗旨。简单来说，生态文明的核心在于坚持人与自然和谐共生，它是当代的政策和实践创新，是一种有中国特色的可持续发展理念和方式。

NbS 虽然是一项从国外引入的概念，但是其提出的背景、理念以及应用领域和生态文明一脉相承，是发达国家为解决经济、社会与环境挑战给出的方案。它是西方社会对人与自然对立观念的反思，进而提出的一种处理人与自然关系的方式。尽管 NbS 还不完全成熟，但是它颠覆了传统依靠工程技术手段进行生态建设的认知，主张依靠自然应对各类风险和挑战。

首先，从理念上两者是高度统一的。比如两者都遵循"尊重自然、顺应自然、保护自然""发展和保护相统一""绿水青山就是金山银山""自然价值和自然资本""山水林田湖草是一个生命共同体""人与自然和谐共生"的理念。

其次，NbS 可以看作生态文明建设中的工程技术方法学。目前来说，NbS 在我国的应用多是生态建设类的相关项目（见表 19），比如保护修复管理等，遵循"山水林田湖草生命共同体"系统性、整体性思维。生态文明则是涉及经济、社会等的方方面面，远比 NbS 内容丰富。

表 19　NbS 类型划分

目标生态系统特征	对生态系统的干预度	干预目标	措施举例
完整性和健康程度较高	低	生态系统服务的维持和提升	森林保护（避免毁林）；湿地保护；珊瑚礁保护
人工与自然复合生态系统	中	提升或最大化生态系统服务	可持续森林经营；草地可持续放牧；可持续农田管理措施，如覆盖作物、农林复合、减免耕、养分管理等；可持续渔业管理
完整性低或不能发挥目标功能的生态系统	高	创造新的生态系统服务	造林、再造林；人工湿地、河岸带缓冲区构建；草地修复；城市绿地、生境花园、绿色屋顶；贝类礁体修复

资料来源：《基于自然的解决方案研究实践》。

NbS 应用最多的领域是生态保护修复工程以及海绵城市建设等，比如我国展开了山水林田湖草生态保护修复工程、海绵城市建设和气候适应性城市试点等。实际上，NbS 在我国的应用和推广是十分必要的，这主要是因为我国近些年来城镇化过程中涌现的工程化思维（见表 20），还并没有通过发挥生态系统服务功能来应对城乡发展问题。当然，NbS 毕竟是一个来自西方的概念，它的推行和我国现有的做法差别较大，不容易融入现有的规划、审批、建设和评估过程。并且目前 NbS 科学研究不足，缺少专业的人才并且缺少部门合作沟通的管理体制机制，过多地以财政投入为主，缺少各方的全面参与。特别是现行的绩效考核标准缺少弹性，强调短期绩效，缺少多维度和多尺度进行评价的思维；现行的规划标准等与 NbS 的新理念、新做法经常有矛盾；部门之间缺少相关合作；等等，这些都严重影响了 NbS 的实施。可以说，NbS 主流化任重道远。

表 20　NbS 主要存在的问题或风险及具体表现

主要存在的问题或风险	具体表现
城市化遗留问题	城市化过程中的低密度无序蔓延造成大量耕地、林地、湿地消失，交通等基础设施导致生态系统完整性受到破坏；资源的过度消耗引发了环境承载力的下降、生物多样性的降低等
气候变化的风险	气候变化引发的比如海平面上升和土地沉降等风险
工程化思维	规划和决策倾向于简单化，灰色基础设施占据城市的主流

资料来源：作者整理所得。

三、基于自然的解决方案的具体应用案例

（一）国外案例

1. 多默尔（Dommel）河谷跨境栖息地恢复

进行修复的山谷是比利时和荷兰南部的大片荒地之间最重要的生态连接。这里曾经是广阔的湿地和干地荒地、沼泽、草原和低地河流系统。在 20 世纪 50 年代，多默尔河水位变低，土地使用方式的变化导致养分输入增加，大量的外来树种导致栖息地和生物多样性急剧减少。两国正在努力

实施协调一致的管理，以支持栖息地和物种之间的跨区域联系。

（1）项目目标

项目的长期目标是通过恢复山谷沿线的栖息地，在霍格肯彭和北布拉邦两块荒地栖息地之间建立一条生态走廊，以满足动物迁徙的需求。

项目的近期目标是扩大和提高优先栖息地"石灰质蕨类植物与大蕨类植物""具有黑桤木和白蜡的冲积森林"的面积和质量。此外，该项目还希望进一步扩大鸟类的繁殖栖息地，并对沼泽地、荒地和内陆沙丘等进行大规模修复。

该项目专注于恢复一种非常适合该地区的草原生态系统。这些草原过去曾用这条河中含有钙的水进行灌溉，土壤的酸碱度得以平衡，现在形成了一种独特的低地干草草甸。

为游客休憩建立旅游小径和观察站也是该项目的一个组成部分。项目鼓励当地社区的参与，农民和志愿者可以参与项目管理。

（2）项目行动

生活项目"多默尔－达尔"（Dommel-Dal）展示了自然保护地的跨界特征。当地的陆地沙丘、荒野、池塘、灌溉草地、兰花丰富的干草田和冲积森林，都得到了恢复，并为欧洲夜鹰、黄貂鱼、蟾蜍和爱尔康蓝蝶等濒危物种创造了新的环境。

项目方将项目中的地块与当地农民自有土地交换，以防止土壤退化和流失；清除了13万立方米的富营养土壤，恢复了土地地形；建造了12个池塘，移除了大约25公顷的软木林以恢复健康的栖息地。在河的上游部分，项目方还通过创建小块的荒地来恢复其网络功能；去除表层土壤（割草皮），使得土壤中的种子显露出来，荒地得以再生。大蕨草、稀有蕨的面积大幅扩大；芦苇床的改造有利于莎草和与之相随的沼泽植物的再生，芦苇鸟仍然能够在这个地区繁殖或过冬。

此外，项目方沿河创建了小规模洼地和蓄水池，使得草地更加湿润，大约8公顷的草甸得到了恢复；清除人造林地和控制了黑樱桃等外来物种的扩散，20公顷森林得以修复。除了割草之外，放牧也是被鼓励的，因为放牧可以保护荒地和营养贫瘠的草地。项目方建立了牛围栏，服务于55公顷的放牧区。由于石楠丛的土地非常贫瘠，因此施加了牲畜粪料，用河水浇灌草地，生态系统得到了恢复。

最后，项目重建了徒步旅行路线，创建了新的游客导游体系，还通过信息小组和展览在该地区传播了相关信息。

（3）点评

该项目的特征是跨行政边界，在项目进行的过程中存在多方参与和管理，且效果明显。项目改善了生物栖息地，为濒危物种创造了机会，促进了生态系统的完整性。该项目恢复了当地的旅游业，促进了经济发展，是跨地区生态修复的典型NbS案例。

2. 食物森林

（1）项目背景

食物森林位于巴塞罗那"大学岛"地区，这是一座人工岛。这个岛成功地进行了蔬菜花园项目，项目得到了市议会的支持。未来项目重点是通过基于自然的解决方案来恢复这个岛屿的农业。

该岛的一部分是农业区，专门用于种植谷物。岛上的其余部分已成为一个多功能公园，设有柏油步道和花园区，并且部分休耕。部分休耕的土地被用于城市果园。在果园、公园和目前未使用的埃纳雷斯河之间留出一块区域，就是食物森林所属的区域。

（2）项目目标

该项目的主要目标是增加城市周边地区的生物多样性，通过建立城市食物森林使城市更加自然。

（3）项目行动

埃纳雷斯河的两侧各有一条100米的保护地带，对该区域进行了自然分离。项目种植了多刺的灌木，使森林植被得以自然地再生。

在保护区之外，果树、灌木、藤蔓、多年生植物和一年生植物正在被整合。这个种植园的基础是建立一个具有高可持续性和低维护的植物社区。社区参考森林的动态演替，进行不同的生态系统层次的规划，进而形成不同类型的栖息地。食物森林是一个精心设计的森林果园，保留了自然生态系统的好处。可获得的食物不是为人类准备的，而是为那些以森林为庇护所的动物准备的。动物们可以平等地获得食物，并参与种子的传播或森林中植物的授粉。设计中还考虑了植物根和微生物之间的共生关系。

建立食物森林需要大量的资源。一旦成功意味着以后的维护成本较低。农业中大量使用杀虫剂和化肥以及强化和单一栽培产生的问题之一是传粉动物的逐渐消失，有可能导致整个生态群落的减少。从这个意义上说，花蜜被用作吸引传粉物种。

食物森林植物群落的层次如下：

①直高树：果树和坚果类树（苹果、梨、李子、栗树等）及一些能固氮的树。

②低层树：果树和坚果类树、矮树或天然小树（油桃树、杏仁树、桃树）、开花树和固氮树（山茱萸等）。

③灌木层：果树、灌木（蓝莓、玫瑰、醋栗等）。

④草本层：多年生木本植物（花、草本植物和地面植物）。

⑤土壤覆盖层：种植提供食物或栖息地的低矮植物，并在植物之间的空白处生长（草莓、三叶草、百里香等）。

⑥葡萄园层：爬上树干和树枝的植物（葡萄、啤酒花、西番莲、金银花、南瓜、黄瓜等）。

⑦根系：食物浅根（大蒜、洋葱、萝卜、胡萝卜等）。

第一个种植园于2017年3月25日成立。当地居民从一开始就参与到这一方案中。此后，制定了市政自愿行动计划。在该计划中，公司可以为自己开发的种植园项目提供资金作为企业社会责任行动，以补偿其活动所产生的影响。

（4）点评

该项目可以在有空置区域或植物退化的区域中应用，通过重新规划战略进行生态系统的恢复或再生，目的是为公民创造新的绿色开放空间，增加生物多样性。

3. 欧洲示范点网络

（1）项目背景

欧洲设计了不少将生物多样性纳入森林管理的示范区。这些示范区地点的选择有一定的随机性。它们主要位于公有林中，少数也位于私有林中。示范点覆盖了主要的森林类型、海拔梯度（25~1850 米）和场地条件。已经建立这类示范区的国家有比利时、捷克、法国、德国、意大利、波兰、斯洛文尼亚、瑞典和瑞士，每个国家示范区的数量不是固定的。

（2）项目目标

项目目标是建立一个涵盖范围广泛的欧洲森林类型的示范点网络，在这个网络中实行综合森林管理，将有助于培训，并最终提高将生物多样性方面纳入森林管理的决策能力评估。

（3）项目行动

确定关键的生境要素和结构是将生物多样性保护方面纳入森林管理的先决条件。森林管理者通常没有接受过识别类似支持生物多样性的元素和结构的学习，他们可能缺乏识别和评估关键生境结构的能力，或者可能不知道如何在林业运营和规划程序中考虑它们。在将保护措施与森林管理相结合时，科学发现了很多可应用于实际的方法，有不少是值得分享的有价值的实践示例。示范点通常包括一些特定的地点以及永久地块，通常这些地块是 1 公顷的森林地块，将树木测量和创新软件连接在一起，为培训提供框架和工具。可以用于标记和选择树木以及识别栖息地结构，通过电脑即时查看练习结果，从而用于现场讨论。截至 2023 年，已经建立了 40 个这样的站点，用于培训、教育甚至研究。

（4）点评

该项目主要在欧洲大陆范围内实施，建立互联网示范网络，以便于森林管理者识别和评估影响生物多样性的关键栖息地，可以将保护措施与森林管理结合。该项目鼓励区域或国家之间的知识交流。

（二）中国案例

NbS 目前在我国较为典型的几个应用情景包括：山水林田湖草生态修复、海绵城市、林业碳汇以应对气候变化等。笔者选取了几个较为典型的案例，来说明我国如何在不同类型的项目中应用 NbS。

1. 内蒙古乌梁素海流域保护修复

乌梁素海流域曾经接纳河套灌区 90% 以上的农田灌溉退水、生活污水和工业废水。20 世纪 80 年代以来，水质日益恶化，生态功能逐步退化，对黄河水生态安全造成严重威胁。2005—2014 年湖区水质一直徘徊在劣 V 类，其中 2008 年乌梁素海流域水污染达到顶峰，湖区一度暴发大面积"黄藻"①。

（1）项目介绍

巴彦淖尔市以乌梁素海流域为重点，编制了《乌梁素海综合治理规划》，启动乌梁素海流域山水林田湖草生态保护修复国家试点工程，统筹全流域、全要素综合治理。乌梁素海流域生态保护修复工程根据流域内不同的自然地理单元和主导生态系统类型，分成乌兰布和沙漠、河套灌区农田、乌拉山、阿拉奔草原、环乌梁素海生态保护带、乌梁素海水域 6 个生态保护修复单元。针对各单元主要的生态问题，在消除不当人类资源开发利用活动、切断点源污染的基础上，将乌梁素海流域生态系统治理与绿色高质量发展紧密结合起来，创新投融资模式，强化社会资本合作。

在乌兰布和沙漠，针对沙区生态系统脆弱、土地沙化极易反弹、防沙

---

① 王鑫：《乌梁素海流域生态治理研究》，《经济研究导刊》2021 年第 16 期。

带屏障还不牢固等问题，实施草方格沙障固沙等防沙治沙和水土保持工程，并开展产业治沙行动，防止沙漠东进。

针对河套灌区农田面源污染、耕地土壤盐碱化加剧等问题，实施排干沟污泥疏浚，建设生态驳岸和生态浮岛等工程，同时开展农田控药、控水、控膜，实施盐碱地综合治理。

针对乌拉山矿山环境问题突出、林草植被退化、水土流失严重等问题，开展地质环境、地质灾害整治和植被恢复工作。

针对阿拉奔草原退化加速甚至沙化、水土流失等问题，采取撒播草籽、围栏封育、禁牧等措施。

针对环乌梁素海生态保护带功能退化问题，在湖滨带建设水源涵养林，对生态脆弱的固定、半固定沙丘进行撒播草籽、围栏封育，建设鸟类繁殖保护区，实施湖区河口自然湿地修复与人工湿地构建工程。

针对乌梁素海水域内源污染严重、水面萎缩等问题，加大生态补水力度，增加湖区库容，提高水体自净能力，同时开展芦苇、沉水植物收割及资源化利用，湖区立体化养殖等。

乌梁素海流域光照时间长、昼夜温差大、四季分明，水土光热组合条件得天独厚，绿色农牧业资源优势极大。长期以来，该地农畜产品品牌小、散、乱，"河套"名声在外却没有得到很好利用。当地以品牌建设为引领，建设河套全域绿色有机高端农畜产品生产加工服务输出基地，建设"天赋河套"农产品区域公用品牌，积极发展现代农牧业、清洁能源、数字经济、生态旅游和生态水产养殖。

同时，项目创新设立专项产业基金，采用"设计—建设—投资—运营—移交"模式的具体实施，通过"项目收益＋耕地占补平衡指标收益"的方式实现资金自平衡，进而引入社会资金，组建项目公司，实现市场化运作。专项基金首期规模45.2亿元。

（2）项目成果

乌梁素海流域生态环境质量改善，生物多样性提升。经过多年努力，该地区共有鱼类 20 多种，鸟类 260 多种 600 多万只，包括国家一级保护动物斑嘴鹈鹕，国家二级保护动物疣鼻天鹅、白琵鹭等。尤其是疣鼻天鹅的数量从 2000 年的 200 余只增加到近千只。依托乌梁素海流域山水林田湖草生态保护修复工程，截至 2020 年底，完成治理面积 4 万余亩，有效遏制沙漠东侵，并阻挡泥沙流入黄河侵蚀河套平原。同时，受损山体得到修复，矿山地形地貌景观恢复 60% 以上。项目区内河道水动力、水循环水质持续改善，而且发展了"天赋河套"品牌以推动地区的绿色产业化发展模式。

总之，乌梁素海流域生态治理增强了各生态要素间的稳定性，提高了人民生产生活与生态环境间的协同性。近些年来流域生态环境逐步改善，人民生态获得感和满足感大大提高，成为干旱或者半干旱地区生态治理的代表。

2. 废弃虾塘造林与可持续发展

高密度养虾容易导致红树林、海草床和沿海沼泽等滨海湿地大量流失，造成生态系统退化、生物多样性减少和许多社会问题。2014 年，中国东南沿海虾塘总面积约为 24 万公顷，为中国现有红树林总面积的 9.49 倍。其中，至少有 10% 的虾塘源自红树林。如果能将这部分虾塘进行生态改造，将会产生巨大的经济、生态和社会效益。

（1）项目介绍

2000 年，国家林业局计划用 10 年时间将中国红树林面积从 2.2 万公顷恢复到 6 万公顷。然而，因为缺少宜林滩涂，至 2013 年，全国新增红树林 3300 公顷，目标完成率仅为 8.68%。退塘还林的最大问题是虾塘征收的巨额补偿金和虾农转岗就业问题。2014 年海口市人民政府对海南东寨港国家级自然保护区内的 130 多公顷虾塘实施退塘还林。

广西红树林保护中心的范航清教授与他的团队经过长期的实践探索，提出了"虾塘红树林湿地生态农场"传统虾塘养殖技术改造方案。该方案包括 3 种改造模式，即生态混养、生态集约化、生态工厂化，既可以满足不同类型农户的需求，也可以因地制宜地组合应用。

2018 年北海市委、市政府启动北海市滨海国家湿地公园（冯家江流域）水环境治理工程，其中包括控源截污、内源治理、大冠沙再生水厂、补水管道、水利河道、生态修复、海绵城市、景观及智慧水系八大工程。

工程并没有采用把虾塘全部填平的传统做法，而是充分利用、"变废为宝"。将其中大部分改造成淡水生态湿地塘，其余部分恢复成沿海滩涂湿地。淡水塘区域建设了生态护坡，选用有净化作用的多种水生植物，形成多层次植物群落，达到改造虾塘的目的；以满足生态修复、适种、经济为原则优选树种，如棕榈类植物。

（2）项目成果

虾塘红树林湿地生态农场是根据物种共生互补原则，利用自然界物质循环系统原理，使不同生物在同一空间和环境中共同生长，以期提高养殖效益、降低养殖污染物排放的一种养殖方式。相比于传统的生态改造，该技术方案只需将 25%~50% 的虾塘水面用于重建红树林和盐沼植被，即可实现传统虾塘养殖的生态改造与产业升级。不仅可有效解决虾塘养殖带来的环境污染问题，还可美化修复沿海景观，形成良好的生态效益。与此同时，生态改造后，水体环境和动物栖息条件得到显著改善，养殖效益和单位产量均可得到一定程度的提高。例如，产量由传统的平均每年 1000 千克提高到 1500 千克；生态养殖的产品单价比纯人工养殖产品价格高 10%~30%。保守估计，生态改造能使虾塘养殖效益增加 30%以上。

项目建设期为两年，建成后每年减少污水排放 1650 万吨，消减主要污染物 1366 吨，彻底消除沿线的污染，水质将达到准四类或更高标准。通过生态修复措施形成湖库、基塘、红树、沙洲 4 种生态系统，保护银滩及红树林生态环境。

废弃虾塘造林推动社区产业转型，提高经济效益，发展生态农业和生态旅游产业，提高生物多样性和应对气候变化的能力。

3.云南抚仙湖流域山水林田湖草生态修复

抚仙湖地处云贵高原，位于全国重要生态功能区中的"无量山—哀牢山生物多样性保护重要区"，是维系珠江源头及西南生态安全的重要屏障。抚仙湖由于其独特的低纬高原构造，动态水流少，其换水周期理论值超过200年，生态系统十分脆弱，湖水一旦污染，极难恢复。2002年，抚仙湖曾大面积暴发蓝藻，水质由Ⅰ类降为Ⅱ类。属于抚仙湖流域的星云湖蓝藻水华频发，水质重度污染，一度降为劣Ⅴ类水。

在抚仙湖山区，矿山开采、高坡耕种等人类活动，造成山区森林植被覆盖率下降，磷矿山污染及水土流失；在坝区，农业生产过程中过量用水和使用化肥造成污染严重，耕地复种指数高达400%；在环湖带，鱼塘、耕地等挤占湖滨缓冲带，湿地过滤功能降低；同时，外来物种入侵及天然产卵场所遭到人为活动影响，抚仙湖土著鱼类资源枯竭，威胁生物多样性。为此，抚仙湖流域山水林田湖草生态修复工程制定的目标是降低水生态环境风险，确保抚仙湖Ⅰ类水质。

（1）项目介绍

抚仙湖流域生态保护修复项目的特点是对完整的流域进行保护修复。首先，优化流域空间布局，以完整的流域为对象进行生态保护修复总体规划。其次，在适宜的空间范围内，实施农村居民点和工矿企业搬迁、畜禽养殖场关停、入湖河流污染治理等先导工程。为了降低入湖污染，在山上、坝区、湖滨带和水体分别采取相应的保护治理措施。

一是修山扩林。在退耕还林方面，按照适地适树、乡土树种优先原则，开展退耕还林4.05万亩。在石漠化治理方面，对6.3万亩石漠化区进行恢复治理，种植适宜类型的植被，在林下间种适宜石漠化地区生长且有经济价值的作物。在矿山生态修复方面，流域内主要矿山类型有磷矿、黏土砖石场、石灰岩采石场等。对44个约6000亩矿山废弃地进行生态恢复。

二是调整坝区农业产业结构。为有效削减农业面源污染，开展抚仙湖径流区耕地休耕轮作和产业结构调整，流转大水大肥蔬菜种植，种植烤烟等节肥节药型作物以及水稻等具有湿地净化功能的水生作物，发展绿色农业。对抚仙湖坝区常年种植蔬菜的 5.8 万亩耕地全部进行了土地流转；星云湖径流区 2019 年调减蔬菜种植面积 6100 余亩。通过项目实施，每年纯氮可减少 78.9%，纯磷减少 63.63%，每年节水率达到 41%。

三是湖滨缓冲带建设。为提升湖滨缓冲带的污染过滤功能，完成缓冲带内 8400 亩退田还湖和村庄搬迁，开展缓冲带规模化生态修复工程、环湖低污染水净化工程，已建河口湿地与湖滨带优化工程。其中，缓冲带规模化生态修复工程根据不同区域湖岸坡度、土地利用方式等差异，在湖滨宽 100 米不等的范围内种植当地基础树种以及灌木与草本植物，构建乔—灌—草复合系统，并开展鱼类保护区及鸟类栖息地建设工程、缓冲带功能展示区及宣传教育基地建设工程、湖滨清理及沙滩保护工程等。

四是湖体保护治理。抚仙湖流域土著鱼种类数不断减少，外来鱼种类数不断增加。据调查，1983—2015 年的土著鱼减少了 11 种，降幅 44%；外来鱼增加了 17 种，增幅 167%。为此，抚仙湖流域湖体保护治理工作主要是生境保护与土著鱼类增殖放流。在这项工作中重点保护栖息地沉水植物，对栖息地遭到破坏的区域采用本土物种的沉水植物进行恢复；同时，通过设置碎石堆、沙砾区等方法模拟鱼类偏好的活动场所来恢复底质，并对鱼类产卵场的溶洞出水口进行保护，对底质破坏处进行底质修复。此外，在抚仙湖特有鱼类国家级水产种质资源保护区内划分的小水域每年投放一定数量的种鱼。

（2）项目成果

通过基于自然的解决方案的实施，抚仙湖项目在扭转生态系统退化趋势及实现绿色高质量发展等方面取得了显著成效。

一方面，生态恶化的风险降低，生态系统退化趋势扭转。2016—2020 年上半年，抚仙湖水质稳定保持 I 类，透明度和溶解氧分别上升了 19% 和 7%，国控、省控水质监测断面达标率保持 100%；星云湖水质由劣 V 类改善为 V 类，国控、省控水质监测断面达标率从 16.7% 提高到 66.7%。林业植被恢复 74 平方公里，治理水土流失面积 6.73 平方公里。抚仙湖流域森林覆盖率从 34.95% 提高到 39.25%，林业蓄积量增加 39%；星云湖流域森林覆盖率从 43.64% 提高到 45.65%，林业蓄积量增加 10%。

另一方面，生物多样性逐步恢复。挺水植物增加到 12 种，消失 20 多年的鱇浪白鱼鱼汛重现；星云湖渔获物产量由 2017 年的 2300 吨增加到 2019 年的 2570 吨。2019 年在抚仙湖北岸和星云湖国家湿地公园监测到濒临绝迹的国家二级保护动物彩鹮 25 只，"两湖"流域已成为鸟类的栖息地和越冬场，区域内动物种群丰富，生物多样性得到明显提升。此外，增殖放流也一定程度上抑制蓝藻水华，氮磷污染物通过固态方式带走，进而实现削减湖内污染物的效果，估算带走湖内污染物总氮 70 吨 / 年，总磷 9 吨 / 年。

此外，本项目促进了三产业融合，实现绿色高质量发展。抚仙湖项目区严格按照农业产业规划布局和种植标准，发展生态苗木、荷藕等节水、节药、节肥型生态绿色循环农业。工矿企业全部退出抚仙湖径流区，地方政府重新布局工业园区；地方积极倡导生态旅游，打造集"医、学、研、康、养、旅"为一体的综合产业集群。

（3）点评

抚仙湖项目是 NbS 全球标准准则中有关设计尺度的典型案例。首先，在流域尺度上（即 NbS 的景观尺度）整体规划，将确保珠江源头水生态安全及抚仙湖 I 类水质保护屏障作为项目总体目标。其次，在治理单元尺度上（即 NbS 的生态系统尺度）进行设计，围绕总体目标及各地理单元存在的问题将整个流域划分为山上水源涵养及水土保持区、坝区水污染重点防控区、湖滨带水污染过滤区、湖体保护治理区 4 个保护修复治理单元。在治理单元尺度上确定参照系统，进行设计。最后，在子项目尺度上（即 NbS 的场地尺度）进行施工，每个治理单元内根据设计的功能整合不同部门的子项目进行施工。总体来看，抚仙湖项目体现了整体保护、系统修复、综合治理。

四、推动基于自然的解决方案主流化的建议

近些年我国对 NbS 日益重视，尝试学习其他国家经验，推动其主流化、大规模的运用，将其作为生态文明的重要组成部分纳入国家政策框架。

第一，加强对 NbS 从理论到实践的系统性研究。分享 NbS 的相关经验，比如设计方案、管理框架、参与结构、实施情况、经验教训等。建立 NbS 数据库，积极吸纳国内外较为成功的案例，建立 NbS 的理论方法和案例研究体系。研究国外的比如生态系统综合管理、蓝绿解决方案等综合性措施，以及 NbS 在我国具体的落实，比如海绵城市、山水林田湖草综合管理等方面的经验和特征。探索 NbS 在我国适宜的具体途径和制度保障，开发包容性高的标准体系，为深入推进相关工作提供研究和技术支撑。

第二，推动 NbS 与生态文明的结合。建立 NbS 多元化目标的同时，要权衡保护发展多种目标，推动经济—社会—生态的协同发展，使之与生态文明理念和政策一致。从政策层面设计相应的政策场景，突出 NbS 的作用。比如国土空间规划制订中应尽量考虑 NbS，推动两者之间的协同。结合项目特征以及主体功能区定位和资源环境特征，梳理生态空间内部不同类型的服务功能之间的关系，协调各方关系，降低 NbS 项目对自然的不利影响，满足经济社会多个目标，实现生产、生态、生活的统一协调。

第三，制定符合我国特色的 NbS 标准。参考 NbS 全球标准，制定完善在不同部门的工程项目中 NbS 差异化的标准和配套政策。比如 NbS 主张应该突破行政边界，以生态系统为核心保护目标开展项目，但是实际中，我国多以省、市、县等行政单元开展。未来工作中，需要充分考虑自然生态系统的完整性，设计跨行政区域的规划，实行共管共治，保障生态系统的连续性和一致性，实现系统性、整体性的保护。比如，应该构建可持续的资金保障机制。生态系统相关的问题不能仅仅依靠技术手段解决，还要多措并举，比如行政管理、绿色金融等。应该充分评估项目的经济可行性，

在成本收益分析的基础上，选择经济可行的方案，并明确资金来源和使用方案，保障项目期内有稳定的资金支持。尝试与当地可持续发展、乡村振兴、生态补偿等政策、战略结合，确保获得多重经济收益或者优化投入成本。

第四，结合不同的应用场景，推动 NbS 本土化发展，借鉴其倡导的"依靠自然力量"解决现实问题。比如，工程项目应考虑生态系统以及生物多样性，并在项目招投标中明确，实施过程中应充分考虑项目中工程要素和生态系统要素之间关联的机理。比如，在土地综合整治中，应该考虑景观的自然性或者生态的连通性。考虑对生态系统的长期影响，进而采取相应措施，推动生产、生活以及生态和工程项目之间的协同。在工程技术中尽量采取生态技术，防止出现过度人工化等问题。在应对气候变化领域，推动适应气候变化和生态保护修复之间的协同，以 NbS 理念加强对生态系统和生物多样性的保护，统筹生物多样性保护工作、应对气候变化行动方案。

第五，积极鼓励各方参与。首先，市场化运作通常是 NbS 类项目取得收益的保障，因此企业的参与至关重要。其次，需要积极吸纳当地居民的参与，要充分满足其对经济发展、生态环境的需求。这意味着需要通过问卷、走访、听证会等方式吸纳当地居民意见，尊重其权利和诉求。提升公众参与度，提供更多符合不同人群特征的参与形式。发挥主流媒体宣教作用，强化对 NbS 的宣传力度。推动更多的社会组织参与其中，特别是生态环保类非政府组织的参与，使得其在实践中实施 NbS 并对当地居民进行培训。

推动绿色金融服务于生态保护的国际经验 ①

生态系统以及生物多样性保护对人类的生存意义重大。2019 年，生物多样性和生态系统服务政府间科学政策平台的报告指出，全球 1/4 的物种受到威胁，约 100 万个物种面临灭绝。生物多样性下降对自然的生产力、复原力和适应性造成了巨大破坏，为经济和社会带来巨大的风险和极大的不确定性。2020 年，世界经济论坛发布的《新自然经济报告》对全球 163 个行业部门及其供应链的分析发现，全球经济中有 44 万亿美元（相当于全球 GDP 的 一半以上）适度或高度依赖自然及生态系统。可见，健康、稳定的自然环境和生物多样性环境对于经济发展至关重要，生物多样性保护迫在眉睫。

资金支持是影响生物多样性保护成效的核心要素。尽管全球范围内金融工具和产品种类繁多，生物多样性保护仍存在巨大的资金缺口。全球每年生物多样性相关的融资需求约 1 万亿美元，而融资缺口高达 80%~90%，亟待社会资金填补。

资金缺口被认为是未能实现《生物多样性公约》规定的 2010—2020 年生物多样性目标（"爱知目标"）的根本原因之一。为实现全球范围内生物多样性保护目标，亟待探索更多有效的激励性政策与可行性方案，将资金引入生物多样性保护领域。其中，积极发展绿色金融是实现上述目标的有效方式之一。

---

① 北京林业大学刘怡可参与了本文的撰写工作。

一、绿色金融与生物多样性融资

绿色金融的概念暂未得到统一界定。根据《美国传统词典》（第四版）的解释，绿色金融指的是使用多样化金融工具来保护生态环境与生物多样性。国内学界主要有 3 种比较有代表性的观点，一是金融业在贷款政策、贷款对象、贷款条件、贷款种类和方式上，将绿色产业作为重点扶持项目，从信贷投放、投量、期限及利率等方面给予一定的优先和倾斜政策；二是金融部门把环境保护作为一项基本国策，通过金融业务的运作来体现可持续发展战略，从而促进环境资源保护和经济协调发展，并以此来实现金融可持续发展；三是将绿色金融作为环境经济政策中金融和资本市场手段，如绿色信贷、绿色保险。

生物多样性融资是指通过筹集、管理资本以及利用财政激励措施支持可持续的生物多样性管理的实践。在传统资金对生物多样性保护支持不足的情况下，将绿色金融作为支持生物多样性保护的重要举措，是拓宽融资渠道，实现资金可获得性的重要途径。

国际上已经有许多金融机构致力于生物多样性融资，如世界银行、法国开发署、德国复兴信贷银行等都积极支持应对气候变化和生物多样性保护项目。本文将重点介绍国际上生物多样性融资的主要做法，选取和绿色金融有关的一些案例和工具，分析其对我国的适用性，提出对我国未来构建市场化的生态补偿机制和绿色金融体系的几点思考。

二、生物多样性融资的国际经验

当前国际上关于绿色金融服务于生物多样性保护的模式包括设立绿色专项基金、发行绿色债券、搭建市场化生态系统服务交易平台、推动债务自然互换等。

（一）绿色专项基金

在生物多样性融资的众多模式中，设立绿色专项基金是最直接的一种。绿色基金指的是以促进企业环境绩效、发展绿色产业和减少环境风险为目标，主要聚焦于环境与污染防治、能源资源利用、绿色交通与建筑、生态保护和气候适应等领域的专项投资基金[①]。

1. 案例分析：支持野生动物多样性保护的基金项目——狮子共享基金

2018年，联合国开发计划署、FINCH公司和玛氏公司宣布成立狮子共享基金。该基金是一个多合作伙伴平台，汇集了私营部门公司、基金会、慈善家和个人捐助者、全球范围和当地非营利组织、专家以及致力于为生物多样性做出改变的相关个人，旨在团结多方力量应对自然、生物多样性和气候危机。该基金的融资方式为：当加盟基金的品牌在其广告中使用动物图像（包括真实图像、动画等）时，品牌方需要将0.5%的媒体预算捐赠给狮子共享基金。这部分资金将用于保护动物、物种和栖息地等，即通过设立一系列野生动物保护和动物福利项目，防止生物多样性的流失。

2. 案例分析：支持森林可持续发展的基金项目——自然资本融资基金

自然资本融资基金是欧洲投资银行（European Investment Bank，EIB）和欧盟委员会设立的一种金融工具。它实质上是一种用于支持生物多样性和气候适应项目的专项贷款，可以用于支持包括生产、加工、研究、开发和创新过程在内的完整的森林价值链发展，促进价值链增值。该基金通常通过专业的中介机构直接或间接为林业部门以及林地基础设施建设提供融资。2014—2018年，EIB共计在森林价值链上投资61亿欧元，在全球范围内大力支持可持续林业发展。

[①] 中国绿色基金市场规模庞大。根据中国证券投资基金业协会数据，截至2021年5月，在已设立并备案的股权基金中，以绿色相关行业为主要投资目标的基金共712只，在私募股权投资基金与创业投资基金中占比约为1.71%。据此估算，绿色股权基金规模约为2000亿元。按投资领域划分，2020年新成立备案的绿色基金中，投向生态环保领域的数量为38只，占比为30%。

2018 年 EIB 通过自然资本融资基金资助了可持续土地管理席尔瓦基金 1250 万美元，专注于爱尔兰的可持续林业发展。爱尔兰有一半的森林庄园为私人所有，且庄园主缺少必要的森林养护知识。SLM Silva 基金收购了这类林业种植园，发展"连续覆盖林业"（Continuous Cover Forestry）以替代单一物种砍伐，进而提高森林覆盖率，促进形成混交林结构，助力当地生物多样性保护。

3. 案例分析：重点解决环境问题的全球环境基金

1990 年成立的全球环境基金（Global Environment Fund，GEF）是《生物多样性公约》《联合国气候变化框架公约》等国际公约的资金保障机制，主要用于支持发展中国家解决世界上最紧迫的环境问题的工作。它有 5 个重点领域，包括生物多样性丧失、化学品和废物增多、气候变化、国际水域和土地退化，采取综合方法支持更可持续的粮食系统、森林管理和城市发展。

在生物多样性保护方面，GEF 主要为发展中国家和经济转型国家履行《生物多样性公约》提供财政资源。GEF 生物多样性战略的目标是在景观和海景中维持具有全球意义的生物多样性。相关资金主要支持可持续地管理生产性景观和海洋景观中的生物多样性，并确保避免或尽量减少生产部门对生物多样性的影响；提高保护区的有效性和可持续性；支持《卡塔赫纳生物安全议定书》和《名古屋议定书》完整有效地实施；改进生物多样性政策、规划和审查。

GEF 高度重视生物多样性保护项目。在过去的 GEF-7（GEF 第七个规划期）项目执行期中，GEF 将 29% 的资源直接投向了生物多样性领域，并将另外超过 20% 的资源投向了生物多样性相关的领域中。GEF-8 将从 2022 年 7 月持续到 2026 年 6 月，其中，生物多样性依然是最重要的内容。截至 2022 年，GEF 已投资超过 35 亿美元来保护生物多样性，并实现其可持续利用，这项投资已利用超过 100 亿美元的额外资金，支持超过 155 个国家的 1300 个项目。

中国自 1994 年 5 月正式加入 GEF 以来，以创始成员国、捐资国和受援国的身份，与 GEF 开展了富有成效的合作。大量的合作项目增强了中国履行《生物多样性公约》的能力，并引进了新技术和先进的管理机制，提高了公众的环境保护和可持续发展意识，有力推动了中国环保事业与可持续发展进程。根据 GEF 网站 2022 年数据，全球环境基金共支持了 191 个中国国别项目。其中，与生物多样性保护相关的项目共有 91 个，争取到了 6.37 亿美元的 GEF 拨款，并撬动配套资金 36.11 亿美元。

4. 案例分析：中外合作成立绿色基金

2019 年，深圳市一个地球自然基金会与世界自然基金会（World Wide Fund for Nature，WWF）联合华泰证券，共同发起"一个长江·野生动植物保护小额基金"项目。该项目为期 3 年，旨在支持中国珍稀濒危物种的实地保护工作，通过向民间野生动植物保护团体提供经费，填补部分受威胁物种的保护空白，并向民众普及此类物种生存和保护现状，推动保护和宣传的同时扶持中国本土非政府组织的成长。在该基金项目中，WWF 作为技术方支持项目有关物种保护、江湖连通、湿地保护与恢复等领域的工作。

5. 小结

生物多样性专项基金是一种将生物多样性保护和经济收益相结合的基金模式，可以引导资金流向与生态环境保护相关的产业。事实证明，仅依靠政策性引导、政府财政专项资金与企事业单位捐款等途径吸引资金，无法满足当前生物多样性保护的资金需求。因此，设立生物多样性专项基金，强化对生态与生物多样性保护等产业的投资，能够合规地集合社会资本并引导资本流向，丰富资本市场直接投融资体系，并为社会资本提供更丰富的绿色投融资渠道，最终提高我国乃至全球的生态与生物多样性保护成效。

设立生物多样性专项基金的模式在中国具有良好的发展前景。首先，从绿色基金的发展现状与经营成效来看，中国已经具备了利用专项基金支持生物多样性保护的能力。其次，中国一直对生物多样性保护等领域的筹资问题予以高度重视并付诸行动。2020 年，中国设置首期募资规模为 885 亿元的国家绿色发展基金，积极调动民间资本投入生物多样性保护。2021 年 10 月，中国宣布将率先出资 15 亿元成立昆明生物多样性基金，用以支持发展中国家生物多样性保护事业。

然而，生物多样性专项基金在发展过程中面临着许多问题，包括难以调动社会资本的积极性、资金使用效率较低、针对性较弱、管理机制不健全等。国际上已有的一些生物多样性专项基金的发展经验为这些问题的解决提供了思路。

首先，构建多元化的投资主体结构，拓宽融资渠道。从长远来看，生物多样性专项基金应以社会资本为主要资金来源，应通过具体政策和制度的调整与创新，积极拓宽专项基金的融资渠道，探索发展一种社会资本、金融机构、国外资本和政府资金等共同参与的多元化投资主体结构。其次，构建显著的投资—收益关系。比如狮子共享基金通过合伙制汇聚社会资本（品牌方）的力量参与生物多样性保护，在该模式中品牌方在参与投资的过程中体现了企业自身的社会责任与绿色环保理念，有助于树立正面的品牌形象进而增加直接与间接收益。这种模式的优势在于，它同时满足了品牌方的投资效益需求以及自身发展需求，能够充分调动社会资本的积极性，还能吸引更多的品牌加盟基金会、壮大基金会的资金规模。最后，加强合作。为解决生物多样性基金中缺少专业人士引导、缺少市场参与度的问题，可以积极寻求国际合作，引进外资和国际专业从事生态保护的专业人士。

（二）绿色债券

绿色债券是一种将所得资金专门用于资助符合规定条件的绿色项目，或为这些项目进行再融资的债券工具。在生物多样性保护领域，绿色债券指的是以政府债券或公司债券为基础，从资本市场筹集资金，支持与生物多样性保护目标相关的项目。在推进生态环境修复与生物多样性保护中，绿色债券模式的优势在于，它是基于政府（国有企业、银行机构）信用而发行的债券，因而具有安全性高、收益高、流动性强等特点，也就更容易获得融资。目前，通过绿色债券为气候变化、清洁能源、生态修复和环境保护融资的做法在全球范围内已经得到广泛应用。

中国具有较为成熟、发展态势良好的绿色债券市场。中国已于2018年成为仅次于美国的世界第二大绿色债券来源国。根据中央财经大学绿色金融国际研究院发布的《2021年中国绿色债券年报》，2021年中国境内新增绿色债券发行规模（不含绿色地方政府债券）为6072.42亿元，非贴标绿色债券发行规模为18605.76亿元。

我国绿色债券发行体量迅速扩张、创新品种不断丰富，生物多样性是其重要支持领域。近年来，我国已经展开了一些生物多样性主题绿色债券的相关探索。例如，中国银行在2021年9月发行了全球首笔金融机构"生物多样性"主题绿色债券，同时也是亚洲首笔生物多样性债券，这是我国商业银行在生物多样性领域发行绿色金融产品的一次重大突破。

1. 案例分析：犀牛债

犀牛在塑造其他物种所依赖的整个生态系统方面发挥着至关重要的作用。然而，根据国际犀牛基金会的数据，非洲的野生黑犀牛属于极度濒危物种。为了保护南非的黑犀牛种群，2022年3月，世界银行分支机构国际复兴开发银行宣布发行一只1.5亿美元的5年期债券，即犀牛债。南非有两个主要的黑犀牛保护据点，分别为阿多大象国家公园和大鱼河自然保护区，犀牛债将为这两个据点的保护活动提供资金支持。

犀牛债的正式名称为野生生物保护债券，是世界上首个专门用于保护某一特定物种的金融工具。它是现有金融产品的组合：具有良好信用评级的债券与GEF赠款相结合，形成一种新的金融结构，从而利用资本投资市场直接支持濒危物种的保护。

犀牛债的运作模式为，债券发行人向国家公园或保护区的管理者分期付款，为南非的黑犀牛保护活动投资 1.5 亿美元。国家公园和保护区的管理者利用这些保护投资款项来实施一系列保护和适应性管理活动，以期在 5 年内最大限度地提高黑犀牛的净增长率；债券到期时，债券发行人将向债券持有人支付保护成功款项，该款项包括本金和一份"保护效益支付"。"保护效益支付"的金额取决于债券期限内黑犀牛种群的增长率，资金来源为 GEF 拨款。黑犀牛种群的增长情况由独立的第三方进行计量和核验：管理咨询公司保护阿尔法（Conservation Alpha）负责计算黑犀牛种群数量的增长率，伦敦动物学会（Zoological Society of London）负责对计算结果进行核实[①]（见图 17）。

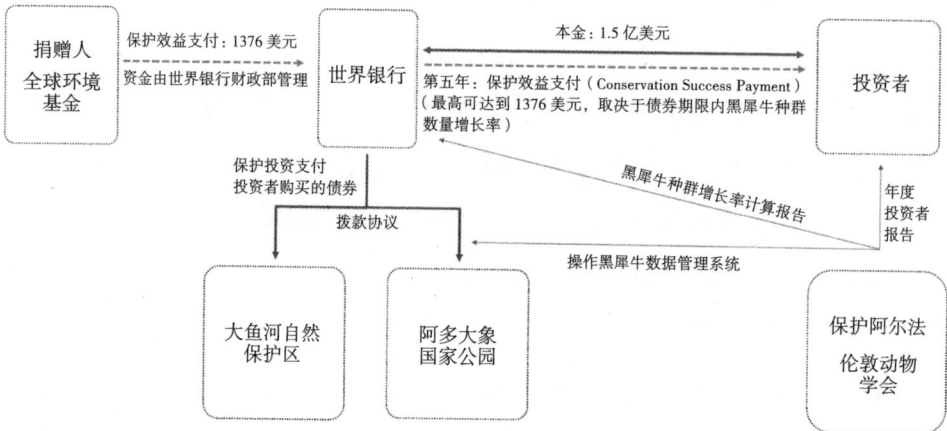

图17 犀牛债的运作模式

资料来源：世界银行。

2. 小结

犀牛债模式为撬动私人资本投入生物多样性保护的路径提供了创新思路，相较于以财政资金作为生物多样性保护的主要资金来源，犀牛债模式拓宽了资金渠道、增大了资金规模。一方面，在犀牛债模式中，由世界银行发行的债券具有良好的信用评级，这在很大程度上降低了投资者面临的风险，也使得更多投资者愿意进入生物多样性保护领域。另一方面，犀牛

① Wildlife Conservation Bond Boosts South Africa's Efforts to Protect Black Rhinos and Support Local Communities.

债模式引入了由 GEF 承担的捐赠款项，该笔款项基于实际保护绩效，能够解决保护项目缺少稳定资金支持的问题，且其"按效支付"的机制进一步鼓励投资者将资金投入生物多样性保护领域。

以犀牛债为代表的绿色债券模式对中国具有重要的借鉴意义。中国绿色债券市场的体量规模庞大、发展基础牢固，具有广阔的发展前景，且绿色债券市场对生物多样性领域的关注日益增加，债券产品日益创新且丰富，为犀牛债模式的发展提供了充分的空间与可能。

（三）市场化生态系统服务交易平台

除了常见的专项基金与绿色债券之外，国际上也出现了一些创新性的绿色金融工具，即通过市场化机制交易生态系统服务，引导金融机构参与并吸引社会资本投入，发挥自然资源资产的金融属性，以实现自然资源的生态价值和经济价值，从而促进生境改善与生物多样性保护。以澳大利亚新南威尔士州生物银行与美国湿地缓解银行为例进行说明。

1. 案例：澳大利亚新南威尔士州生物银行

新南威尔士州生物银行，也被称为"缓解银行"或"保育银行"（有翻译作"生物多样性银行"），是一个完全由州政府管理的监管计划，旨在呼吁市场保护生物多样性价值，减少对生物多样性的影响，并力求实现生物多样性的"零净损失"。补偿及交易的基础是"生态信用"，主要包括"生态系统信用"与"物种信用"两种。

新南威尔士州生物多样性补偿计划中关键主体为"提议人"与"地主"，"提议人"是从事开发或清理活动的人，是生态信用的购买方，主要指开发商；"地主"是土地拥有人或所有者，是生态信用的出售方。首先，对于"提议人"而言，"提议人"需确定补偿计划是否适用于某项开发活动。若适用，则需聘请"认证评估师"按照生物多样性评估方法评估其项目，"认证评估师"需编制生物多样性评估报告，并计算补偿建设活动对生物多样性残余影响所需的生态信用的数量与种类。此后，权威机关根据相关规定对"提议人"的项目申请进行评估并决定是否批准，若批准，则"提议人"需按规定履行自身义务。履行义务的方式有两种，一是在市场上购买同类生态信用进行补偿，二是确定其信用义务的成本并将钱支付给生物多样性保护基金。其次，对于"地主"而言，"地主"进行资格标准确定，聘请"认证评估师"对其所有土地进行评估并计算生态信用，随后与保护信托签订生物多样性管理协议并出售生态信用。生态信用的交易价格通常由市场供需关系确定，土地所有者和信用购买者可以自由协商价格。

2. 案例：美国湿地缓解银行

美国湿地缓解银行是一种监管驱动下的市场，以湿地信用为标的物进行交易，实现湿地生态占补平衡目标。具体机制为，湿地缓解银行的发起人通过保护湿地创造湿地信用，然后将湿地信用以市场价格出售给会对湿地造成破坏的开发者，并从中盈利。

美国湿地银行的主要利益相关方为湿地缓解银行发起人、湿地开发者以及湿地缓解银行审核小组。湿地缓解银行发起人（湿地信用的卖方）主要是私人企业、政府机构、非营利性组织等。他们需要首先向湿地缓解银行审核小组提交计划书草案，通过审核后签署协议并按内容履约，建设湿地缓解银行，创造湿地信用，获得收益。开发活动前，应尽可能选择避免破坏湿地或将破坏最小化的方案。对于那些无法避免且已经最小化的不良影响，需要通过买卖湿地信用提供等效补偿。湿地缓解银行审核小组负责审核计划书草案并对履约实施监管。

3. 小结

市场化的生态系统服务交易是一种同时实现生态资源价值与生物多样性保护的绿色金融模式。在该模式中，开发商在方案设计阶段保证开发活动对生态系统的损害最小化，生态信用的开发者或持有者保护与修复生态资源，这些都起到了直接保护生物多样性的作用。在交易方面，该模式通过量化生物多样性，将其转化为可以进行交易的标的物，从而引入市场机制以吸引社会资本参与，进一步实现生态价值。此外，该类模式往往配套一系列保障机制，如相关政策制度、强制性的"零净损失"要求、支持生态修复保护的专项资金、服务于生物多样性与交易额核算的评估方法等，这些都为交易的顺利进行提供了有力保障。

该模式对我国具有重要的借鉴意义。一方面，该模式在运行过程中能够融合基金、贷款等多种金融工具，从而形成了较为稳定且系统性的框架；另一方面，该模式不仅关注生物多样性保护，而且在保留项目本身公益性的同时探索了一条将保护成效与生物多样性变现的路径。相较于一味投入资金、支持生物多样性保护项目开展而言，市场化生态系统服务交易实现了生态效益与经济效益的双赢，由此决定了这种模式的可持续性，这与我国提出的"两山"理念以及生态产品价值实现的核心思想高度重合。此外，该模式充分调动了政府、社会、个人等主体的资源与力量，其所提倡构建"多主体参与生态保护"的模式也是我国生态文明建设的必然要求。

实际上，我国也已经出现了探索市场化交易生态系统服务的案例。比如，2021 年 8 月，江西省正式启动"湿地银行"建设试点工作，截至2022 年，江西省"湿地银行"湿地后备资源储值已接近 800 亩，促成湿地指标交易额近 3000 万元，利用社会资金完成湿地修复 300 余亩，有力保障了全省湿地总量稳定并实现了生物多样性保护目标。

（四）债务自然互换

债务自然互换的概念由时任世界自然基金会副主席的 Thomas Lovejoy于 1984 年首次提出。该机制主要用于应对包括拉丁美洲地区发展中国家的热带雨林面积日益缩小和债务负担不断增加的双重压力，既可以减轻债务国的债务负担，也可加大对当地热带雨林的保护，扭转当地自然环境恶化趋势。

债务自然互换（Debt for Nature Swap，DNS）是一种由债权方与债务国之间达成的协议，通过部分免除利息、降低利率、延长偿债期限等金融手段，债权方可以优化、减免债务国的债务，其前提条件是债务国承诺将一部分债务等值置换投入到本国生态保护项目上[①]。

债务自然互换机制的核心在于减少债务国的债务存量，以换取债务国政府以不同形式保护自然环境的承诺，它可以分为双边互换机制（即债务国和债权国直接重组债务）和商业互换机制（即第三方组织折价购买债务国存量债务）。

1. 案例：保护国际基金会与玻利维亚政府商业债务自然互换

第一例商业债务自然互换案例发生在 1987 年 7 月，保护国际基金会（CI）以 10 万美元的价格购买了面值约 65 万美元的玻利维亚债务。根据先前达成的一项协议，保护国际基金会取消外债以换取玻利维亚政府的两项承诺：一是通过立法保护约 120 万英亩[②]的生物圈保护区和区域公园以及约 280 万英亩的毗邻森林保护区作为缓冲区；二是设立等值于 25 万美元的当地货币运营基金对生物圈保护区进行持续管理和保护[③]。

2. 案例：塞舌尔债务置换海洋保护与气候适应承诺

在商业债务自然互换项目中，塞舌尔债务置换海洋保护与气候适应承诺是世界上首例以海洋保护和应对气候变化为目标的项目，该案例也为传统的债务自然互换工具注入了新的活力。

塞舌尔是印度洋上的群岛国，塞舌尔最重要的经济产业是金枪鱼捕捞业和旅游业。然而，天然地理环境决定了塞舌尔的人民和经济很容易受到气候变化的威胁：日趋严重的风暴和不断上升的海平面破坏了用于吸引游客的沿海景区；上升的海洋温度减少了鱼类资源总量；碳含量上升导致海洋酸度增加，严重破坏珊瑚礁物种的生存环境，而该物种在缓冲风暴威胁以及为海洋生物提供栖息地中起到关键作用。

[①] Debt-for-development Exchanges: The Origins of a Financial Technique.

[②] 1 英亩 ≈ 406.86 平方米。

[③] M. Chamberlin, M. Gruson & P. Weltchek, Sovereign Debt Exchanges University of Illinois Law Review. 1988.

与许多小岛屿发展中国家一样，塞舌尔政府在 21 世纪初有着非常高的债务负担。由于 2008 年的国际金融危机，塞舌尔偿债困难。2008 年，塞舌尔的公共债务总额超过 GDP 的 150%，外债占 GDP 的 95%，这笔外部公共债务很大一部分是巴黎俱乐部（Paris Club）部分成员国的，包括比利时、法国、德国、意大利、日本和英国等。

2016 年，美国环保组织大自然保护协会发起了一项"债务自然交换"协议，重组了塞舌尔对巴黎俱乐部成员国 2160 万美元的主权债务，以换取其保护海洋的承诺，在其主导下，塞舌尔环境保护与气候适应信托基金（Seychelles Conservation and Climate Adaptation Trust，SeyCCAT）成立。通过这项交易，债权方巴黎俱乐部以 93.5% 的折扣价格出售其所持有的债权，SeyCCAT 获得价值 2160 万美金的塞舌尔国家债权，使得塞舌尔政府能够以更低的利率、更长的还款期限以及更优惠的汇率向 SeyCCAT 偿还债务（见图 18）。这种优惠的前提是塞舌尔政府同意采取以下措施：将节省

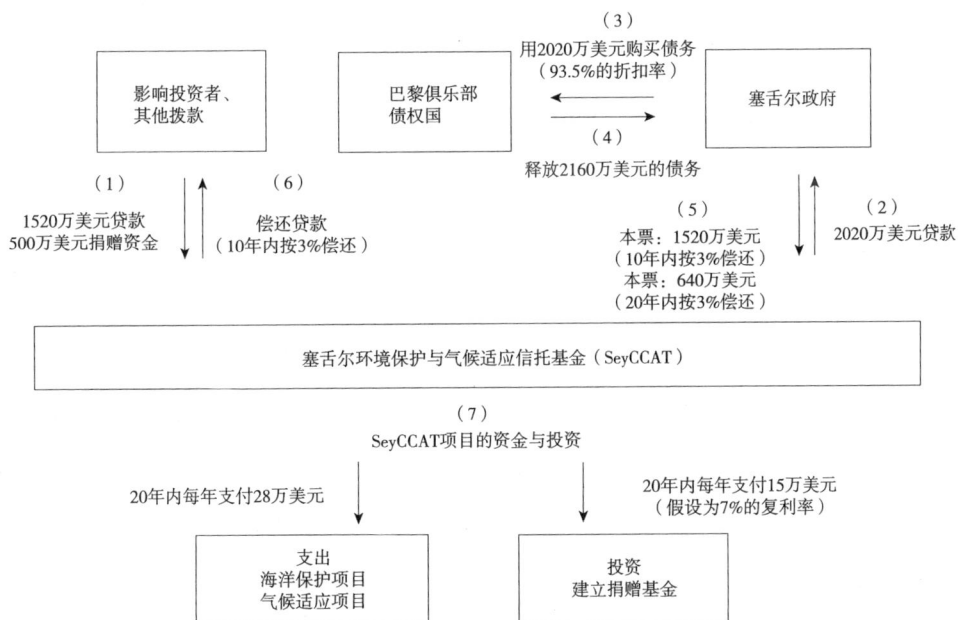

图18　塞舌尔债权置换海洋保护与气候适应承诺机制
资料来源：Conservation，Development and the Blue Frontier：The Republic of Seychelles' Debt Restructuring for Marine Conservation and Climate Adaptation Program。

下来的钱用于海洋保护工作；将国内 30% 的海域划为保护区，不进行无管制的经济活动，如捕鱼和钻探①②。

3. 案例：美国—印度尼西亚双边债务自然互换协议

美国是参与双边债务自然互换机制最活跃的债权国家。自 1998 年通过热带森林保护法（TFCA）[现改名为热带森林和珊瑚礁保护法（TFCCA）] 以来，美国与 14 个债务国签署了 20 项债务自然互换协议，为热带雨林保护项目筹集了 3.39 亿美元的资金。

2009 年签署的美国—印度尼西亚双边债务自然互换协议涉及 4 个主要参与者：美国政府、印度尼西亚政府、保护国际基金会和印度尼西亚环境基金会。该协议中，美国政府同意免除印度尼西亚欠美国国际开发署（United States Agency for International Development，USAID）的 6 笔债务（1974—1976 年所有的对外援助贷款），合计约 3000 万美元，以换取印度尼西亚的环境保护承诺：花费等量的赠款来支持当地非政府组织的苏门答腊热带森林保护项目。具体机制如图 19 所示。

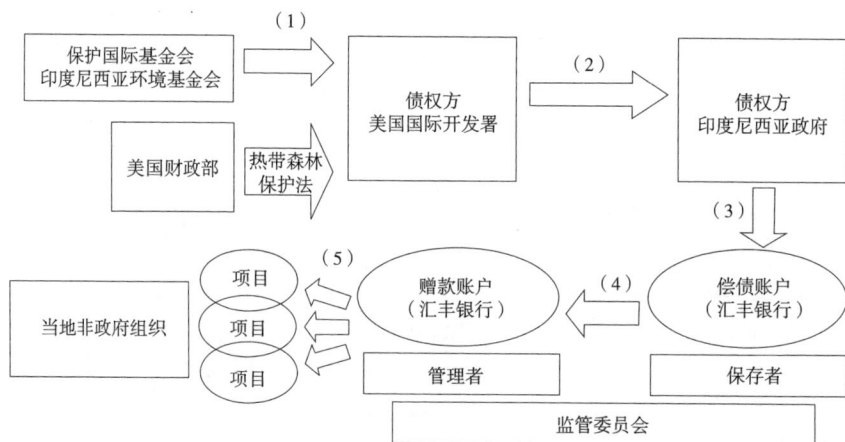

图19 美国—印度尼西亚双边债务自然互换机制
资料来源：The pitfalls and Potential of Debt-for-nature Swaps A US-Indonesian Case Study。

---

① Convergence. Knowledge Library：Seychelles Debt Conversion For Marine Conservation And Climate Adaptation Case Study. 2017.
② Silver J，Campbell L. Conservation，Development And The Blue Frontier：The Republic Of Seychelles' Debt Restructuring For Marine Conservation And Climate Adaptation Program. International Social Science. 2018.

根据 TFCA，美国财政部向 USAID 捐款 2000 万美元。此外，CI 和印度尼西亚环境基金会分别向 USAID 支付 100 万美元的互换费。美国联邦政府取消印度尼西亚政府欠美国国际开发署的 6 笔债务债权。印度尼西亚政府将这些美元分期支付到偿债账户（汇丰银行）。根据监督委员会的指示，偿债账户（汇丰银行）定期向 TFCA 赠款账户转账，以美元或印尼盾计价。经监督委员会批准后，印度尼西亚环境基金会向符合条件的非政府组织发放赠款以执行协议[①]。

4. 小结

债务自然互换机制对债权国、债务国和第三方组织都有着积极影响。于债权国而言，可以收回部分资金以减少债权债务关系中的经济损失，同时体现其负责任的大国形象并提升国际话语权，还能保持债权国与债务国之间良好且可持续的商业关系。于债务国而言，债务自然互换机制减小了本国债务负担，使其能够筹集更多资金进行环境保护，进行绿色经济复苏，其重要性对于那些经济发展依赖于环境质量的国家更加明显。于第三方组织而言，该机制能够拓宽其环境保护项目的资金渠道与来源，增加其与国际机构和政府的合作机会，同时还提升了从事环境保护项目的能力和经验。

然而，债务自然互换机制在实际实施过程也面临着许多挑战。具体包括债务自然交换过程中的交易涉及多方群体，其谈判和执行过程复杂而漫长，各利益相关方的意见分歧可能会增加交易成本，使得债务自然交换效率较低；债务自然交换的成功与否在很大程度上取决于债务国是否有长期、稳定地支持环境保护计划的财政能力；协议的常见条款是使用当地货币来付息，当地货币贬值或通货膨胀可能会影响交换的实际现金价值，导致大量当地货币注入，也可能会在债务国引起通货膨胀；大多数债务自然交换项目中包括了保护当地资源或生物多样性的项目，可能与现有的方案

---

① Danny Cassimon，Martin Prowse and Dennis Essers. The Pitfalls and Potential of Debt-for-nature Swaps A US-Indonesian Case Study. 2009.

相冲突从而产生土地所有权归属等问题。

债务自然互换机制对中国有重要参考意义。中国政府对发展中国家的贷款规模较高，在债务自然互换机制中承担债权国角色的可能性更大。实际上，为了缓解脆弱国家受新冠疫情冲击进一步恶化的债务负担，中国积极参与了国际社会组织的减债缓债行动。

在全球经济衰退、气候变化愈发严峻的形势下，"一带一路"倡议也为中国应用债务自然互换机制创造了新的机遇。主要体现在两个方面：一是债务重组需求。中国是很多"一带一路"国家和地区的主要债权国，津巴布韦和巴基斯坦等国家都曾提出与中国重新协商债务问题的意愿。二是债务国生态保护危机。"一带一路"倡议涵盖了世界上生物多样性最丰富的国家，如厄瓜多尔、秘鲁、印度尼西亚、马来西亚、菲律宾等，而这些国家面临着日益严峻的生物多样性危机和生态系统危机。

虽然直接减免债务对债务国而言是最直接的途径，但是一些债务国本身治理能力有所欠缺，所减免的债务未必能直接转化为对当地环境保护的投入，还有可能引发其对低廉资金的长期依赖。相比之下，中国可以考虑采用债务自然互换机制探索更为合适的处理方式。中国可以通过债务自然互换机制为一些无法被清偿的贷款增加价值，践行绿色"一带一路"倡议承诺，督促债务国履行环境保护的相关责任，帮助其实现新冠疫情后的绿色复苏。同时，这种处理债务的方式还能彰显我国在利用公共与私人资金保护生物多样性方面的贡献，体现中国的大国形象与责任担当，为中国引领全球生态环境治理提供重要机会。

（五）服务于生物多样性融资的保障措施

除了上述绿色金融工具，服务于具体融资活动的相关保障措施在绿色金融推动生物多样性保护中起到了重要作用。许多国际开发性金融机构已将生物多样性保护标准作为独立的影响因素，纳入其自身的环境与社会风险管理框架。

1.赤道原则

赤道原则（The Equator Principles，EP）是一套金融机构在融资过程中用以识别、评估与管理环境和社会风险的风险管理框架，该原则适用于全球所有行业以及 5 种指定的金融产品 [①]，已经成为项目环境和社会风险管理的金融行业标准。赤道原则金融机构（Equator Principles Financial Institutions，EPFIs）自愿采用赤道原则，通过制定内部政策、程序和标准来实施这些原则，并承诺其拒绝为任何不符合相关原则要求的项目提供融资。截至 2022 年 8 月，遍布全球 38 个国家的 134 个金融机构宣布采用赤道原则。

生物多样性是赤道原则的重要内容之一。目前最新的赤道原则第四版序言中增加了"EPFIs 在项目融资过程中支持与生物多样性有关的研究决策以及生物多样性保护"这一内容；原则 10 中增加了"EPFIs 将鼓励客户与全球生物多样性信息机构以及相关的国家和全球数据库共享在商业上不敏感的具体项目的生物多样性数据"这一内容。

2.荷兰ASN银行：金融机构生物多样性足迹

荷兰 ASN 银行是全球第一家测量其所有投资组合的生物多样性足迹的银行，其开发出一种用于衡量金融机构对生物多样性影响的工具，即金融机构生物多样性足迹（Biodiversity Footprint for Financial Institutions，BFFI），并于 2014 年投入使用。该工具采用物种潜在灭绝比例作为衡量标准，将相关指标与空间因素（影响发生的区域）和时间因素（评估周期）相联系，从物种数量改变的角度来显示其投资组合（政府债券、抵押贷款、股票等）对生物多样性的影响程度。根据生物多样性足迹的信息，金融机构可以确定如何避免或最大限度地减少负面影响并扩大积极影响，从而实现对生物多样性的零净损失或净积极影响 [②]。

[①] 分别为项目融资咨询服务、项目融资、与项目相关的公司贷款、过桥贷款、与项目相关的再融资和与项目相关的收购融资。

[②] Biodiversity Footprint for Financial Institutions：Exploring Biodiversity Assessment in 4 cases.

3.法国信托投资局：全球生物多样性评分

2017 年，法国信托投资局生物多样性组织与 B4B+ 俱乐部合作开发出一种用于量化企业在整个价值链中的生物多样性足迹的方法，即全球生物多样性评分（Global Biodiversity Score，GBS）。该方法通过平均物种丰度指标（反映物种数量的增加或减少程度）来计算目标地区生物多样性的受影响程度。在平均物种度数值中，100% 代表原始生态系统，0 则代表完全丧失生物多样性。与荷兰 ASN 银行的 BFFI 相似，GBS 也将相关指标与空间因素（影响发生的区域）和时间因素（评估周期）相联系。

4.自然相关财务信息披露工作组

2021 年 6 月，多国政府、监管机构、国际组织和金融业的 75 家机构联合发起了"自然相关财务信息披露工作组"（Task force on Nature-related Financial Disclosures，TNFD），工作组承诺在 2023 年前提出一个用于报告与应对自然相关风险（例如森林砍伐和栖息地破坏、物种丧失、干旱、土地使用变化等）的框架，以支持全球资金流向与保护自然生态平衡相一致的领域。TNFD 综合了风险管理和信息披露，旨在帮助金融机构与企业全面了解环境风险机遇，并将其纳入战略规划、风险管理和资产配置决策。

5.小结

尽管还处于早期阶段，国际上近些年来服务于生物多样性投融资和市场治理的保障机制已经逐步完善，比如相关原则标准、监测与指标、信息披露等。

设立相关保障机制对生物多样性投融资具有积极影响。第一，金融机构等利益相关方可以借助相关原则标准与信息披露更好地评估和监控项目相关的信用与声誉风险，并将生物多样性保护标准纳入其自身的环境与社会风险管理框架。第二，金融机构等利益相关方对国际性原则以及生物多样性足迹计算等保障机制的运用，能够促进其加深与同行及其他利益相关方之间在更广泛的政策应用、解释和方法方面的合作和学习，有助于绿色金融手段的具体实践，并进一步优化生物多样性保护效果。第三，相关保障措施的支持将进一步推动金融机构与企业等主体对环境管理与社会负责。

实际上，我国已经充分意识到了相关保障措施的重要性，并在相关领域进行了政策实践。我国绿色金融最重要的两项标准——《绿色产业指导目录》（2019 年版）和《绿色债券支持项目目录》（2021 年版），都已经将生物多样性保护纳入其支持范畴。此外，2022 年 8 月，兴业银行发布《关于加强生物多样性保护的通知》，明确将生物多样性保护作为可持续发展战略的重要组成部分，并对金融支持措施提出具体要求，成为国内首家制定并推出生物多样性保护方案的金融机构。该文件明确要求制定全行业生物多样性保护战略，建立并完善生态友好型授信政策，加强生物多样性风险管理，积极探索研究生物多样性保护缓释措施及压力测试工作。

三、启示与思考

资金支持是生物多样性保护的核心要素，金融应该成为支持生物多样性和生态保护的重要力量。通过总结分析国际上绿色金融服务于生物多样性保护经验，以及国际上现有的相关保障措施，有以下几点可为我国未来构建市场化的生态补偿机制和绿色金融体系提供参考。

（一）完善政策法规与配套措施

一是做到将生物多样性保护与经济发展等标准并重，将生物多样性保护纳入更广泛的绿色金融发展顶层设计，做好国家生物多样性战略以及筹资计划的制定工作，将生物多样性保护作为绿色发展规划与战略措施的基本原则，并增加国内生物多样性保护财政支出。二是为绿色金融工具的运用提供政策与法律保障，例如，市场化生态系统服务交易平台实现良好运行的前提是明晰的产权，因此需要明确自然资源产权并完善环境权益交易市场。三是制定金融机构披露生物多样性风险的政策框架和法律法规，加强生物多样性保护领域的投资风险管理，建立生物多样性风险评估投资决策机制。四是推进生物多样性评估方法的设计，鼓励金融机构通过完善内部结构、激励措施、政策和指标等手段来管理生物多样性风险，要关注项目开发过程中生物多样性信息的披露，为资金流动、具体的开发与管理活动以及生物多样性金融风险的管理提供方向指导与依据。五是完善绿色金融的激励与约束机制，要在对现有宏观金融政策研究的基础上，加强对创新性绿色金融业务的正向激励，探索政府投入引导社会资金投入的发展路径，积极引导融资机构和私人基金会等提供早期阶段的优惠融资或减少风险的融资。六是对涉及的金融机构等参与主体的社会责任进行明确，逐步完善绿色金融工具的监督机制，同时还要加大对破坏环境违法行为的执法力度与惩罚力度。就市场化生态系统服务交易平台而言，应当推动项目开发者对生物多样性补偿进行长期监测和报告，确保生物多样性保护工作在有效的监督管理下顺利开展。此外，应当尽可能要求并且监督各金融机构在绿色投融资范围内执行与生物多样性有关的业绩标准。

（二）创造需求与机会，推动绿色金融产品的完善与创新

政府应当为资金进入生物多样性保护领域创造需求、提供机会。一方面，政府应当积极创造生物多样性保护的市场需求。政府肩负着生态保护修复的职责，面对资金的缺乏，各种投融资机制或绿色金融工具的根本目的是吸引和撬动资本参与。因此政府需制定相应的法律法规与政策标准，并提供必要的资金，以服务于各类生物多样性保护项目，创造清晰明确、连续一致的市场需求。另一方面，提供高质量项目投资机会。资金进入生态保护领域的根本目标是追求投资收益最大化，要提高投资项目的吸引力，政府应当为社会资本参与生物多样性保护项目提供具体且实在的机会，充分评估前景、风险与收益，适度让利，使得资本有意愿进入生物多样性保护领域。在生态文明建设的背景下，我国多个生物多样性保护领域

具有巨大的发展潜力，应当重视并充分挖掘这些领域所展现出的需求与机会，例如水源地保护、自然保护区建设、国家公园建设、长江经济带大保护和黄河流域生态保护等，为资金进入生物多样性保护领域提供渠道与机会。

从绿色金融产品本身来看，首先，可以在国内现有的绿色债券与绿色信贷等产品的基础上进行进一步的调整优化，纳入生物多样性保护因素。其次，可以借助私募股权基金、影响力投资基金等权益类金融产品的发展，将生物多样性理念融入 ESG 投资策略。最后，从产品的融资渠道来看，应当进一步拓宽资金来源、创新融资渠道，根据社会资本的特点有针对性地对金融产品进行优化调整（如降低产品风险、关注为社会资本带来的其他效益），以更好地吸纳社会资本投入生物多样性领域。

附 录

北大—林肯中心丛书：

《中国制造业区位：区域差异与产业差异》

（2010）贺灿飞 等著 科学出版社

《精明增长政策评估》

（2011）[美] Gregory K. Ingram 等著 贺灿飞 等译 科学出版社

《中国的住房改革及成效》

（2011）满燕云 主编 经济管理出版社

《中国低收入住房：现状与政策设计》

（2011）满燕云 等编 商务印书馆

《经济转型与服务业跨国公司区位战略》

（2012）贺灿飞 等著 科学出版社

《可持续城市防灾减灾与城市规划——概念与国际经验》

（2012）张洋 吕斌 张纯 等著 科学出版社

《转型中的中国地方公共财政》

（2012）满燕云 康宇雄 编 经济管理出版社

《发展中国家大都市政府融资》

（2013）[美] Roy W. Bahl 等编著 陶然 等译 科学出版社

《融入未来：预测、情境、规划和方案》

（2013）[美] Lewis D. Hopkinsl 等编著 韩昊英 赖世刚 译 科学出版社

《中国城市发展透视与评价》

（2014）贺灿飞 等著 科学出版社

《房产税在中国：历史、试点与探索》

（2014）侯一麟 任强 张平 著 科学出版社

《城市星球》

（2014）[美] Angel S. 著 贺灿飞 等译 科学出版社

《践行财政"联邦制"》

（2014）[美] Anwar Shah 编著 贾康 等译 科学出版社

《城市与区域规划支持系统》

（2015）[美] Richard K. Brail 编著 沈体雁 等译 科学出版社

《保障性住房政策国际经验：政策模式与工具》

（2016）刘志林 景娟 满燕云 著 商务印书馆

《集聚经济、技术关联与中国产业发展》

（2016）贺灿飞 郭琪 等著 经济科学出版社

《环境经济地理研究》

（2016）贺灿飞 周沂 等著 科学出版社

《中国制造业企业空间动态研究》

（2016）史进 贺灿飞 著 经济科学出版社

《转型经济地理研究》

（2017）贺灿飞 著 经济科学出版社

《中国城市工业用地扩张与利用效率研究》

（2017）黄志基 贺灿飞 著 经济科学出版社

《土地制度的国际经验及启示》

（2018）北大—林肯中心编译　科学出版社

《演化经济地理研究》

（2018）贺灿飞　著　经济科学出版社

《人口城镇化对农地利用效率的影响研究》

（2020）赵茜宇　著　中国社会科学出版社

《贸易经济地理研究》

（2020）贺灿飞　杨汝岱　著　经济科学出版社

《中国出口产品演化与升级：从贸易大国走向贸易强国》

（2020）周沂　贺灿飞　著　经济科学出版社

《贸易地理网络研究》

（2021）贺灿飞　著　经济科学出版社

《房地产税国际经验指南（上册）——税制、评估及实践》

（2022）刘威　何杨　编著　经济科学出版社

《农村土地制度改革三项试点政策评估：地方实践与影响评价》

（2022）王志锋、高兵、梁鹤年　科学出版社

《中国自然保护地融资机制》

（2022）吴佳雨　著　科学出版社

《美洲保护地融资》

（2023）吴佳雨　著　科学出版社

《城市财政发展报告（2022）：可持续发展》

（2023）何杨　黄志基　刘娍　颜燕　主编　经济科学出版社

《国内外住房市场经验研究》

（2023）赵丽霞 刘志 [美] 伯特兰·雷纳德 编著 北京大学出版社

《中国城市工业用地配置演化及其区域效应研究》

（2024）黄志基 著 经济科学出版社

《设计结合自然——刻不容缓》

（2024）弗雷德里克·斯坦纳 等编著 北大—林肯中心 译 中国建筑工业出版社

《自然与城市——城市设计与规划中的生态路径》

（2024）弗雷德里克·斯坦纳 等编著 北大—林肯中心 译 商务印书馆

《迈向人与自然和谐共生：自然资源政策研究》

（2024）王宇飞 林家彬 著 中国发展出版社